DISCIPULADO A TRAVÉS DE LA BIBLIA

50 LECCIONES CRISTIANAS EN LIDERAZGO PARA JÓVENES Y ADULTOS JÓVENES

DERECHOS DE AUTOR Y TÉRMINOS DE USO

Juan Wesley escribió en el prefacio a la Colección 1779 de Himnos para el Uso de la Gente de llamada Metodistas.

Permítame mencionar un pensamiento que ha estado en mi memoria desde hace tiempo, y que debería haber insertado hace mucho tiempo en los documentos públicos, si no hubiera estado dispuesto a despertar un nido de avispones. Muchos señores nos han hecho a mi hermano y a mí (aunque sin nombrarnos) el honor de reproducir muchos de nuestros himnos. Ahora son perfectamente bienvenidos a hacerlo, siempre y cuando los impriman tal como son. No deseo que no intenten hacer cambios, porque realmente no pueden. Ninguno de ellos es capaz de cambiar ni el sentido ni el verso. Por lo tanto, debo rogarles estos dos favores: o dejarlos estar como están, tomar cosas para bien o para mal, o agregar la lectura verdadera en el margen, o en la parte inferior de la página, que podamos ya no ser responsable por las tonterías o por las palabras tontas de otros hombres.
http://www.cyberhymnal.org/bio/w/e/s/wesley_c.htm. Consultado el 24 de febrero de 2008.

El currículo, Discipulado a través de la Biblia, fue preparado cuidadosamente y con mucho pensamiento en relación con el mensaje bíblico y el proceso educativo para el aprendizaje efectivo de los estudiantes del Currículo Diseño, 2008-09 y los Métodos y Tecnología Instructivos, 2009-10, clases en el Seminario Teológico Nazareno de Asia-Pacífico bajo la dirección de la Profesora Rovina Hatcher. Damos permiso para que estos materiales se usen para la gloria de Dios en las iglesias locales tal como se distribuyen. Sin embargo, en el espíritu de Juan Wesley, solicitamos que no se realicen cambios por escrito a estos materiales y que luego se transmitan a otras iglesias y usuarios. Reconocemos que la enseñanza es un proceso creativo y que los buenos maestros harán ajustes a una lección planificada que se ajuste a las necesidades de los alumnos de la situación dada desde su propia experiencia; esto es asumido y permisible.

Cualquier distribución o copia de estos materiales debe incluir esta página de Copyright y Términos de uso. Apreciaremos a los usuarios que se pongan en contacto con APNTS para informarnos cuándo y cómo utilizó los materiales para mejorar nuestra evaluación continua de nuestros cursos y nuestros materiales. Por favor, póngase en contacto con religiouseducation@apnts.edu.ph cuando use o distribuya los materiales.

© 2010, Seminario Teológico Nazareno de Asia-Pacífico. Todos los derechos internacionales reservados. Seminario Teológico Nazareno de Asia-Pacífico Extensión de la Avenida Ortigas, Kaytikling Taytay, Rizal 1920, Filipinas

© 2020 Esta edición es publicada por el Ministerio de Discipulado, Región de Mesoamérica, Iglesia del Nazareno.

ISBN: 978-1-63580-179-8

Traducido por: Yadira Morales

Formateado por: Monte Cyr

Expresiones de Gratitud

Se da reconocimiento a aquellos estudiantes que invirtieron gran parte de su tiempo y conocimiento en la creación de estos materiales.

Diseño curricular:
Eyestone, Betsy
Lee, Hoon (Gary)
Loyola, Glen
Mangubat, Ingrid

Métodos de instrucción:
Eyestone, Betsy
Gesite, Phoebe
Lee, Hoon (Gary)
Mangubat, Ingrid
Woolery, Brian (M.Div., 2010)

Se otorga un reconocimiento especial a la Rev. Ilde Detalo, quien se desempeñó como nuestra parte interesada en este proyecto. Rev. Detalo se reunió con los estudiantes y discutió la necesidad y los deseos del plan de estudios. También dio comentarios valiosos sobre el diseño y el contenido durante la etapa de desarrollo. También deseamos agradecer a aquellos que han brindado su experiencia técnica para completar este proyecto. Agradecemos a la Sra. Betsy Eyestone por sus interminables horas de edición en inglés tanto durante los cursos como luego para la producción final. Agradezco especialmente a mi asistente, la Sra. Ingrid Mangubat por el trabajo de compilación de los dos proyectos de clase y también por su experiencia técnica para el diseño y edición del diseño. Ambas mujeres trabajaron incansablemente para completar este proyecto.

También queremos agradecer a quienes han probado el material en el campo y han dado su opinión sobre el diseño y el contenido. Una vez más, la Sra. Ingrid Mangubat utilizó el material con su grupo de jóvenes y proporcionó comentarios valiosos. El pastor Sam Tamayo y el pastor Brian Woolery pasaron el material a algunos de sus líderes juveniles en las Filipinas y en la región de Asia y el Pacífico de la Iglesia del Nazareno para obtener comentarios sobre el diseño del diseño.

El reverendo Doug Flemming, coordinador de comunicaciones para la región Asia-Pacífico de la Iglesia del Nazareno también brindó asistencia y retroalimentación para nuestro diseño de distribución.
La oficina de Literatura de Asia-Pacífico de la Iglesia del Nazareno brindó apoyo financiero y asistencia administrativa para trabajos gráficos y publicación. Sin este apoyo, el plan de estudios se habría inactivo en una unidad de computadora.

También agradecemos al Seminario Teológico Nazareno de Asia-Pacífico por la oportunidad de crear estos materiales para su uso en iglesias y ministerios juveniles. De antemano queremos agradecer a cada uno de ustedes que utilizan este plan de estudios para la gloria de Dios.

PREFACIO

Los estudiantes en el currículo y las clases de instrucción en APNTS han trabajado diligentemente para crear materiales de discipulado para los ministerios juveniles en la región de Asia-Pacífico y tal vez más allá.

Estamos ofreciendo estos materiales a las iglesias locales para ser usados y reutilizados.

Hay dos objetivos principales del plan de estudios: el desarrollo del liderazgo y una comprensión de la meta-narrativa de la Escritura. Se sintió que los adolescentes y jóvenes conocen muchas historias bíblicas, pero no comprenden cómo esas historias encajan en el mensaje bíblico general.

Por lo tanto, el plan de estudios se organiza cronológicamente a través de la Biblia y la actividad de la línea de tiempo en cada sesión ayudará a los participantes a ver la conexión de las historias de las personas bíblicas entre sí. También una gran preocupación entre los jóvenes cristianos es el desarrollo del liderazgo. Por lo tanto, se seleccionó una característica de liderazgo para cada persona bíblica y el estudio semanal se centra en esa característica. Los jóvenes deben guardar un diario cada semana mostrando sus reflexiones sobre su estudio de la Biblia y su crecimiento. El diario y el cronograma bíblico son dos actividades cruciales en cada sesión para lograr los objetivos en todo el plan de estudios.

Los métodos de instrucción se han desarrollado utilizando Benjamín Bloom y la Taxonomía para el Aprendizaje de sus asociados. Esto es bien conocido entre los educadores e involucrará aprendizaje cognitivo (mente), afectivo (emociones y voluntad) y psicomotor (acciones corporales). Esto proporciona un enfoque holístico para el aprendizaje. Alentamos firmemente a los maestros a usar los métodos de instrucción proporcionados. Esta puede ser una nueva forma de enseñar para muchos de nosotros, pero la interactividad de los estudiantes entre sí y con el material mejora su aprendizaje. Valdrá la pena el tiempo adicional requerido para la preparación de las lecciones. Como informó un maestro, pasó más tiempo preparándose pero hizo menos durante la sesión; estamos poniendo el aprendizaje en las manos de los estudiantes. Sin embargo, el maestro deberá elegir las actividades que sean apropiadas para sus alumnos y su situación. No se pretende que todas las actividades de cada lección se completen en las sesiones.

Profesor Rovina Hatcher

Departamento de Educación Cristiana

Seminario Teológico Nazareno de Asia y el Pacífico

DISCIPULADO A TRAVÉS DE LA BIBLIA

TABLA DE CONTENIDO

Antiguo Testamento

Personajes Bíblicos	Cualidad del Liderazgo	Pasaje de la Escritura	Pag
Adán y Eva	Mayordomía: cuidar de lo que Dios me ha confiado	Gen. 1:24-2:9; 2:15-25, Génesis 3	11
Caín y Abel	Reverencia: tener la actitud correcta del corazón hacia Dios y su santidad	Génesis 4:1-16	15
Noé	Rectitud: hacer lo correcto sin importar lo que otros estén haciendo	Génesis 6:5-22; 7:1-5; 8:15-22	18
Abram / Abraham parte 1	Fe - creciendo en mi confianza en Dios	Génesis 12:1-10; 15:1-6; 16:1-6; 17:1-8; 17:15-22; 21:1-7	22
Abraham parte 2	Obediencia: conocer y hacer lo que Dios desea de mí	Génesis 22:1-19	27
Isaac	Amante de la paz: haciendo lo que puedo para mantener relaciones pacíficas	Génesis 26:1-33	33
Jacob	Transformado - siendo cambiado por mis experiencias con Dios	Génesis 28:10-22; 32:1; 33:15	39
José parte 1	Integridad: mantener el más alto nivel de autocontrol en tiempos de tentación	Génesis 39	43
José parte 2	Discernimiento: reconocer la mano de Dios en el trabajo incluso en circunstancias negativas	Génesis 40; 41; 42:6-9	48
José parte 3	Perdón: extendiendo la gracia de Dios a aquellos que me han lastimado	Génesis 45; 50:15-21	52
Moisés Parte 1	Humildad, sabiendo que mis habilidades son dadas por Dios para su gloria	Éxodo 2:11-15; 4:10-17	56
Moisés Parte 2	Resistencia - Fidelidad a la tarea que Dios me ha dado a pesar de la dificultad	Éxodo 18:13-26, 32; Números 12; Deuteronomio 31:1-8	60
Caleb	Optimismo: confiar en la bondad de Dios a pesar de las circunstancias negativas	Números 13:25-14:10; Josué 14:6-14	65
Josué	Fidelidad: honrando mis compromisos con Dios y con los demás	Josué 23; 24:14-16	71
Rahab	Tomador de riesgos - Voluntad de arriesgar peligros terrenales para recompensas eternas	Josué 2; 6:22-25	74

TABLA DE CONTENIDO

Antiguo Testamento

Personajes Bíblicos	Cualidad del liderazgo	Pasaje de la Escritura	Pag.
Débora	Confianza: saber que Dios me ha capacitado para la tarea que me ha encomendado	Jueces 4:14	79
Gedeón y Sansón	Dependencia: vivir mi vida confiando completamente en Dios	Jueces 6:11-24, 33-40; 7:1-22; 13, y capítulos 15 y 16	84
Rut	Lealtad - fidelidad al único Dios que me ha llamado a servir	Rut 1:1-18; 2:1-12, 23; 3:1-13; 4:13-17	90
Ana	Rendirse: confiar mis esperanzas y mis heridas a Dios	1 Samuel 1; 3:18-21	94
Samuel	Audacia: tener el coraje de decir la verdad a todos	1 Samuel 13:1-14, capítulo 15	98
David - Parte 1	Valiente - Cumplir con mis responsabilidades a pesar de mis temores	1 Samuel 17	101
David - Parte 2	Arrepentirse: Sentir pena y alejarme de mi pecado	2 Samuel 12	104
Salomón	Buscador de sabiduría - desear el don de la revelación divina para una vida exitosa	1 Reyes 3; 4:29-34; 10:23-11:1-13	109
Elías	Celoso - apasionado por la gloria del único Dios verdadero	1 Reyes 18:16-19:18	114
Eliseo	Empoderado: habilitado por el Espíritu Santo para demostrar la grandeza de Dios	2 Reyes 4-6:7	118
Jonás	Justicia: considerar una decisión desde el punto de vista de Dios al considerar el bienestar de los demás	Jonás 3-4	123
Isaías	Disponibilidad: estar preparado para lo que Dios me pida que haga	Isaías 6	126
Ezequías	Devoto: Comprometido a honrar los mandamientos de Dios a toda costa	2 Reyes 18-20	131
Josías	Rectitud: hacer lo correcto y alentar a otros a hacer lo mismo	2 Crónicas 34	135
Daniel - Parte 1	Pureza - no contaminada por influencias mundanas	Daniel 1 et 3	140
Daniel - Parte 2	Orar – reconocer mi necesidad de comunicación con Dios en todo momento	Daniel 6	144

TABLA DE CONTENIDO

Antiguo Testamento

Personajes Bíblicos	Cualidad del Liderazgo	Pasaje de la Escritura	Pag.
Jeremías	Apasionado: incapaz de ocultar la verdad, incluso ante la persecución	Jeremías Capítulos 1;2;4;15;17;20 et 26	147
Ester	Discreción: capacidad de evitar palabras o acciones que puedan tener consecuencias indeseables	Ester 4-7	151
Esdras	Consciente: ser guiado por un fuerte sentido de lo correcto y lo incorrecto	Esdras 8:15-23; 9:1-10:17	155
Nehemías	Determinación: lograr los objetivos dados por Dios sin importar la oposición	Nehemías 4:1-6:16	160
Job	Paciencia: sufrimiento silencioso y permanente a la luz de la soberanía de Dios	Job 1-2; 19; 42	164

Nuevo Testamento

Personajes Bíblicos	Cualidad del Liderazgo	Pasaje de la Escritura	Pag.
María, Madre de Jesús	Obediencia: Someterse a Dios y a aquellos que Él ha puesto en autoridad sobre mí	Lucas 1:26-56; 2:1-19	168
Juan el Bautista	Desinterés: Tener el objetivo único de cumplir el propósito de Dios para mi vida	Lucas 1:5-24; 3:1-20	172
Jesús	Liderazgo-Siervo - amar a aquellos a los que llevo a través del servicio de auto-sacrificio	Mateo 20:20-28; Juan 13:1-16	174
Juan, discípulo de Jesús	Relacional: tener un vínculo de amor en Dios con los demás	1 Juan 2:9-11; 4:7-12, 19-21	177
Pedro	Aprendiz de por vida: continuamente permitiendo que Dios me enseñe a través de mis experiencias	Mateo 4:18-20 22-33; 16:13-20; Marcos 14:29, 66-72; Lucas 5:1-11; Hechos 2:14-41; 8:15-17; 10:25-48; Gálatas 2:11-14	181
Andrés	Ingenioso: aprovechando al máximo lo que Dios me ha confiado	Mateo 4:18-22; Juan 1:35-42; 6:8-9	186

TABLA DE CONTENIDO

Nuevo Testamento

Personajes Bíblicos	Cualidad del Liderazgo	Pasaje de la Escritura	Pag.
María y Marta	Atención: honrar a una persona escuchando atentamente sus palabras	Lucas 10:38-42; Juan 11:17-44; 12:1-8	190
María Magdalena	Testigo fiel - decir la verdad sobre lo que he visto y oído	Lucas 8:1-3	195
Felipe	Evangelismo: compartir compasivamente la Palabra de Dios	Hechos 8:26-39	199
Bernabé	Estímulo: ayudar a otros a ver su potencial dado por Dios	Hechos 4:36-37; 9:26-28; 11:22-26; 15:36-41	203
Pablo	Discipulador: alguien que confía la Gran Comisión a un alumno receptivo	Hechos 9:1-19; 22:1-21; 26:1-23; 2 Timoteo 1:11-14; 2:1-6	207
Juan Marcos	Capacidad de enseñanza: aprender de mis errores para ser más eficaz en el futuro	Hechos 12:12-13, 24-25; 13:1-13; 15:36-41	210
Timoteo	Confiable - ser una persona de honor en quien otros pueden depositar plena confianza	Hechos 16:1-5; 1 Corintios 4:17; 2 Timoteo 3:10-17	214
Aquila y Priscila	Confiabilidad: ser un servidor fiel a quien Dios pueda alistar en Su servicio	Hechos 18:1-3, 18-26	218

Evaluación de liderazgo personal	223
Lista cronología histórica de los símbolos de la muestra	224

OBJETIVOS DEL PLAN DE ESTUDIOS

SABER...

Los estudiantes aprenderán cualidades de liderazgo de personas bíblicas clave.

- Los estudiantes identificarán los diferentes tipos de cualidades de liderazgo exhibidas por las personas bíblicas estudiadas.
- Los estudiantes comprenderán el propósito de Dios para los cristianos como líderes influyentes.
- Los estudiantes comprenderán el proceso de desarrollo de liderazgo.

Los estudiantes entenderán el mensaje primario de salvación esencial de la Biblia

- Los estudiantes completarán tareas semanales de lectura Bíblica.
- Los estudiantes harán entradas de diario semanales sobre sus conocimientos de lectura Bíblica.
- Los estudiantes podrán identificar dónde figuras específicas de personajes bíblicos encajan en la historia y cómo se relacionan con el plan final de Dios para la humanidad.

SER...

Los estudiantes reconocerán su propio potencial de liderazgo

- Los estudiantes pueden demostrar las cualidades de liderazgo estudiadas.
- Los estudiantes demostrarán autocontrol en su conducta.
- Los estudiantes compartirán ejemplos de cómo han aplicado cualidades de liderazgo en sus propias vidas.
- Los estudiantes serán reconocidos por sus compañeros como una influencia positiva.

HACER...

Los estudiantes desarrollarán su carácter de testigo cristiano.

- Todos los estudiantes podrán explicar lo que significa ser cristiano.
- Los estudiantes podrán explicar el plan de salvación a otra persona.

DISCIPULADO A TRAVÉS DE LA BIBLIA

CÓMO UTILIZAR

Las lecciones están divididas en tres secciones: Contratar, Explorar y Experimentar. Hay opciones de actividad en todas las secciones de cada lección. Cada lección está diseñada para una reunión de dos horas. Si el tiempo de la reunión es menor que esto, las lecciones se pueden dividir en dos sesiones para acomodar las actividades. El maestro puede seleccionar las actividades que sean apropiadas para sus alumnos y su situación.

¡CONTRATAR!

Estas actividades están diseñadas para proporcionar un ambiente de adoración pero aún mantienen el enfoque participativo del plan de estudios.

¡EXPLORAR!

La característica principal en esta sección es el estudio de la Biblia. Dado que el diseño del plan de estudios es participativo, el estudio Bíblico invita a los estudiantes a interactuar con las Escrituras y entre sí. A los estudiantes se les asignan pasajes para leer durante la semana anterior. Luego, cuando vienen al estudio Bíblico, ya han leído y reflexionado sobre la historia bíblica de la semana. Están listos para profundizar en la calidad de liderazgo del personaje bíblico y su significado para sus vidas. Se proporcionan preguntas para guiar la discusión de los aprendices. No es necesario tener un líder de grupo o maestro para este estudio, sino un facilitador para guiar a los alumnos en la discusión de la sesión de estudio Bíblico. Se recomienda dividir en grupos pequeños de 4-5 personas para la discusión del estudio.

La línea de tiempo bíblica es un importante dispositivo de aprendizaje que ayuda a los alumnos a conectar a cada personaje bíblico con las historias anteriores y siguientes. La historia de cada semana tiene un símbolo para representar el personaje bíblico. (Los gráficos para los símbolos de la línea de tiempo se incluyen en el Apéndice de este libro.) Se puede crear una línea de tiempo a lo largo de la pared en la sala de reuniones con un símbolo agregado cada semana. Si no se utiliza una sala específica para la reunión de jóvenes, otra opción es fotocopiar los símbolos en papel adhesivo para que cada alumno los adjunte en su diario cada semana.

¡EXPERIMENTAR!

Aquí se les pide a los alumnos que apliquen lo que han aprendido y discutido en el estudio Bíblico a su vida real. Con frecuencia se les pide a los estudiantes que escriban en sus diarios, que comiencen como un cuaderno en blanco, durante la sección Experimentar, así como también para las tareas de reflexión.

1 ADÁN Y EVA

ADMINISTRACIÓN:
Cuidar de lo que Dios me ha confiado.

¡CONTRATAR!

CULTO
Tómate tu tiempo para conocer si los estudiantes son nuevos para ti o para el otro.
Escritura: Salmo 148
Canciones sugeridas: Eres poderoso, Dios de maravillas

ACTIVIDAD MOTIVACIONAL
Obtén la atención de todos y concéntrate en la lección discutiendo casualmente lo siguiente:

Recuerda un momento en que desobedeciste y algo realmente malo sucedió por eso.
- ¿Cuál fue la consecuencia y cómo te sentiste?
- ¿Qué pudo haber causado que desobedecieras?
- ¿Qué hace que una tarea o responsabilidad parezca "imposible"?

¡EXPLORAR!

PASAJE(S) DE LA ESCRITURA: Gen. 1:24-2:9; 2:15-25, Génesis 3

VERSO(S) CLAVE: Gen. 1:28, 2:15
Es posible que desees dividir el grupo y hacer que hagan "lecturas dramáticas" u otras dramatizaciones de los pasajes de las Escrituras.

ESTUDIO BÍBLICO
1. Lee Génesis 1: 24-2: 9. ¿Qué significa que Dios creó al hombre y a la mujer a su propia imagen? ¿De qué manera somos como Dios?
2. ¿Cómo te hace sentir saber que has sido creado a la imagen de Dios? ¿Cambia la forma en que te ves? ¿La forma en que ves a los demás?
3. Lee Génesis 1:28 y Génesis 2:15. ¿Qué roles le dio Dios a las primeras personas? ¿Esos roles se aplican a nosotros hoy?
4. ¿Cómo podemos cumplir el rol de cuidar la tierra? ¿De qué otras maneras podemos ser buenos administradores de lo que Dios nos ha confiado?
5. Lee Génesis 3. Adán y Eva desobedecieron las instrucciones de Dios. ¿Cuáles fueron las consecuencias inmediatas de su pecado? ¿Las consecuencias a largo plazo?
6. ¿De qué manera el no obedecer las instrucciones de Dios afecta nuestra mayordomía?

CRONOLOGÍA HISTÓRICA
A lo largo de esta serie de lecciones, marcaremos una línea de tiempo para mostrar cuándo las personas que estudiamos vivieron y cuál fue su relación históricamente. Comienza una línea de tiempo y marca el punto de inicio. Dibuja o adjunta un símbolo, como un árbol, para representar a Adán y Eva. Debajo de la línea, escribe: Mayordomía: cuidar de lo que Dios me ha confiado.

12 DISCIPULADO A TRAVÉS DE LA BIBLIA

Mayordomía: Cuidar de lo que Dios me ha confiado

OPCIÓN DE ACTIVIDAD

OBJETIVO DE MAYORDOMÍA

Materiales:

Biblias, una hoja de papel manila, papel adhesivo, marcadores

Instrucciones:

1. Divide la clase en tres grupos. Si tienes una clase de menos de 6 alumnos, pueden trabajar juntos como un solo grupo.
2. Entrega a cada grupo un pedazo de papel adhesivo y marcadores.
3. Dibuja un objetivo grande en el papel manila, etiquetado como se muestra a continuación, y conéctalo a la pared.
4. Asigna a cada grupo un pasaje de la Biblia para trabajar (ve las referencias a continuación).

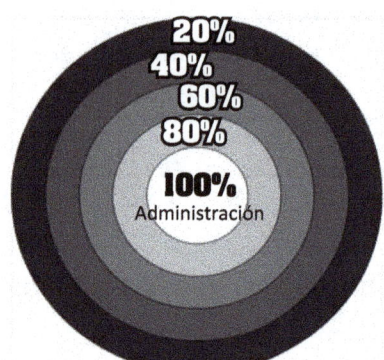

Referencias sugeridas:

I Reyes 4:20-34 (Salomón)
II Reyes 1:1-18 (Elías)
Génesis 41:37-57 (José)

5. Una vez que hayan identificado a la persona de la que trata su pasaje, deberán escribir el nombre de esa persona en el papel adhesivo.
6. Después de hablar de esa persona en relación con la mayordomía, deberían decidir dónde colocar la pegatina en el objetivo, según lo que creen que es el nivel de la administración de esa persona.
7. Una vez que todos los grupos hayan colocado su papel auto-adhesivo en el objetivo, pide a cada grupo que explique por qué le dieron esa calificación a su personaje de la Biblia y luego analicen lo siguiente:

1. Reflexiona sobre tu propia vida. ¿Cuáles son algunos de los talentos que crees que Dios te ha confiado?
2. Si tuvieras que poner tu nombre en el objetivo, ¿dónde lo colocarías?
3. ¿Por qué? (No solicites que los alumnos respondan en voz alta si parecen vacilantes. Para evitar vergüenza, puedes permitirles que escriban sus pensamientos en su diario).
4. ¿Qué podrías hacer para cambiar tu calificación?

Adaptado de la fuente:
Rydberg, Denny. "TrustBuilders" Group Publishing Inc., Loveland, Colorado 1993 p. 38

LECCIÓN 1: ADMINISTRACIÓN

¡Experimentar!

Actividad de aprendizaje
Proporciona una hoja grande de papel.

Que los alumnos dibujen cosas que es su responsabilidad cuidar.

Opciones de actividad

Arreglar y decir

Materiales: Tiras de cartulina, Pequeñas fichas para el grupo ganador

Instrucciones: Divide a los estudiantes en dos grupos. El maestro mostrará una tira de cartulina con una palabra revuelta. Cualquier miembro de los dos grupos que conozca la respuesta correcta debe ponerse de pie y decir la palabra correcta ("corregir"). El grupo gana un punto solo si también pueden "decir" algo sobre la palabra dada relacionada con el pasaje de las Escrituras del día. El grupo que gana la mayor cantidad de puntos gana el premio.

Palabras de muestra:

AOEVJ	OVEJA
TSE	SET
DÍNJAR DEL ÉNED	JARDÍN DEL EDÉN
Á BOL RDE LA IDAV	ÁRBOL DE LA VIDA
GELÁN	ÁNGEL
SEENTERPI	SERPIENTE
CRECIÓNA	CREACIÓN
PVOOL	POLVO
MCIÓNALDI	MALDICIÓN
TEADONT	TENTADO

*(Agregue sus propias palabras codificadas)

Inventario de mayordomía

Materiales: Lápices / bolígrafos para la distribución de Inventario de Mayordomía, Diarios estudiantiles

Instrucciones: Escribe las preguntas del "Inventario de administración" en la pizarra para que los alumnos las copien en sus diarios:

1. Haz una lista de los dones y talentos que Dios te ha dado. (Estos pueden ser materiales o algo en lo que sea especialmente bueno)
2. Califícalos en una escala de 1 a 10 con respecto a su administración de estos dones y talentos. ¿Qué puntaje crees que puedes darte en cada artículo? Explica.
3. ¿Qué puedes hacer para mejorar tu puntaje?

PROYECTO LIMPIO Y VERDE

Materiales: Materiales de limpieza, escobas, palas, rociadores, etc.

Instrucciones: Divide a los alumnos en dos grupos inmediatamente después de la discusión del Estudio de la Biblia. Dile a cada grupo que busque tiempo alrededor de la iglesia o comunidad que demuestre buena administración de la tierra del Señor (por ej., Barrer los terrenos de la iglesia para mantener la limpieza, desherbar en el jardín de la iglesia o arreglar grifos que goteen para conservar agua). Deberían hacer un informe de lo que hicieron en la próxima sesión de estudio.

Aplicación personal

Divide en grupos de acción. Decide una cosa que harás esta semana para cuidar la creación de Dios, ya sea individualmente o en grupo (por ejemplo, limpiar alrededor de la iglesia, limpiar el canal, arreglar grifos que gotean, etc.) Haz planes para llevar a cabo tu decisión y prepárate para informar sobre ello la próxima semana.

Asignación

Los estudiantes necesitarán un cuaderno para usar como su diario personal. Mantener el diario les ayudará a recordar y poner en práctica lo que han estudiado, y les proporcionará un lugar para que realicen tareas semanales.

1. Escribe el nombre de la persona de la Biblia estudiada, la calidad del personaje de liderazgo enfocado (con su definición) y el versículo clave en su diario.
2. Lee Romanos 5: 18-19. Piensa en cómo decirlo en tus propias palabras de una manera que incluso un niño pueda entender y compartir con alguien esta semana.
3. Lee Génesis 4: 1-16.

LECCIÓN 2: REVERENCIA

2 CAÍN Y ABEL

REVERENCIA:
Tener la actitud correcta del corazón hacia Dios y Su santidad

¡CONTRATAR!

CULTO
Escritura sugerida: Salmo 86:11

Canciones sugeridas: Eres Santo (Príncipe de la Paz), Un Corazón Puro, Fuego Refinador

ACTIVIDAD MOTIVACIONAL
1. Haz un seguimiento de las tareas de la semana pasada. Haz que los estudiantes informen sobre cómo cumplieron su compromiso de cuidar la creación de Dios. Además, pídeles que informen si pudieron compartir la idea de Romanos 5: 18-19 con alguien.
2. Muestra una foto de personas en el culto. Discute las actitudes expresadas en sus caras. ¿Cuáles parecen estar verdaderamente adorando al Señor? Que los estudiantes discutan sus propias actitudes durante los tiempos de adoración.
3. Que los estudiantes hablen de un momento cuando
   - sintieron envidia de los logros de alguien más, o
   - un padre o abuelo parecía favorecer los esfuerzos de un hermano o hermana, o
   - alguien más obtuvo un rol o responsabilidad que realmente deseaba, o
   - nunca pudieron complacer al maestro, pero otros fueron elogiados.

¿Cómo te sentiste con los demás involucrados?

¡EXPLORAR!

PASAJE(S) DE LA ESCRITURA: Génesis 4:1-16

VERSO(S) CLAVE: Génesis 4:6-7

ESTUDIO BÍBLICO
1. Lee el pasaje de las Escrituras y discute. Versículos 2-4: ¿Qué diferencias notas sobre cómo Caín y Abel prepararon y dieron sus ofrendas?
2. Versículo 4-5: ¿Cómo respondió Dios a cada una de las ofrendas? ¿Por qué crees que Dios respondió de la manera que lo hizo a cada uno de los hermanos?
3. Versículos 6-7: da tu opinión sobre este versículo. Esta es la última visión de Dios sobre lo que Caín y Abel hicieron. ¿Qué dice el pasaje acerca del pecado? ¿Cómo se relaciona el pecado con la condición de nuestros corazones?
4. Versículos 8-9: Discute la reacción de Caín al juicio de Dios. ¿Cuál fue la actitud de Caín hacia Dios? ¿Hacia Abel? Discute la respuesta de Caín a Dios: ¿Soy el guardián de mi hermano? ¿Qué nos muestra sobre la actitud de Caín?
5. Versículos 10-16: Reúne pensamientos sobre la súplica de Caín sobre su castigo. ¿Alguna vez se arrepintió de su falta de respeto, celos, ira o asesinato? ¿Cómo podría haber terminado la historia de manera diferente si lo hubiera hecho? Dios amablemente salvó la vida de Caín, pero ¿qué dice el versículo 16 sobre la relación de Caín con Dios desde ese punto?

16 DISCIPULADO A TRAVÉS DE LA BIBLIA

CRONOLOGÍA HISTÓRICA

Ni Caín ni Abel pudieron contribuir a la historia de la Biblia en curso.

Adán y Eva tuvieron otro hijo, Set, a través del cual el plan de Dios para el mundo continuó. Set fue el antepasado de Noé, a quien estudiaremos la próxima semana.

▸ Prepara un símbolo para representar la lección de esta semana, como un corazón de papel, la mitad negro y medio blanco, con el nombre de Caín en el lado negro y Abel en el lado blanco. Adjúntalo a la línea de tiempo al lado del símbolo de Adán y Eva.

▸ Debajo de la línea, escribe: Reverencia: tener la actitud correcta del corazón

Ejemplo:

OPCIÓN DE ACTIVIDAD

LUCES, CÁMARA, ACCIÓN

Materiales: Ninguno

Instrucciones: Divide a los alumnos en grupos de cuatro. Cada grupo debe designar a los personajes de la historia bíblica y a un narrador que leerá el pasaje sobre Caín y Abel. Si deseas agregar interés haciéndolo una competencia, diles a los estudiantes que se otorgarán premios por Mejor Actor / Actriz, Mejor Película, Mejores Efectos de Sonido, etc. Permite 5 minutos para la preparación, luego deja que cada grupo presente su drama.

Variación: Elige representantes del grupo para interpretar a Dios, Caín y Abel. Haz que se imaginen una discusión cara a cara que podría haber ocurrido entre ellos mientras Dios les explica sus expectativas y por qué rechazó la oferta de Caín. Haz que los actores intenten representar las actitudes y emociones de los 3 personajes mientras representan esta discusión imaginaria ante el resto del grupo.

¡EXPERIMENTAR!

ACTIVIDAD DE APRENDIZAJE

Elige de lo siguiente:

1. Comparte una historia relevante sobre cómo tener una actitud correcta realmente hace una diferencia (por ejemplo, la historia de Nick Vujicic) y que los estudiantes reflexionen sobre ella. Sugiere situaciones de la vida real que aborden el desafío de tener la actitud correcta y permíteles compartir respuestas.
2. Pídeles a los estudiantes que representen las situaciones anteriores, o elijan compartir ejemplos durante la Actividad Motivacional
3. Representa lo que sucedió mostrando las actitudes equivocadas, luego representa lo que podría haberse hecho de manera diferente si respondieran con la actitud correcta del corazón.

Aplicación personal

1. Escribe (en tu diario) un salmo expresando arrepentimiento y reconocimiento de la santidad y soberanía. Incluye: Lo que creo de mí mismo, lo que creo sobre Dios, lo que creo sobre cómo Dios está usando a los demás y mis circunstancias para enseñarme y cambiarme, o...

2. Escribe una cosa que aprendiste de esta lección que te ayudará a desarrollar el carácter de un líder cristiano. Planifica cómo pondrás en práctica lo que aprendiste.

Opción de actividad

CINCO PRIMEROS

Materiales: Materiales de escritura, diario

Instrucciones: Después de discutir la lección sobre reverencia, otorga a los alumnos "tiempo de silencio". Pídeles que piensen en ocasiones en las que sienten que hicieron o dijeron algo que no mostró reverencia por Dios. Que los estudiantes inclinen la cabeza y silenciosamente oren para pedir perdón. Luego diles que escriban en sus diarios cosas que puedan hacer a partir de este momento que muestren reverencia a Dios. Después de darles suficiente tiempo, pida voluntarios para compartir una cosa de lo que han escrito. Diles que lo que han escrito servirá como su promesa a Dios y que deben hacer todo lo posible para cumplirlo.

Asignación

1. Ir más profundo (opcional): Leer el Salmo 51. David escribió este Salmo después de cometer los pecados adulterio y asesinato. ¿En qué se diferencia la actitud del corazón de David de la de Caín? Escribe tu respuesta en tu diario.

2. Para la próxima semana: Lee la historia completa de Noé y el Diluvio, Génesis 6:1-9:17.

DISCIPULADO A TRAVÉS DE LA BIBLIA

3 NOÉ

JUSTICIA:
Hacer lo correcto sin importar lo que otros estén haciendo

¡CONTRATAR!

CULTO
Escritura sugerida: Salmo 34:15-22

Canciones sugeridas: Toma mi vida; Llanto de mi corazón

ACTIVIDAD MOTIVACIONAL
1. Cualquier estudiante que desee puede compartir el salmo que escribieron para la lección de la semana pasada (no requieren esto) o lo que aprendieron sobre la actitud del corazón de David en comparación con la de Caín.
2. Involucra al grupo en una discusión haciendo las siguientes preguntas:
   - ¿Cuáles son los desafíos que enfrentas al tratar de vivir como cristiano? ¿Has sido tentado a unirte a cosas que sabes que no son agradables a Dios (beber, fumar, hacer trampa, etc.)? ¿Cómo manejas eso? Comparte una instancia cuando te mantuviste firme en hacer lo correcto.
   - ¿Saben tus compañeros de clase que eres cristiano? ¿Cómo respondes cuando otros te preguntan sobre tu fe?
   - Dios no nos está pidiendo que construyamos un arca, pero ¿cuáles son algunas cosas "locas" que podría querer de los cristianos hoy?

¡EXPLORAR!

PASAJE(S) DE LA ESCRITURA: Génesis 6:5-22, 7:1-5, 8:15-22
VERSO(S) CLAVE: Génesis 6:9

OPCIÓN DE ACTIVIDAD

MÉTODO DEL VERSÍCULO DE MEMORIA POTENTE (DISPOSITIVO MNEMOTÉCNICO)

Materiales: Papeles, lápices, borradores

Instrucciones: Haz que uno de los alumnos lea el pasaje de las Escrituras en voz alta lentamente.

Ejemplo:

1. Lee Génesis 6: 9 en voz alta.
2. Mientras el alumno está leyendo, los demás participantes deben anotar la letra inicial de las palabras en su papel.
3. Luego, cada alumno practicará la memorización hablando la totalidad de las Escrituras utilizando solo mientras lee, el breve resumen con cada letra inicial de las Escrituras como pistas para lo que viene a continuación.
4. Permite que los estudiantes presenten su versículo de memoria frente al grupo hasta memorizar toda la escritura cuando estén listos.

(Nota para el instructor: Como medio para motivar a tus alumnos, puedes presentar las Escrituras de memoria usando el lenguaje corporal apropiado y la inflexión vocal)

Referencias: http://www.onechallenge.org/doh/images/stories/Ministry/Oh200709_PHD.pdf

Lección 3: Justicia

Estudio Bíblico

1. Versículos 6: 5-13 ¿Qué palabras ves en estos versículos que describen a las personas de los tiempos de Noé? ¿Cuál fue la reacción de Dios a su estilo de vida? ¿Qué te dice esto sobre Dios?
2. Versículos 6: 8-9, 7: 1 ¿En qué se diferenciaba Noé de los demás? ¿Por qué encontró "favor a los ojos del Señor"?
3. Versículos 6: 14-22, 7: 1-5 Imagina cómo sería recibir estas instrucciones del Señor. ¡Qué gran tarea! ¿Cómo respondió Noé a la difícil tarea que Dios le dio?
4. Versículos 8: 20-22 ¿Qué implica este pasaje acerca del carácter de Noé? ¿Cuál fue la respuesta de Dios a la obediencia de Noé?
5. Lee Hebreos 11: 7. Según este versículo, ¿de dónde vino la justicia de Noé?

Opción de actividad

Historia Instantánea

Materiales: Cámara digital o teléfono celular con cámara

Instrucciones:

1. Anima a los estudiantes a comparar la situación de Noé con la suya. ¿Cuál podría ser una versión moderna de las circunstancias de Noé?
2. Resume la versión moderna en una oración.
3. Usa una cámara digital o un teléfono celular para tomar una foto que represente esta oración.

Expresa tus emociones

Materiales: Palos, marcadores, papeles de colores, cinta o pegamento, tijeras.

Instrucciones: *Hacer "Palos de Sentimientos"* (Ejemplos en la página siguiente)

1. Recorta los papeles de colores en círculos, alrededor de 10 pulgadas de diámetro.
2. Que los alumnos piensen en diferentes expresiones faciales, tales como feliz, triste, frustrado, deprimido, enojado, etc. Permite que dibujen una expresión facial en cada círculo de papel.
3. Precinta o pega una varilla en cada cara para hacer una manija.

Discusión adecuada

- Que los estudiantes expresen sus sentimientos usando "palos de sentimientos" mientras revisan la historia de Noé. Haz preguntas como: "¿Qué piensas sobre las emociones de Noé y los miembros de su familia antes del diluvio mientras estaban construyendo el arca? ¿Durante la inundación? "Etc. Pídeles que compartan sus pensamientos con su grupo.

20 DISCIPULADO A TRAVÉS DE LA BIBLIA

- Pídeles que compartan con su grupo algunas de sus experiencias con ser menospreciados o burlados por los incrédulos debido a sus creencias (Pensamientos, comportamiento, etc.) Anímalos a usar sus " palos de sentimientos" para mostrar cómo se sintieron en ese momento y cómo se sienten al respecto ahora.

(Nota para el instructor: deambule por la habitación mientras comparten entre sí para poder conocer mejor a sus alumnos y su situación de vida).

CRONOLOGÍA HISTÓRICA

Noé se convirtió en el padre de toda la humanidad desde ese momento en adelante. Sus tres hijos comenzaron el proceso de repoblación de la tierra. La historia de la Biblia continúa a través de su hijo Sem, quien se convirtió en el antepasado de Abraham, a quien estudiaremos la próxima semana.

▶ Prepara una pequeña representación del arca y escribe el nombre de Noé en ella. Adjúntalo a la línea de tiempo a cierta distancia del símbolo de Caín y Abel. (Noé vivió unos 1000 años después de que lo hicieron).

▶ Debajo de la línea, en ángulo, escribe: Rectitud: hacer lo correcto sin importar lo que otros están haciendo.

¡EXPERIMENTAR!

ACTIVIDADES DE APRENDIZAJE

1. Formas de juego de roles para mantener la rectitud en un mundo malvado. Usa algo de los ejemplos dados durante la Actividad Motivacional, o

2. Mira un extracto de la película Evan Almighty para mostrar cuán desafiante sería para Noé obedecer el mandato de Dios de construir un arca en nuestros días, o

3. Juega un juego que refleje la dificultad de mantenerse firme en medio de distracciones, o

4. Proporciona papel cuadriculado y anima a los estudiantes a crear dibujos a escala del arca. Deben comparar el tamaño del arca con otras estructuras (como un gran edificio en su área, un jumbo o el Titanic) y con los animales más grandes (como los elefantes o los dinosaurios).

Busca la ilustración a continuación en http://www.answersingenesis.org/home/area/overheads/pages/oh20021122_146.áspid

Encuentre datos adicionales sobre el arca de Noé en http://www.christiananswers.net/q-eden/edn-c013.html

Lección 3: Justicia

Aplicación Personal

1. ¿Dirías que el mundo de hoy es malvado? ¿Las personas que conoces son "perversas"?
2. ¿Qué tipo de maldad observamos en nuestra comunidad? ¿De dónde viene esa maldad? ¿Qué podemos hacer al respecto?
3. Reflexiona sobre la situación de Noé como el "extraño" entre su gente. ¿Alguna vez te has sentido excluido porque tomaste una posición por lo que es correcto? ¿Cómo se siente?

Opción de Actividad

Noé Moderno

Materiales: Papel de escribir y bolígrafos

Instrucciones:

1. Divide a los estudiantes en grupos de no más de cinco.
2. Que cada grupo lea la historia de Noé y el arca y luego reescribe el pasaje desde una perspectiva de 2009.
3. Después de unos minutos, que todos vuelvan a estar juntos y que cada grupo presente su versión al grupo grande. Cuando todos hayan contribuido, haz estas preguntas:
   - ¿Crees que la humanidad es tan pecaminosa hoy como lo fue en los días de Noé?
   - ¿Crees que Dios alguna vez destruiría a toda la humanidad de otra manera?
   - Dios prometió a Noé que nunca más "las aguas se convertirán en un diluvio para destruir toda la vida" (6:15) ¿Cuál es el signo de esta promesa?
   - ¿Qué crees que se enfatiza más en esta historia: el juicio de Dios o la gracia de Dios?

Ejemplo:

Los estudiantes podrían hablar sobre los tipos de corrupción actuales que Dios vería, un Noé moderno, y el tipo de bote que Dios quiere que construyan.

Referencias: Conexiones de fe Sep / Oct / Nov (Kansas City: Wordaction, 2003), P38

Asignación

1. Escribe el nombre de la persona bíblica estudiada, la calidad del carácter de liderazgo dirigido (con tu definición) y el verso clave en tu diario.
2. Escribe "Estoy apartado para Dios". Debajo de ese título, escribe cosas que puedas comenzar a hacer como un líder cristiano que demuestre que estás eligiendo la justicia por encima del compromiso del pecado.
3. Piensa en alguien que conozcas y que sea atraído fácilmente a hacer las cosas incorrectas. Ora por esa persona ¿Cómo puedes ayudarlo a resistir el mal? Haz un plan y ponlo en acción esta semana. Cuenta qué pasó la próxima semana.
4. Lee Génesis 12: 1-9, 13: 1-18, 15 y 18: 1-15 antes de la lección de la próxima semana sobre Abraham.

4 ABRAM/ABRAHAM

FE:
Creciendo en mi confianza en Dios

¡CONTRATAR!

CULTO
Escritura sugerida: Hebreos 11:1-3

Canciones sugeridas: Camino por la fe; Solo un Dios como tú

ACTIVIDAD MOTIVACIONAL
1. 1. Haz que los estudiantes compartan los resultados de las tareas de la semana pasada. ¿Se mantuvieron firmes de cara a la tentación? ¿Pudieron ayudar a alguien más a hacerlo?
2. 2. Los estudiantes deberían haber leído Génesis 12: 1-10 durante la semana. Haz que se imaginen cómo hubiera sido estar en la situación de Abraham cuando Dios le dijo que se moviera, pero no le dijo dónde. ¿Qué hubieran hecho?
3. 3. Pregunta: ¿Cuándo es más probable que diga "Bahala na si Señor?" Comparte un momento en el que solo oraste y dejaste que Dios manejara una situación difícil: ¿Qué sucedió? ¿Cómo se sintió?
4. 4. Si los estudiantes han tenido la oportunidad de ver la película Desafiando a los Gigantes, discute la fe de los diversos personajes. ¿A qué "gigantes" (situaciones difíciles) nos enfrentamos? Pídeles que discutan la dificultad de confiar estas situaciones a Dios.

OPCIONES DE ACTIVIDAD

¿DÓNDE IR? (Juego de obstáculos con los ojos vendados)

Materiales: Venda de los ojos (pañuelo o cualquier tela)

Instrucciones:
1. Divide a los estudiantes en dos grupos. Haz que cada grupo elija una guía. Venda los ojos al resto de las personas en el grupo.
2. Pídeles a las dos guías que ayuden a hacer dos simples recorridos de obstáculos. Los cursos no tienen que ser lineales. Sé creativo poniendo el punto final o la meta en una dirección extraña. Coloca objetos donde los estudiantes tendrán que saltar, saltar y moverse mucho.
3. Haz que los grupos formen líneas en los puntos de inicio. El objetivo es que todos los estudiantes lleguen a su final. Depende de la guía si los miembros del grupo van uno tras otro o van todos al mismo tiempo. La guía no debe tocar a los miembros mientras los dirige y solo debe decir la dirección a la que deben ir y qué hacer si hay un obstáculo en el camino.
4. Después de la carrera, pídeles a los alumnos que te cuenten lo que es estar vendado y depender de la guía. Pregúntale a la guía sobre sus decisiones y estrategia para liderar a los miembros. Asegúrate de que el alumno comparta lo que siente sobre la incertidumbre de la dirección que debe tomar.

Adaptado de "Blindfold Guide"
Ideas creativas para la juventud. de http://www.creativeyouthideas.com/blog/creative_teaching_ ideas / blind_guide.html # más acceso 12 de septiembre de 2009.

LECCIÓN 4: FE

CÍRCULO DE CONFIANZA

Materiales: Ninguno

Instrucciones:

- Un jugador es elegido para ser "eso" primero. Se forma un círculo cerrado de jugadores, alternando personas físicamente fuertes y débiles. La persona elegida para ser "eso" entra en el medio del círculo y cruza sus brazos sobre su pecho.

- El "eso" se endurece y cae hacia atrás. Los jugadores en el círculo trabajan juntos para atrapar a la persona y pasarla de un lado a otro alrededor del círculo.

- El jugador en el medio debe mantener sus pies juntos cerca del centro del círculo para que esto funcione bien, y los jugadores que forman el círculo en general agarra a la persona que es "eso" alrededor de los brazos y los hombros. Se anima a cada estudiante a tener un turno.

- Después del juego, ten una breve discusión sobre lo que sucedió. Pregúntale al "primero" sobre cómo se sintió cuando cayó por primera vez hacia atrás:
  - ▶ ¿Fue fácil hacer la primera caída? Si no, ¿qué lo hizo difícil?
  - ▶ ¿Confiaste en que los demás realmente podrían atraparte?
  - ▶ ¿Qué se sintió mientras te tiraban?

- Pregunta a los receptores lo siguiente:
  - ▶ ¿Te preocupaba que no fueras coherente en atrapar el "eso"?
  - ▶ ¿Temías que tu o alguno de los otros no pudieran hacerlo? ¿Qué otros miedos podrías haber sentido?

- Para relacionar la experiencia con la fe en Dios, pregunta lo siguiente:
  - ▶ Para el "Eso":
  - ▶ ¿Puedes compartir un momento en el que tuviste dificultades para tener fe en Dios haciendo lo que quiere?
  - ▶ Lee Hebreos 11: 1-3. De la definición de fe en el pasaje, ¿Qué parte dificulta "guardar la fe" especialmente en tiempos de problemas?
  - ▶ Para los receptores:
  - ▶ ¿Que hace que poner tu fe en las personas sea diferente de poner tu fe en Dios?

Hohenstein, Mary. Jeux. Mandaluyong, Metro Manille: OMF Publishing, 2008. 142.

¡EXPLORAR!

PASAJE(S) DE LA ESCRITURA: Génesis 12:1-10, 15:1-6, 16:1-6, 17:1-8; 17:15-22; 21:1-7

VERSO(S) CLAVE: Génesis 15:6

ESTUDIO BÍBLICO

Asigna diferentes personas para que lean un pasaje de las Escrituras y resúmelo para el resto del grupo.

1. Génesis 12: 1-3: Dios hace una gran promesa a Abraham después de decirle lo que debe hacer. ¿Qué aprendemos sobre Abraham a partir de este pasaje? ¿Qué dice esto acerca de tener fe en Dios?

2. Génesis 12: 4-6: ¿Cómo respondió Abraham al llamado de Dios? Compara este pasaje con el versículo 1. ¿Abraham hizo todo lo que Dios dijo anteriormente? Observa la situación de Abraham cuando se fue. Comparte sobre una experiencia donde mantener la fe en Dios parece difícil debido a todos los otros factores que "acompañan". Para ti, ¿qué podría obstaculizar la fidelidad a Dios?

3. Génesis 12: 7-9: Observa cómo Dios da una promesa después de la otra y el "patrón" de las promesas de Dios y la respuesta fiel de Abraham.

4. Génesis 15: 1-6: ¿Qué le prometió Dios a Abraham en estos versículos? Discute la respuesta de Abraham.

5. Génesis 16: 1-6: ¿Cómo trataron Abraham y Sarai de "ayudar a Dios" a cumplir su promesa? ¿Necesita Dios nuestra ayuda para cumplir sus promesas?

6. Génesis 17: 1-8: ¿Cuál fue el significado de cambiar el nombre de Abram a Abraham? (Nota para el maestro: Abram significa "padre exaltado". Abraham significa "padre de muchos". Dios estaba confirmando su promesa a Abraham).

7. Génesis 17: 15-22: ¿Cuál fue la reacción de Abraham al anuncio de Dios de que Sarai tendría un bebé? ¿Por qué?

8. Génesis 21: 1-7: ¿Cómo se cumplió la promesa de Dios a Abraham? ¿Qué aprendió Abraham acerca de Dios a través de sus experiencias? Del ejemplo de Abraham, ¿qué podemos aprender sobre el tipo de fe que debemos tener?

9. Lee Hebreos 11: 1-2, 8-16. ¿Cuál es la definición de fe según el versículo 1? El versículo 2 indica que este tipo de fe agrada a Dios.

10. ¿Qué más aprendemos acerca de la fe de los versículos 8-16?

OPCIÓN DE ACTIVIDAD
CARTA DE FE Y PROMESA

Materiales: Tablero y tiza o papel Manila y marcadores

Instrucciones: Dibuja una tabla con tres columnas y etiquétalas como tales: (haz que la tabla sea más larga para obtener más espacio)

La Promesa de Dios / Mandamiento	La Respuesta de Abraham	Cumplimiento de la Promesa

A medida que avanza la discusión, que diferentes estudiantes llenen la tabla. Sería más organizado dejar que los alumnos respondan después de cada punto de discusión o pregunta. Después de la discusión, revisa lo que los alumnos han respondido y trate de hablar un poco más. Pídeles a los alumnos que analicen cómo creció Abraham en la fe a través de la tabla que llenaron.

Lección 4: Fe

Cronología histórica

Abraham es considerado el padre de la nación de Israel. Dios lo eligió para jugar un papel muy importante en la historia. ¿Por qué Abraham? Tal vez fue porque, como Noé, Abraham era un hombre justo y temeroso de Dios que creía en Dios y estaba dispuesto a obedecer. La historia de Abraham comienza con un gran paso de fe, y vemos que su fe en Dios continúa creciendo a medida que experimenta más de la fidelidad de Dios.

▶ Prepara un pequeño símbolo, como un camello, para representar a Abraham y escribe su nombre en él. Adjúntalo a la línea de tiempo a cierta distancia del símbolo de Noé (hubo cerca de 800 años entre ellos). Marca la línea de tiempo 2000 B.C.

▶ Debajo de la línea, en ángulo, escribe: Fe: creciendo en mi confianza en Dios.

¡Experimentar!

Actividades de aprendizaje

Perder confianza:

Se necesita una tabla para esta actividad.

Organiza a los estudiantes en dos líneas. Déjalos enfrentarse el uno al otro. Coloca la mesa en frente de la línea. Deja que un alumno se pare en la parte superior de la mesa, de espaldas a los demás. La idea es que el alumno en la mesa se deje caer y los demás lo atrapen. Deja que todos los estudiantes se turnen para hacer la caída. Enseña a los estudiantes cómo hacer una "red de brazos" segura para atrapar al que cae.

Alternativa: si los estudiantes son muy pocos y no pueden apoyar una caída o si los estudiantes no están seguros de hacerlo, simplemente divídelos por parejas. Deja que uno sea el receptor, uno para caer sobre su compañero. Déjalos tomar turnos.

Después de la actividad, permite que algunos estudiantes compartan lo que sintieron antes, durante y después de que se dejaran caer. Relaciona la actividad y las reflexiones de los alumnos con la lección sobre la fidelidad y su importancia para el carácter y el liderazgo cristianos.

Opción de actividad

Historia Ronda-Acerca De

Materiales: Ninguno

Instrucciones: Haz que los estudiantes formen un círculo, ya sea de pie o sentado. Todos los estudiantes colectivamente contarán lo que sucedió en el pasaje de las Escrituras de la lección. El maestro comenzará diciendo solo una palabra y el próximo estudiante continuará con otra palabra. La idea es que la historia se cuente cuando cada estudiante tenga su turno para agregar solo una palabra.

Ejemplo:

Profesor: Había

Estudiante 1: un

Estudiante 2: hombre

Estudiante 3: nombrado

Estudiante 4: Abram

Algunas reglas de este juego pueden tener un "castigo". La regla es una palabra por persona, por lo que cualquiera que diga dos o más palabras cuando sea su turno, puede ser "castigado". Otro se da cuando un estudiante todavía no puede pensar qué decir en cinco o diez segundos.

Este juego puede probar qué tan bien conocen la secuencia de la historia y los nombres y otros detalles.

APLICACIÓN PERSONAL

1. ¿Dirías que el mundo de hoy es malvado? ¿Las personas que conoces son "perversas"?
2. ¿Qué tipo de maldad observamos en nuestra comunidad? ¿De dónde viene esa maldad? ¿Qué podemos hacer al respecto?
3. Reflexiona sobre la situación de Noé como el "extraño" entre su gente. ¿Alguna vez te has sentido excluido porque tomaste una posición por lo que es correcto? ¿Cómo se siente?

ASIGNACIÓN

1. Escribe el nombre de la persona bíblica estudiada, la calidad del carácter de liderazgo dirigido (con tu definición) y el verso clave en tu diario.
2. Busca una historia verdadera de gran fe en Dios. Podría ser de un familiar y conocido, de internet o de cualquier fuente de historias inspiradoras. Prepárate para compartir tu historia con el grupo la próxima semana, o
3. Escribe un ensayo reflexivo en tu diario titulado, "Pondré mi fe en Dios". Debería incluir desafíos a los que te has enfrentado, te enfrentas o esperas enfrentarte y razones por las que debes confiarle tu vida a él.
4. Antes de la reunión de la próxima semana, lee Génesis 22: 1-19, 25: 1-11.

LECCIÓN 5: OBEDIENCIA   27

5 ABRAHAM

OBEDIENCIA:
Conocer y hacer lo que Dios desea de mí

¡CONTRATAR!

CULTO
Escritura sugerida: Romanos 12:1
Canciones sugeridas: Llanto de mi Corazón

ACTIVIDAD MOTIVACIONAL
1. Haz que los estudiantes compartan las "historias de fe" que encontraron. Pregunta si a alguien le gustaría compartir su ensayo sobre "Pondré mi fe en Dios". (Tal vez te gustaría sugerir que uno o más de ellos compartan su ensayo como testimonio en un servicio religioso).
2. Simplemente piensa primero en lo que piensan los estudiantes acerca de la palabra "obediencia".
   - ¿Eliges a las personas a las que obedeces o qué cosas obedecer?
   - ¿Qué hace que algo o alguien sea difícil de obedecer?
   - ¿La obediencia siempre implica rigor?
   - ¿La fe tiene algo que ver con la obediencia?

OPCIÓN DE ACTIVIDAD

DEJAR DEBATIR
Materiales: Ninguno
Instrucciones: El instructor dividirá la clase en dos grupos. Haz que uno de los estudiantes lea la historia a continuación:

Historia:

Has sido buen amigo de un niño / niña durante mucho tiempo. Recientemente, ambos empezaron a darse cuenta de que realmente les gusta el uno al otro. Estás en un punto en el que te gustaría comenzar a salir formalmente. Hasta este momento, tus padres no han dado su aprobación, lo cual es muy importante para ti. Dicen que quieren que demuestres tu responsabilidad y tu madurez en otras partes de la vida, como las amistades y el estudio, antes de que aprueben que salgas con alguien. Tienes una fuerte relación con tus padres y sabes que ambos te respetan y desean lo mejor para ti. Finalmente, dicen que están bien, y que están muy emocionados y felices por ti. Después de un mes, la relación es muy buena. Lo pasas genial juntos. Se lleva tan bien con tu familia y crees que se estás enamorando. Lo que es aún mejor es que tus padres apoyan esta relación. Luego, sin dar una razón, tus padres te piden que dejes de ver a esta persona. Dicen que quieren que finalices la relación y no hables con ella otra vez. ¿Qué harías? ¿Harías lo que tus padres piden o no?

Haz que un grupo discuta por qué deberían romper con su novio / novia y qué sentirían. Haz que el otro grupo discuta por qué deberían ir en contra de los deseos de sus padres y lo que sentirían. Después de que los grupos tengan tiempo para hablar entre ellos, alterna entre los dos grupos, permitiendo que una persona diferente comparta una razón por la cual seguir o no los deseos de sus padres. A medida que los estudiantes dan sus ideas, escríbelas en columnas separadas en la pizarra.

Termina preguntando a los dos grupos cómo se sentirían en medio de esta situación y cómo esto afectaría su elección.

¡Explorar!

PASAJE(S) DE LA ESCRITURA: Génesis 22:1-19

VERSO(S) CLAVE: Génesis 22:17-18

ESTUDIO BÍBLICO
1. Discute lo que Abraham pudo haber pensado y sentido al escuchar el mandato de Dios y mientras él iba a hacer el sacrificio.
2. Lee Génesis 17: 17-19. ¿Qué le había dicho Dios a Abraham acerca de Isaac antes de que naciera? ¿De qué manera la obediencia de Abraham se relacionó con su fe? (Ver Hebreos 11: 17-19)
3. Nota cómo Dios reconoce la fe de Abraham y la prueba de sacrificar a su hijo. ¿Por qué crees que Dios le pidió a Abraham que sacrificara a su hijo? ¿Crees que Dios alguna vez nos pide que hagamos cosas difíciles por la misma razón? Da algunos ejemplos de tu propia vida.
4. ¿Cuál fue el resultado de la obediencia de Abraham? Nota cuán complacido es Dios con la obediencia. (Ver Génesis 22: 17-18)
5. Lee el Salmo 103: 17, Juan 14:21 y Juan 15:10. Según estos versículos, ¿cuáles son los resultados de nuestra obediencia?

CRONOLOGÍA HISTÓRICA
En nuestra primera lección, vimos cómo la desobediencia trajo una maldición sobre toda la humanidad.

Aquí vemos a Dios prometiéndole a Abraham que, debido a su obediencia, ¡a través de su descendencia todas las naciones de la tierra serían bendecidas! (Génesis 22:18) En las próximas semanas y meses, seguiremos a la descendencia de Abraham y trataremos de ver cómo se cumplió esta promesa.

▶ Prepara un pequeño símbolo, como un altar de piedra, para representar la obediencia y adjuntarlo a la línea de tiempo justo al lado del símbolo de la semana pasada

▶ Debajo de la línea, en ángulo, escribe: Obediencia: conocer y hacer lo que Dios desea de mi.

Opciones de actividad

Abraham/Isaac MELODRAMA

Materiales: Ninguno

Instrucciones: Elige 3-5 estudiantes que estarán dispuestos a representar la historia de Génesis 22: 1-19.

▶ *Personajes:* Dios, Abraham, Isaac, Siervo 1 (opcional), Siervo 2 (opcional).

Lección 5: Obediencia

Haz que los estudiantes representen la historia de Abraham sacrificando a Isaac de memoria. El propósito de esta lección es hacer que los estudiantes comprendan mejor el contenido de la historia actuando.

Si los alumnos se olvidan de las partes, los otros alumnos de la clase pueden ayudarlos a recordar la trama.

Después de que los estudiantes representen la historia, pídeles a los otros estudiantes que digan qué tan bien lo hicieron al interpretar la historia.

- ¿Perdieron alguna parte? ¿Qué partes eran creíbles?
- ¿Qué partes no parecían creíbles?
- ¿Crees que Dios quiere causar dolor o daño por parte de los adultos a los niños? ¿Por qué o por qué no?

Discute las percepciones de los alumnos sobre el llamado de Dios para que un padre mate a su hijo. Los elementos de esta historia no proporcionan una guía o justificación para los adultos que abusan de los niños, como lo muestra claramente el impulso general de las Escrituras.

Continúa haciendo que varios grupos representen la historia junto con discusiones similares después.

ACTIVIDAD DE DIBUJO DE SENTIMIENTOS

Materiales: Materiales de arte y papel para los estudiantes, pizarra blanca, marcador de pizarra

Instrucciones: Antes de la clase o mientras los estudiantes están leyendo el pasaje de las Escrituras, escriban estas preguntas en la pizarra:

- ¿Cómo se sintió Abraham durante esta historia?
- ¿Cómo se sintió Isaac durante esta historia?
- ¿Cómo se sintió Dios durante esta historia?
- ¿Qué piensas de la historia?

Haz que los estudiantes respondan estas preguntas a través del dibujo o cualquier expresión artística escrita. Después de que los estudiantes hagan esto, pídeles que compartan su arte con el grupo. Los estudiantes pueden tener dificultades con Dios pidiéndole a Abraham que mate a su hijo y con el acuerdo de Abraham, especialmente si han venido de situaciones abusivas. Permite que los estudiantes sean abiertos y honestos.

Para concluir, pregúntales a los alumnos qué sienten que Dios quiere enseñarnos a través de esta historia.

¡EXPERIMENTAR!

ACTIVIDADES DE APRENDIZAJE

1. Fingir que eres Isaac. Cuenta dramáticamente la historia de lo que sucedió en Génesis 22 desde tu perspectiva (de Isaac). (Esto puede hacerlo el docente o un alumno dotado en esta forma de comunicación).
2. Juego: carrera con los ojos vendados: Deja que los estudiantes elijan un compañero. Uno será vendado y el otro no. Permite que el que no tiene los ojos vendados guíe a su compañero a través de una carrera de obstáculos. Después del juego, pregunta a los estudiantes con los ojos vendados cómo se sintieron durante el juego. ¿Cómo se relacionó su experiencia con la de Abraham?

Opciones de actividad

FIDEICOMISO DE CONFIANZA Y OBEDIENCIA

Materiales: Ninguno

Instrucciones:

Haz que los estudiantes compartan algo que Dios les dijo que hicieran que era difícil. Usa un ejemplo y desarrolla un juego de rol usando a los otros estudiantes en la clase como varios personajes.

Si no dan un ejemplo, utilicen esto: uno de sus amigos en la escuela se burla de alguien que acaba de dejar caer su almuerzo en el suelo. Dios les está diciendo, en lugar de reír y burlarse, muestren compasión y ayúdalo a limpiar el desastre.

Haz que los alumnos primero enumeren los personajes en el escenario (es decir, el personaje principal, 3 amigos, persona que arroja comida). Luego asigna los personajes a los miembros de la clase.

Haz que comiencen a representar la situación como ese personaje. En diferentes partes de la historia, detente y pregunta a los miembros de la clase y a los personajes qué piensan y sienten en ese momento (como su personaje), qué están haciendo, y por qué. Enfatiza la causa y el efecto: si tuvieran que actuar de cierta manera, ¿cuáles serían las reacciones y las consecuencias de cada personaje?

Finalmente pregunta a los alumnos cómo Dios muestra una bendición por su obediencia en esta situación. Trata de ayudar a los alumnos a ver de manera creativa cómo las bendiciones pueden ser el desarrollo del carácter en lugar de solo obsequios externos o que el problema se resuelva fácilmente.

ABRAHAM-ISAAC Entrenamiento con marionetas

Materiales: Marionetas o calcetines para cada miembro de la clase

Instrucciones:

Aquí hay instrucciones para que la clase comience a trabajar en conjunto sobre cómo usar marionetas para sátiras bíblicas. Estas son especialmente buenas maneras de utilizar a los jóvenes para ministrar a los niños de la iglesia y la comunidad. La clase practicará con el siguiente script:

Toma tu marioneta y ve a un espejo. Si solo estás usando un calcetín para una marioneta, puedes decorar el calcetín más tarde para que se vea como un personaje real. No te preocupes por esto ahora ya que solo estás practicando técnicas de marionetas. Usa el pulgar para mover la parte inferior de la boca y los otros dedos para la parte superior de la boca. Usar la mano izquierda suele ser más fácil.

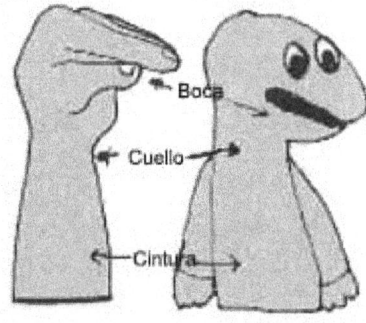 

Lección 5: Obediencia

Sostén el títere y practica moviendo la boca mientras hablas. Practica moviendo tu brazo para hacer que la marioneta tenga movimientos realistas. Algunos ejemplos son sacudir ligeramente el brazo para mostrar temor o mover la cabeza del títere hacia arriba y hacia abajo para reír. Recuerda con quién debe estar escuchando el títere o hablando y asegúrate de que los ojos de la marioneta estén mirando en esa dirección.

Muchos titiriteros se sentarán detrás de una cortina para sostener la marioneta sobre la cortina y hablar. Esto hace que las marionetas se vean más realistas. Practica sosteniendo el títere arriba de tu cabeza y hablando. Esto es mucho más difícil de lo que parece tanto para tu brazo como para tu mano. Asegúrate de que la audiencia no pueda ver tu brazo, solo el títere. Asegúrate de que la boca de tu títere esté cerrada cuando no esté hablando. A medida que tu brazo se cansa, tu marioneta comenzará a caerse, a veces simplemente apoyando su barbilla (tu mano) en la barra. Asegúrate de mantener a tu mascota a una altura constante para que tus títeres luzca realista.

Haz que los estudiantes practiquen en grupos pequeños. Permíteles criticarse unos a otros y dar ideas de cómo pueden hacerlo mejor.

Referencia: http://www.puppetville.com/puppet_handling_instructions(accessed 10/11/2009)
Imagines de: http://www.dragonsaretooseldom.com/puppet-manipulation.html

Script de marionetas:

Caracteres:
- Narrador, Dios (solo voz), Abraham, Isaac, ovejas (solo voz); el narrador también puede ser solo de voz.

   ** Abraham está en el lado izquierdo de la etapa de marionetas.

NARRADOR: Abraham fue un buen hombre. No tenía hijos, pero cuando Abraham era muy viejo, Dios le dio un hijo, pero luego Dios lo puso a prueba.

DIOS: ¡Abraham!

ABRAHAM: Sí, Dios.

DIOS: Toma a tu único hijo, Isaac, que amas, y ve a sacrificarlo.

Abraham sale del escenario

NARRADOR: (hablando a los niños) ¿Cómo te sentirías si Dios te pidiera que regalases algo que realmente amas?

Abraham e Isaac entran a la mitad del escenario y brincan ligeramente hacia arriba y hacia abajo como si estuvieran caminando.

NARRADOR: Bueno, Abraham obedeció. Se levantó temprano y comenzó a caminar hacia el lugar donde Dios le dijo que fuera.

ISAAC: Hola papá. Veo que tenemos madera para un sacrificio, pero ¿dónde están las ovejas que sacrificaremos?

ABRAHAM: Dios proveerá para nuestro sacrificio, hijo. Dios proveerá.

NARRADOR: Entonces, niños, ¿cómo creen que Abraham se sintió por tener que sacrificar al hijo que amaba? Bueno, cuando llegaron al lugar donde Dios les dijo que fueran, Abraham puso a su hijo en el bosque y estaba a punto de ofrecerlo a Dios cuando Dios dijo...

Isaac se recostó con Abraham mirando como si estuviera trabajando alrededor de Isaac para preparar el fuego.

DIOS: ¡Abraham!

ABRAHAM: Aquí estoy, Dios.

DIOS: Ahora sé que obedecerás todo lo que te digo, incluso si eso significa renunciar a algo que amas mucho. No le hagas nada a Isaac.

Hacer el sonido de una oveja

ABRAHAM: ¡Mira, Isaac! Una oveja atrapada en los arbustos. ¡Dios proveyó para nuestro sacrificio!

Etapa de salida de Isaac

NARRADOR: Entonces Dios le dijo a Abraham:

DIOS: ¡porque estabas dispuesto a dar lo más importante en tu vida para mí, te daré muchas cosas! Cuando me pongas primero, tomaré cuidado de todas sus necesidades

Abraham sale

NARRADOR: Entonces Abraham e Isaac vivieron felices para siempre, amando a Dios.

* Las palabras en cursiva son instrucciones para los actores.

Aplicación personal

1. Reflexiona sobre la inmediatez de la respuesta de Abraham y sus "preguntas sin respuesta". ¿Alguna vez has estado en una situación en la que parece que tienes que sacrificar mucho a Dios? ¿Le siguió una bendición? Escribe sobre eso en tu diario.
2. Haz que los estudiantes compartan con un compañero un área en la que han estado luchando para obedecer algo que saben que el Señor les está pidiendo que hagan. Anímalos a orar el uno por el otro.

Asignación

1. Escribe el nombre de la persona bíblica estudiada, la calidad del carácter de liderazgo (con tu definición) y el verso clave en tu diario.
2. Lee 1 Juan 3: 21-24. Reflexiona sobre cómo nuestra obediencia afecta nuestra relación con el Señor. Dedica un tiempo a orar pidiéndole al Espíritu Santo que le muestre un área en la que debe obedecer. Escribe en tu diario lo que piensas hacer como resultado de esta lección.
3. Antes de la lección de la próxima semana, lee Génesis 24 y 26.

LECCIÓN 6: AMANTE DE LA PAZ

6 ISAAC

AMANTE DE LA PAZ:
Haciendo lo que puedo para mantener relaciones pacíficas

¡CONTRATAR!

CULTO
Escritura sugerida: Mateo 5:9 o Colosenses 3:15

Canciones sugeridas: Dios es la fortaleza de mi corazón

ACTIVIDAD MOTIVACIONAL
Puede elegir entre los siguientes

1. Pídales a los estudiantes que cuenten sobre las experiencias que han tenido con personas amantes de la paz y las que no lo son.
2. Muestre el video clip del famoso discurso de Martin Luther King "Tengo un sueño" en http://video.google.com/googleplayer.swf?docid=-8962372176970376221&hl= ko & fs = true "style =" width: 400px; height: 326px "allowFullScreen =" true "allowScript Access =" always "type =" aplicación / x-shockwave-flash ">
3. Pídales a los estudiantes que hagan una lluvia de ideas sobre cómo se ve la paz y que la ilustren en un mural

OPCIÓN DE ACTIVIDAD

ESTUDIO DE CASO DE HACEDOR DE PAZ PRÁCTICO

Materiales: Las preguntas sobre la historia y la discusión de Julia en el siguiente sitio web: http://www.goodcharacter.com/dilemma/dilemma4.html.

Instrucciones: Lee la historia sobre Julia y sus "amigos" poco amables para los estudiantes y luego usa las preguntas que se dan en el sitio web para analizar cómo debe reaccionar una persona en esa situación. Adapta la historia y las preguntas al contexto de sus alumnos según sea necesario.

Nota para el docente: si no puedes acceder a este sitio web, tal vez puedas pensar en una situación en la que un alumno sea maltratado o herido por otros en la escuela, pero no quiere que lo malinterpreten ni enojar, por lo que no informa el maltrato a una autoridad. Después de contar la historia o explicar la situación, pregunta:

▶ ¿Qué debe hacer [esta persona] ahora?

▶ ¿Por qué crees que las personas lo estaban tratando de esta manera?

▶ ¿Alguna vez has tenido una experiencia similar?

▶ Cuando ves que le sucede algo así a otros, ¿qué haces?

▶ ¿Qué crees que deberías hacer?

Referencias:
Las preguntas sugeridas sobre la historia y la discusión provienen de la Situación 4 de "The Daily Dilemma", de Charis Dennison, y pueden encontrarse en http://www.goodcharacter.com/dilemma/di- lemma4.html.

¡Explorar!

PASAJE(S) DE LA ESCRITURA: Génesis 26:1-33

VERSO(S) CLAVE: Génesis 26:28-31

ESTUDIO BÍBLICO

1. Versos 1-6: ¿Por qué este pasaje te suena familiar? (Observa cómo se refleja de nuevo la promesa de Dios a Abraham.) ¿Cómo se compara la respuesta de Isaac con la de su padre?

2. v. 7-11: Compara este pasaje con Génesis 10: 12-20 y 20: 1-13. Sarai en realidad era la hermanastra de Abraham, y Rebeca era la prima de Isaac, pero sus intenciones eran engañar para protegerse. ¿Qué nos dice esto sobre las limitaciones de su fe?

3. v. 12-22: comenta cómo te sentirías si estuvieras en la situación de Isaac: la gente sigue tomando lo que has trabajado, como en el refrán filipino, "Ako ang nagtanim, iba ang uman ;, ako ang nagsaing, iba ang kumain. "Comparte pensamientos y experiencias en los momentos en que tal cosa te sucedió. ¿Cuál fue tu reacción inicial? Habla sobre las acciones de Isaac para evitar conflictos.

4. v. 23-25: Reflexiona sobre la relevancia del mensaje de promesa de Dios para Isaac a la situación en la que se encontraba en ese momento. ¿Qué implica el pasaje acerca de la gracia de Dios (bendiciones) y nuestras acciones?

5. v.26-31: comenta cómo lidió Isaac con su confrontación con Abimelec. ¿Qué enseña esto sobre enfrentar y confrontar los conflictos? ¿Cómo se puede aplicar esto para ser un líder piadoso?

6. v. 32-33: regresa a los versículos 1-6 y 23-25. ¿Cómo están conectados estos pasajes? Hacer la paz trae bendiciones: discute este pensamiento y relaciónalo con Mateo. 5:9. (La palabra Shibah en hebreo puede significar "juramento". Consulta más a fondo sobre diccionarios bíblicos y comentarios sobre la palabra y discute las implicaciones de por qué Isaac nombró al pozo como tal). Discute la conexión del "juramento" con el establecimiento de la paz.

Opciones de actividad

EVALUACIÓN DEL CARÁCTER

Materiales: Ninguno

Instrucciones:

Después de leer Génesis 26: 7-11, que los alumnos comparen las situaciones y las respuestas de Abraham e Isaac para notar las similitudes e identificar cualquier diferencia. Pregunta:

- ¿Crees que Abraham e Isaac hicieron lo correcto en estas situaciones?
- ¿Qué te dice su respuesta a la situación sobre ellos?
- ¿Qué podrían haber hecho de manera diferente?
- ¿Qué crees que habría pasado si hubieran sido perfectamente honestos?
- Dios parece haber intervenido en su nombre a pesar de su engaño. ¿Crees que Dios podría haber producido buenos resultados si no hubieran mentido en primer lugar?

LECCIÓN 6: AMANTE DE LA PAZ

APLICACIÓN AUTO-GUIADA

Materiales: Se pueden usar folletos de papel para cada alumno.

Instrucciones:

1. Después de la lectura de las Escrituras o la lección bíblica, el facilitador utilizará preguntas para dirigir a los estudiantes a través de los siguientes pasos:
2. Generalización: ayuda a los alumnos a descubrir el (los) principio (s) principal (es) de la lección o pasaje. Escríbelos en la tabla (ver a continuación).
3. Aplicación variada: Pídeles a los alumnos que den ejemplos de cómo funcionarían los principios en la vida real. ¿Cómo se vería si una persona practica este principio? Enumera las respuestas en el cuadro en forma abreviada.
4. Examen de un área sensible: ¿qué parece ser un tema recurrente en sus ilustraciones? ¿Dónde está el principio "golpeando la casa"? Haz preguntas que ayuden a relacionar las Escrituras con ese problema. Anótalo en la tabla.
5. Decisión personal: formula una pregunta final que aliente a los alumnos a comprometerse a actuar según el principio. (Por ejemplo, ¿qué es lo que Dios te pide que hagas con esta verdad?)

Principios	Aplicaciones variadas	Examen de áreas sensibles	Decisión personal

(Formato de gráfico de la Fig. 18, página 125 de Lawrence y Bredfeldt, Creative Bible Teaching).

Ejemplos de preguntas para usar con la Lección 6:

1. Generalización: Vemos en este pasaje que Isaac eligió repetidamente no ser conflictivo. Él parece ser una persona amante de la paz. ¿Qué podemos aprender de Isaac y nuestras otras escrituras sobre la construcción de la paz? (Refiérase también a Mateo 5: 9 y Col. 3:15 según sea necesario para obtener la respuesta deseada). Ejemplo: Hacer la paz trae bendición.
2. Aplicaciones variadas: ¿cómo se vería la paz hoy en nuestra comunidad? ¿Qué oportunidades podrían tener los jóvenes para ser pacificadores?
3. Examina las áreas sensibles: dependen de las respuestas de los estudiantes en el paso 2. Las posibles áreas sensibles pueden ser las siguientes:
   - ¿Es diferir (no defender sus "derechos") una señal de debilidad?
   - ¿Hacer la paz significa que deberíamos dejar que las personas se aprovechen de nosotros?
   - ¿Es correcto resistir la injusticia?
   - ¿Quién es nuestro Defensor? ¿Podemos confiar en que Dios traiga justicia?
   - ¿La bendición es un resultado inmediato de la construcción de la paz?
4. Decisión personal: ¿Cómo podrías ser un pacificador esta semana? ¿Qué derechos podrías necesitar renunciar voluntariamente?

Lawrence O. Richards y Gary J. Bredfeldt, Creative Bible Teaching, Rev. ed., (1998), 119-126.

CRONOLOGÍA HISTÓRICA

Aunque Abraham tuvo otro hijo mayor (Ismael), el heredero de la promesa de Dios para Abraham fue Isaac. La Biblia no tiene mucho que decir sobre Isaac mismo, pero como el padre de Jacob y Esaú, él juega un papel importante en la historia de la Biblia. Más tarde, Dios se refiere a sí mismo como "el Dios de Abraham, Isaac y Jacob", evidencia de que Isaac continuó con la tradición de fe de su padre en Dios, y nombrándolo como uno de los patriarcas de Israel.

▸ Prepara un pequeño símbolo, como un pozo, para representar los esfuerzos de Isaac en mantener la paz y adjúntalo a la línea de tiempo al lado del símbolo de la semana pasada.

▸ Debajo de la línea, en ángulo, escribe: amante de la paz: haciendo lo que pueda para mantener relaciones pacíficas.

OPCIONES DE ACTIVIDAD

HECHOS BÍBLICOS TIC-TAC-TOE

Materiales: Pizarra, tablero blanco o hoja grande de papel; tiza o marcador

Instrucciones: Dibuja un tablero de tres rayas en la pizarra, pizarrón blanco o una hoja grande de papel colgada en la pared. (Ver la ilustración.) Divide al grupo en dos equipos, el X y el O. Proporciona a cada equipo un pedazo de tiza o marcador. Los miembros del equipo se turnarán para contestar las preguntas y rellenar el tablero de tres en raya con la marca de su equipo cuando respondan correctamente. Tres X ú O seguidas, cualquier dirección, gana. Los equipos oponentes deben tratar de bloquearse mutuamente y burlarse unos de otros para obtener 3 seguidos.

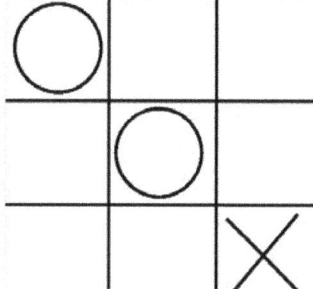

<u>Preguntas:</u>

1. Declara una promesa que Dios le dio a Abraham en Génesis 12. (Cualquiera de los siguientes es aceptable: te haré una gran nación, te bendeciré, engrandeceré tu nombre, bendeciré a quien te bendiga y maldeciré quienquiera que te maldiga, todos los pueblos de la tierra serán bendecidos por ti, a tu descendencia daré esta tierra.)

2. En Génesis 15, ¿A qué comparó Dios el número de descendientes futuros de Abraham? (Las estrellas)

3. ¿Cuál fue la solución de Sarai para la falta de hijos de Abraham? (Ella propuso que Abraham tuviera hijos a través de Agar, su sirviente).

4. ¿Por qué se cambió el nombre de Abram a Abraham? ¿Qué significa ese nombre? (Padre de muchos)

5. ¿Qué prometió Dios en Génesis 17 con respecto a Sarai? (Cualquiera de los siguientes: la bendeciré y te daré un hijo por ella, ella se convertirá en la madre de las naciones; ella tendrá un hijo para este momento el próximo año).

Lección 6: Amante de la paz

6. ¿Cuál es la definición de fe, de acuerdo con la Lección 4 de nuestro plan de estudios? ("La fe crece en mi confianza en Dios". Respuestas similares son aceptables).

7. ¿Cuál fue nuestra definición de obediencia en la Lección 5? ("La obediencia es conocer y hacer lo que Dios desea de mí").

8. Describe lo que Dios le dijo a Abraham que hiciera en Génesis 22 para probar la fe de Abraham. (Dios le pidió que llevara a su hijo, Isaac, a una montaña para sacrificarlo como holocausto).

9. ¿Qué promesa le repitió Dios a Isaac en Génesis 26? (Cualquiera de los siguientes: a ti y a tus descendientes les daré esta tierra, haré tu descendencia tan numerosa como las estrellas en el cielo, a través de tu descendencia serán bendecidas todas las naciones de la tierra).

10. ¿Cuál era el nombre del medio hermano mayor de Isaac? (Ismael)

11. Da un ejemplo que ilustre que Isaac era una persona amante de la paz. (Cualquiera de los siguientes: cuando Abimelec le pidió que se fuera, se mudó, cuando los pastores de Gerar confiscaron los pozos que cavaron sus hombres, se mudó y les hizo cavar otro pozo, hizo un tratado con sus enemigos en lugar de tomar represalias.)

12. De acuerdo con la Lección 6, ¿qué significa ser amante de la paz? (Significa hacer lo que pueda para mantener relaciones pacíficas.

Recursos: Lawrence O. Richards y Gary J. Bredfeldt, Creative Bible Teaching, Rev. ed., (1998), 119-126.

¡Experimentar!

Actividades de aprendizaje

1. Haz que los estudiantes den ejemplos de momentos en los que tuvieron que elegir cómo responder al trato injusto o compartir sus propias experiencias de establecimiento de la paz. Podría evitar una pelea a pesar de haber sido provocado, o mediar entre dos personas o partes que están en conflicto entre sí. ¿Fue difícil ser pacificador? ¿Fueron sus esfuerzos exitosos o no?

2. Pídeles que representen lo que sucedió y lo que podría haber sucedido si hubieran respondido de manera diferente.

Aplicación personal

1. Lee Romanos 12: 14-19. ¿Qué te dice este pasaje? Escribe tus ideas en tu diario.

2. Piensa en tus relaciones. ¿Hay alguien con quien necesitas hacer las paces? Haz lo posible por ocuparte de la situación esta semana y prepárate para compartir lo que sucederá la próxima semana.

Opción de actividad

PRACTICANDO LA PAZ

Materiales: Ejemplos de situaciones en hojas de papel separadas (ver a continuación).

Instrucciones: Discute con los estudiantes cómo el lenguaje corporal afecta la comunicación. ¿Qué significan las distintas posturas o gestos corporales para los demás? ¿Cómo cambia el tono de voz el significado de las palabras? Da ejemplos demostrándoles y pídeles ejemplos y demostraciones. Luego, divide el grupo en 3 o 4 equipos. Da a cada equipo una de las situaciones enumeradas a continuación (u otras que cree). Indícales que actúen en mímica (sin palabras) para los otros equipos, qué hay en el papel y cómo resolverán la situación. Los otros equipos luego discutirán sobre lo que está sucediendo y darán sugerencias sobre formas alternativas de resolver la situación de manera pacífica.

Situaciones sugeridas:

- ▶ Dos de tus amigos están enojados el uno con el otro. No tienes idea de por qué, pero no se están hablando el uno al otro. ¿Qué harías?

- ▶ Un grupo de burlones en tu escuela te han estado haciendo la vida imposible, tomando tus cosas y diciendo cosas que ellos saben te harán enojar. ¿Qué harías?

- ▶ Tú y tu hermano (o hermana) tienen la costumbre de discutir mucho sobre cosas pequeñas. Te gustaría romper el patrón pero él / ella repetidamente te irrita ¿Qué harías?

- ▶ Tu tía te crió por varios años mientras tu mamá estaba trabajando en ultramar. Ahora que tu madre regresó, ella y tu tía no parecen llevarse bien. Parece haber confusión sobre quién es responsable de ti y quién establece las reglas con las que vives. Parece que hay competencia y resentimiento entre ellas. ¿Qué harías?

Asignación

1. Escribe el nombre del personaje bíblico estudiado, la calidad del carácter de liderazgo (con tu definición) y el versículo clave en tu diario.

2. Antes de la reunión de la próxima semana, lee Gen 37.

7 JACOB

TRANSFORMADO:
Ser cambiado por mis experiencias con Dios

¡CONTRATAR!

CULTO

Escritura sugerida: Romanos 12: 2 o 2 Corintios 3:18

Canciones sugeridas: Me está cambiando

ACTIVIDAD MOTIVACIONAL

1. Haz que los estudiantes compartan sus experiencias de pacificación (asignación de la semana pasada) o compartir otras experiencias que hayan tenido con relaciones tensas en el pasado y la dificultad de reparar esas relaciones. Fomentar el juego de roles.
2. Pídeles que digan lo que aprendieron sobre Jacob leyendo Génesis 37 la semana pasada.

OPCIÓN DE ACTIVIDAD

JUEGO LÍNEA

Materiales: Cinta colorida

Instrucciones:

1. Divide el salón de clases por la mitad usando la cinta en el piso.
2. Haz que los estudiantes se paren de ambos lados del salón de clases y pídeles que escuchen atentamente las instrucciones.
3. Explica la regla simple de esta actividad: si el alumno cree que la declaración dada se aplica a sí mismo, él o ella debe moverse cerca de la línea. Si no, deben permanecer donde están.
4. Anímalos a prestar atención a sus propios sentimientos y a estar atentos a las respuestas de los demás. Es mejor comenzar con afirmaciones simples y ligeras antes de pasar a otras más desafiantes.

Ejemplos

- ▶ Tengo un secreto que nunca le he contado a nadie, ni siquiera a mis padres.
- ▶ Solía ser un creador de problemas.
- ▶ Lucho con un problema relacionado con mi hermano o hermana.
- ▶ He cambiado comparado con antes de mi vida. Mi vida ahora es muy diferente de lo que era antes.
- ▶ Ha habido ocasiones en que he odiado a mi hermano o hermana o incluso a un amigo.

* El instructor puede agregar declaraciones apropiadas para el contexto.

Referencias: Hilary Swank, Freedom Writers. dirigido por Richard LaGravenese y Hilary Swank. 122 min. Paramount Pictures, 2007. DVD.

¡Explorar!

PASAJE(S) DE LA ESCRITURA: Génesis 28:10-22, Génesis 32:1 - 33:15

VERSO(S) CLAVE: Gen. 32:30

ESTUDIO BÍBLICO

1. Ch. 28:10-15: Nota el "restablecimiento" de la promesa de Dios que hizo con Abraham e Isaac, ahora con Jacob. ¿Qué dice esto acerca de la fidelidad de Dios?

2. Considera también la premisa de que Jacob "engañó" en su camino hacia la bendición. ¿Por qué Dios ofrecería una gran promesa a un engañador como Jacob? ¿Qué dice esto acerca de la gracia de Dios?

3. v.16-22: ¿Cómo respondió Jacob al mensaje de Dios? Observa cómo Jacob hizo su propio pacto para responder a Dios.

4. Ch. 32: 1-8: ¿Qué dice la preparación de Jacob para encontrarse con Esaú acerca de la gravedad de la situación en la que se metió? Comparta un momento en el que trató de reconciliarse con alguien y qué "preparativos" realizó para ello. ¿Qué te hizo decidir reconciliarte? ¿Qué riesgos estaban involucrados? ¿Pensabas que tus esfuerzos serían rentables? ¿Qué pensamientos tienes mientras estás en proceso de reconciliación?

5. v.9-12: Discute la oración de Jacob. ¿Qué dice esto acerca de la actitud "transformada" de Jacob?

6. Ch. 32: 22-32: ¿Qué representa esta lucha con Dios para Jacob? ¿Qué implica cambiar el nombre de Jacob? ¿Qué se puede aprender de la persistencia de Jacob al pedir la bendición de Dios?

7. Ch. 33: 1-11: habla sobre cómo fue la reunión de Jacob y Esaú. Observa cómo Jacob y Esaú intercambian palabras humildes y amorosas.

    - Habla sobre cada una de las actitudes del hermano hacia el perdón: cómo lo hizo Esaú no requiere ofrendas de paz materiales, y cómo Jacob insistió en dárselas.

    - ¿Qué dice esto sobre el enfoque correcto para la reconciliación? Deja que los estudiantes compartan sobre experiencias de dar "ofrendas de paz".

8. v.12-16: Nota la humildad de Jacob al dirigirse a Esaú. ¿Qué dice esto sobre nuestras propias actitudes cuando intentamos enmendar? Enfócate en el v. 15: ¿qué se puede aprender de la respuesta de Jacob a la oferta de Esaú? ¿Qué dice esto acerca de la motivación de Jacob para reconciliarse con su hermano?

9. Lee Romanos 12: 2 y 2 Cor. 3:18. ¿Qué nos dicen estos versículos acerca de cómo se lleva a cabo la transformación?

LECCIÓN 7: TRANSFORMADO

OPCIONES DE ACTIVIDAD

LO BUENO, LO MALO Y LO FEO

Materiales: Pizarra, tablero blanco o rotafolio.

Instrucciones:

1. En una pizarra, pizarrón blanco o rotafolio, escribe la palabra "Bueno" en el lado superior izquierdo, "Malo" en el medio, y "Malo" en la parte inferior.
2. Diles a los estudiantes que esta es una escala que representa las vidas y acciones de las personas.
3. Pídeles que pronuncien los nombres de algunas personas y personas famosas de las lecciones bíblicas y que sugiera dónde encajarían en estas categorías. Para comenzar, den algunos ejemplos bien conocidos, como Madre Teresa o Jose Rizal cerca de la parte superior y General Hirohito o Adolf Hitler cerca del final.
4. Después de haber dado una docena de respuestas, pregúntales por qué decidieron poner a la gente donde lo hicieron.
5. Pregunta a los estudiantes sobre Jacob. ¿Dónde lo pondrían y por qué? ¿Era él un buen personaje o no? ¿Se sometió a un proceso de transformación?
6. En la parte superior del tablero, encima de la palabra "Bueno", escribe la palabra "Perfecto" y el nombre de Jesucristo junto a ella. Señala que incluso las mejores personas no se pueden comparar con Jesús.

Referencias: Conexiones de fe Mar / Abr / Mayo (Kansas City: Wordaction, 2004), P46

PREPARACIÓN PARA LA RECONCILIACIÓN

Materiales: Papeles, plumas de colores

Instrucciones:

1. Pídeles a los alumnos que compartan con un compañero un momento en el que trataron de reconciliarse con alguien. ¿Qué "preparaciones" hicieron para eso? ¿Qué hizo que decidieran reconciliarse? ¿Qué riesgos estaban involucrados? ¿Pensaban que sus esfuerzos darían resultado? ¿Qué pensamientos tenían mientras estaban en proceso de reconciliación?
2. Pídeles que escriban el nombre de la persona en una hoja de papel y que lo una al cofre de su compañero con la cinta.
3. Pídeles que practiquen diciendo "Lo siento por..." a su compañero como si él o ella fuera esa persona. El compañero solo debe escuchar atentamente.
4. El orador y el oyente deben cambiar los roles y repetir la actividad.
5. Después, da tiempo para compartir comentarios con el resto de la clase. Puede ser apropiado cerrar esta actividad con oración para que tenga lugar la verdadera reconciliación.

CRONOLOGÍA HISTÓRICA

La Biblia describe a Jacob como una persona manipuladora y engañadora al principio de su vida, incluso antes de que él se transformara, Dios lo había elegido para engendrar a las 12 tribus de Israel que se convirtieron en el punto focal del resto de la historia del Antiguo Testamento.

▶ Prepara un pequeño símbolo, como una piedra, para representar a Jacob y adjuntarlo a la línea de tiempo al lado del símbolo de la semana pasada.

▶ Debajo de la línea, en ángulo, escribe: Transformado - siendo cambiado por mis experiencias con Dios.

¡Experimentar!

Actividades de aprendizaje
Elige de lo siguiente:
1. En tu diario, haz un cuadro dividiendo la página con una línea vertical en el centro. En la parte superior de la columna izquierda, escribe ANTES y en la parte superior de la columna derecha escribe DESPUÉS. En el lado izquierdo, enumera las palabras que describen cómo eras antes de que Cristo te transformara (antes de convertirte en discípulo de Cristo) y, a la derecha, enumera las palabras que describen cómo has cambiado.
2. Invita a alguien que haya estado en prisión o en un centro de rehabilitación (u otra persona que conozca) a compartir un testimonio sobre cómo se han transformado.

Aplicación personal
1. La transformación es un proceso difícil que incluye lucha. Comparte sobre tu propia lucha con problemas personales en general. ¿Qué haces en esas situaciones?
2. Reflexiona en tu diario sobre la importancia de la transformación en la vida de un líder. ¿Cuáles son las posibles consecuencias de "fingirlo"?

Opción de actividad

GRÁFICO DE TRANSFORMACIÓN

Materiales: Papeles, plumas de colores
Instrucciones:
1. Pídeles a los alumnos que describan su vida creando un "gráfico de vida" en el papel.
2. Después de unos minutos, que pares de estudiantes se enfrenten entre sí y compartan sus gráficos. Esto logrará dos cosas. Primero, comenzarás a construir una comunidad en tu grupo. Segundo, les permitirá a tus estudiantes explorar cuánto Dios los ha transformado con el tiempo.

Ejemplo:

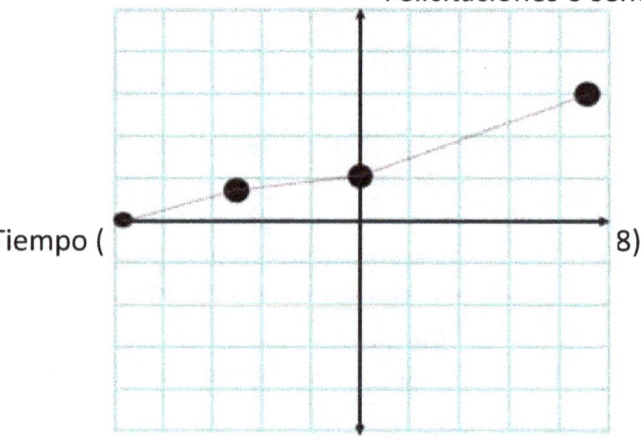

Asignación
1. Escribe el nombre de la persona de la Biblia estudiada, la calidad del personaje de liderazgo dirigido (con tu definición) y el verso clave en tu diario.
2. Durante la semana, visita un orfanato, hogar de ancianos, área deprimida o refugio. Encuentra alguna manera de ayudar a la gente de allí. (Maestro (a): el objetivo aquí es desafiar las actitudes egocéntricas e individuales del alumno ayudándolo a experimentar las necesidades de quienes lo rodean).
3. Antes de la reunión de la próxima semana, lee Génesis 37 para obtener información sobre la vida de José.

LECCIÓN 8: INTEGRIDAD

8 JOSÉ PARTE 1

INTEGRIDAD:
Mantener el más alto nivel de autocontrol en tiempos de tentación

¡CONTRATAR!

CULTO
Escritura sugerida: 1 Corintios 10:13
Canciones sugeridas: La batalla pertenece al Señor

ACTIVIDAD MOTIVACIONAL

1. Juega el juego "Cariño, si me amas, sonríe". El objetivo del juego es que cada miembro del grupo diga "cariño, si me amas, sonríe" y hacer lo que sea para "tentar" a otro miembro del grupo a sonreír. Esa persona debe resistir la tentación de sonreír, manteniendo una "cara seria". Si el "tentador" es capaz de hacer sonreír a la otra persona, esa persona se convierte en el "tentador". Si no, él / ella trata de obtener que un miembro diferente del grupo sonría.
2. Haz que los estudiantes compartan lo que aprendieron sobre José de Génesis 37.

¡EXPLORAR!

PASAJE(S) DE LA ESCRITURA: Génesis 39
VERSO(S) CLAVE: Gen. 39:9

ESTUDIO BÍBLICO

1. v. 1-6: del pasaje, ¿cuáles son las razones por las cuales José fue reconocido como persona responsable? ¿Qué hizo a José tan confiable?

2. v.6-10: ¿Por qué la esposa de Potifar se sentía tan atraída por José? De acuerdo con esto, discute otras situaciones en las que alguien que tiene un cargo o responsabilidad distintivo está siendo tentado a abusar de sus privilegios. (Ejemplo: el presidente de un cuerpo escolar está tentado a corromper los fondos de la organización, etc.)

   ■ Enfócate en el versículo 9: ¿Qué lección se puede aprender de la respuesta de José a la esposa de Potifar? ¿A quién debía rendir cuentas si cedía a la tentación? Discute la implicación de cómo uno rinde cuentas a Dios y a los demás (por ejemplo, asesor de SBO, cuerpo escolar, pastor, etc.) al cumplir con la responsabilidad con integridad.

   ■ Comparte pensamientos sobre cómo José soportó ser constantemente tentado.

3. v.11-20: Discute la situación de José. ¿Hubo un momento en que te "enviaron correo negro" o te metieron en una situación para hacerte quedar mal? ¿Cómo manejaste una situación así?

4. v. 20-23: Observa cómo José fue tratado bien en cualquier situación en la que fue puesto. ¿Por qué el Señor estaba continuamente con José? ¿Qué hizo Dios por José? ¿Qué dice esta historia acerca de la fidelidad de Dios a los fieles?

DISCIPULADO A TRAVÉS DE LA BIBLIA

Opciones de actividad

Integridad

Materiales: Marcadores de papel manila / lápices de colores

Instrucciones: Después de discutir la lección sobre la integridad a través de la vida de José, dé a los alumnos la oportunidad de evaluar el "nivel de integridad" de algunos personajes de la Biblia. Dibuja una "línea de integridad" en el tablero (ver la ilustración). Da una lista dada de personajes de la Biblia (ver sugerencias a continuación), anima a los jóvenes a elegir un nombre y colócalo donde él / ella piense que debería estar en la línea. Diles que estén listos para compartir el motivo de su "juicio".

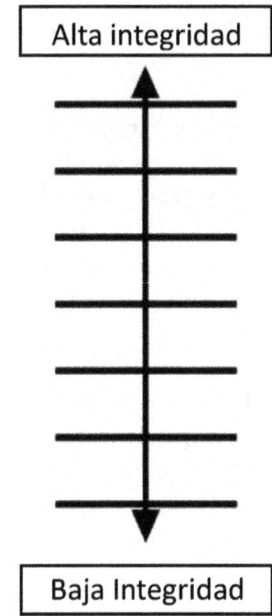

CARACTERES BÍBLICOS SUGERIDOS:

Giezi	Josías	David
Daniel	Salomón	Abraham
Aarón	Pedro	Pablo

¡Hablar claro!

Materiales: Copias de dibujos de situaciones significativas en la vida de José (ver abajo las ilustraciones sugeridas). Lápices o bolígrafos para cada estudiante.

Instrucciones: Completa los globos de diálogo con lo que dijo cada personaje durante cada situación.

Situaciones de muestra:

1. José "acosado" por la esposa de Potifar
2. José interpretando los sueños del mayordomo del rey y el portador de la copa
3. José se dio a conocer a sus hermanos, diciéndoles por qué los perdona.

http://www.oneil.com.au/lds/pictures/joseph_resist.jpg   http://lavistachurchofchrist.org/Pictures/Patriarichal%20Age/target7.html

LECCIÓN 8: INTEGRIDAD

http://lavistachurchofchrist.org/Pictures/Patriarichal%20Age/target9.html

CRONOLOGÍA HISTÓRICA

José fue el undécimo hijo de Jacob (Israel), sin embargo, la Biblia presta más atención a él que a ninguno de sus hermanos. La Biblia no trata de ocultar las cualidades negativas de sus "héroes", mostrando los aspectos positivos y negativos de su carácter. Sin embargo, casi no se nos dice nada negativo sobre José. Él era verdaderamente un hombre de integridad.

- Prepara un pequeño símbolo, como una túnica multicolor, para representar a José y adjúntalo a la línea de tiempo al lado del símbolo de la semana pasada. Marca la línea de tiempo 1700 a.C., la fecha aproximada en que José fue a Egipto.
- Debajo de la línea, en ángulo, escribe: Integridad: mantener los más altos estándares de autocontrol en tiempos de tentación.

¡EXPERIMENTAR!

ACTIVIDADES DE APRENDIZAJE

En una hoja de papel manila o en el tablero, que los alumnos creen una lista de cosas relevantes que consideran tentaciones reales en sus propias vidas y en las vidas de los jóvenes de hoy. Si es posible, divídelos en grupos y deja que alguien dé una breve explicación de los resultados de su trabajo. (Esto probablemente conduzca al ítem n.° 1 en la Aplicación personal).

Opciones de Actividad

Línea de Vida

Materiales: Bonos, MARCADORES o crayones

Instrucciones: Cuenta la historia de un héroe bíblico (por ejemplo, José) Dile a los alumnos que creen la "cuerda de salvamento" de José dibujando líneas continuas para representar un momento significativo en su vida. La cuerda de salvamento puede incluir líneas rectas, líneas curvas, espirales, giros cerrados, círculos y cualquier otra cosa en que los estudiantes puedan pensar. Se pueden usar símbolos, palabras y diferentes colores para indicar eventos o sentimientos específicos. El único requisito de una línea de vida es que debe tener un comienzo claro (que representa el nacimiento de la persona) y el final (la muerte de la persona).

Da a los jóvenes de 10 a 15 minutos para dibujar la cuerda de salvamento. Luego, forma grupos pequeños de no más de cinco miembros y describe la línea de vida y toma turnos para contestar las preguntas de discusión.

Discusión:
- ¿Qué dice esto acerca de la vida de José?
- ¿En qué parte de la línea de vida de José ves a Dios trabajando en tu vida?
- ¿Cómo fue esta experiencia positiva o negativa para él?
- ¿En qué parte de la línea de vida de José puedes encontrar semejanza a la tuya?
- A través de la vida de José, ¿qué aprendiste sobre Dios, sobre la vida, tú mismo y otros?
- ¿En qué aspecto de la vida de José quieres / o no quieres imitarlo?

Adaptado de la fuente:
Rydberg, Denny. "TrustBuilders" Group Publishing Inc., Loveland, Colorado 1993 p. 70

¿Dentro o Fuera?

Materiales: Tiza de color

(Si el piso está en mosaico, puedes usar cinta adhesiva de color para marcar).

Instrucciones: Después de hablar sobre la vida de José, que todos los jóvenes se pongan de pie. El maestro debe dibujar una caja en frente de cada uno. Diles que nombrarás algunos personajes de la Biblia y que deben saltar en el cuadro si la persona ha demostrado integridad y saltar de la caja si no lo hizo. Cada uno debe estar listo para dar una razón para su respuesta, si él / ella no puede dar una razón, ese joven estará "fuera". El maestro seguirá dando nombres hasta que solo quede un ganador.

Ejemplos de personajes Bíblicos:

Rey David	Jacob
Rey Salomón	Abraham
Pedro	Mateo
Judas	Rey Saúl
Elías	Samuel

Lección 8: Integridad

Aplicación personal

1. Permite que los estudiantes compartan instancias cuando fueron tentados constantemente a hacer lo incorrecto. ¿Se rindieron o se mantuvieron firmes? ¿Cuáles fueron los motivos de sus decisiones? Comparte tus pensamientos sobre los momentos en que Dios hizo una manera de ayudarte a salir o "reparar" la mala situación en la que fuiste puesto. (Referirse a 1 Corintios 10:13)

2. Comparte ideas sobre las dificultades para mantener la integridad. Deja que los estudiantes compartan frustraciones en momentos en que hacer lo correcto los metió en problemas. Como líderes cristianos, ¿qué espera Dios de nosotros? Escribe tus ideas en tu diario.

Asignación

1. Escribe el nombre del personaje bíblico estudiado, la calidad del personaje de liderazgo dirigido (con su definición) y el verso clave en su diario.

2. Pídele a Dios que te revele una manera de resistir una tentación que enfrenta actualmente. Escribe en tu diario lo que harás.

3. Lee Génesis 40 y 41 antes de la reunión de la próxima semana.

9 JOSÉ PARTE 2

DISCERNIMIENTO:
Reconocer la mano de Dios en el trabajo incluso en circunstancias negativas.

¡CONTRATAR!

CULTO
Escritura sugerida: Sal. 119:124-125, Prov. 3:21-24, Prov. 18:15
Canciones sugeridas: Dios hará un camino

ACTIVIDAD MOTIVACIONAL
- Discute adivinos (manghuhula). ¿Cuál es la fuente de sus habilidades? ¿Qué dice la Biblia acerca de la adivinación? Ver Deut. 18: 9-13. ¿Qué exposición o experiencia has tenido con aquellos que dicen ser capaces de predecir el futuro?

OPCIÓN DE ACTIVIDAD

DIOS HARÁ UNA MANERA
Materiales: Reproductor de casete / CD o MP3, altavoces, hoja de canciones de "Dios hará un camino"

Instrucciones:
1. Divide en dos o tres grupos (dependiendo del tamaño de la clase) para esta actividad.
2. Permite que los estudiantes escuchen la música por un tiempo.
3. Pide a un alumno que lea las palabras de "Dios hará un camino" en voz alta.
4. Dales tiempo a los grupos para que creen una coreografía creativa para esta canción según las palabras. (En aras del tiempo, quizás desees limitarlos al coro solamente).
5. Permite que cada grupo presente su coreografía.

TELÉFONO DIOS
Materiales: Teléfono celular

Instrucciones:
1. Lleva un teléfono celular a clase. Entrégaselo a un estudiante y di lo siguiente:
   - ¡Imagina si tuviéramos un teléfono que pudiéramos recoger en cualquier momento y encontrar a Dios al otro lado de la línea esperando para hablar con nosotros! ¿Usarías el teléfono? ¿Cuándo?
   - ¿Eso afectaría la forma en que vives?
   - ¿Qué preguntas le harías?
   - ¿Qué te gustaría decirle?
2. Di: Si bien no podemos hablar con Dios como hablamos con un amigo por teléfono, sí tenemos una línea directa con Dios a través del Espíritu Santo, ¡y podemos hablar con Él en cualquier momento!

Referencias: Adaptado de Faith Connections Jun / Jul / Aug (Kansas City: Wordaction, 2003). P12

LECCIÓN 9: DISCERNIMIENTO

¡Explorar!

PASAJE(S) DE LA ESCRITURA: Génesis 40, 41, 42:6-9

VERSO(S) CLAVE: Gén. 41:37-38

ESTUDIO BÍBLICO
1. Gén. 40, 41
   - Gén. 40: 1-8: incluso mientras estaba en prisión, José reconoció que Dios lo puso allí por una razón. Se le asignó un puesto de responsabilidad y estaba preocupado por las necesidades de quienes estaban bajo su custodia. ¿Qué podemos aprender del ejemplo de José?
   - Discute cómo respondió Jose cuando las personas le trajeron sus problemas. ¿A quién estaba dando crédito José por lo que hizo (ser capaz de interpretar los sueños)? (Cr.40: 8, 41:16) ¿Qué dice esto acerca de la actitud correcta cuando las personas reconocen nuestras habilidades?
   - Gén. 40: 20-23: comparte experiencias de momentos cuando eres sincero, haces el bien sin intención de ser reconocido o que incluso puedas ser olvidado por la persona a la que mostraste amabilidad. ¿Cómo se sintió? ¿Qué hiciste?
   - ¿Del pasaje general, qué se puede aprender de la actitud de José hacia la responsabilidad?
   - Gén. 41: 37-40: ¿A quién dio el Faraón el crédito por el discernimiento de José? ¿Quién es la fuente del verdadero discernimiento? ¿Qué indica este pasaje acerca de la importancia del discernimiento para el liderazgo?
2. Gén. 42: 5-9 (Resume brevemente el plan de José con respecto a sus hermanos)
   - Lee nuevamente Gén. 37: 1-11. Relaciona esto con el pasaje. Cuando José vio a sus hermanos inclinándose ante él, recordó los sueños que había tenido sobre ellos cuando era niño. Lee Génesis 45: 4-7. ¿Qué había percibido José de repente sobre la situación?
   - ¿Qué podemos aprender de las experiencias de José? ¿Cuál debería ser nuestra actitud hacia las circunstancias negativas? Permite que los alumnos compartan situaciones cuando buscaron la voluntad de Dios y experimentaron Su mano en el trabajo durante un tiempo difícil y duro. ¿Pudieron entender lo que Dios estaba haciendo en ese momento, o solo en retrospectiva?

OPCIONES DE ACTIVIDAD

ANÁLISIS DE HISTORIAS

Materiales: Tarjetas coloreadas de la palabra, marcadores, cinta, tablero blanco o papel de Manila

Instrucciones:
1. Después de que hayan terminado el Estudio Bíblico de la Lección 9, presenta la actividad dando a cada alumno una tarjeta de color.
2. Pídeles a los estudiantes que elijan una palabra que les viene a la mente basada en lo que han leído y aprendido sobre la situación de José y las respuestas de la lección y escríbala en la tarjeta.

Ejemplos:

La mano de Dios	Olvidado	La Cárcel
Interpretación	Sabio	La Responsabilidad

3. Mientras los estudiantes hacen esto, dibuja la siguiente tabla en la pizarra o en un pedazo de papel manila en la pared.

La situación de José	La respuesta de José

4. Los estudiantes luego pasarán al frente para poner sus tarjetas de palabras en la tabla, colocándolas en la categoría que mejor les quede. Permite la discusión a través de este proceso.
5. Pregunta a los alumnos cuál de las respuestas de José mostró discernimiento.

Cronología histórica

José desempeñó un papel muy importante en el cumplimiento de la promesa de Dios a Abraham, Isaac y Jacob. Génesis 45: 7 muestra cómo Dios usó las experiencias traumáticas de José para rescatar a los descendientes de Abraham de una terrible hambruna. No se necesita ningún símbolo adicional para la lección de esta semana, pero se agrega a la línea de tiempo la calidad del carácter de Discernimiento y su definición.

¡Experimentar!

Actividades de aprendizaje

Ahora discute cuál es la diferencia entre la adivinación y la habilidad de José para interpretar los sueños. (¿Cuál es la fuente de la información? ¿Quién obtiene el crédito por ello?) ¿Crees que Dios usa los sueños para comunicarse con la gente de hoy? (Maestro: es posible que desees buscar testimonios de cómo Dios ha hablado a la gente a través de sueños y visiones en la historia reciente, particularmente en el mundo árabe).

Aplicación personal

No hay verdadero discernimiento aparte del Espíritu Santo. Para ser un líder exigente, uno debe mirar al Espíritu Santo por la verdad. Dedica un tiempo a la oración pidiéndole al Espíritu Santo que te dé un corazón que pueda distinguir el bien del mal y la verdad de las mentiras. Escribe en tu diario las respuestas que tengas a la lección o lo que sea que el Espíritu Santo te traiga a la mente con respecto a cualquier circunstancia negativa que estés experimentando.

Lección 9: Discernimiento

Opciones de actividad

COMPARACIÓN DE LA DECLARACIÓN DE LA FORTUNA Y LA INTERPRETACIÓN

Materiales: Pizarra blanca y marcadores o una hoja grande de papel y un marcador para cada grupo

Instrucciones:

1. Esta actividad se puede hacer en la pizarra como un grupo grande o el grupo se puede dividir en grupos de discusión más pequeños. Si es el último, proporciona papel y marcador para cada grupo.

2. Explica: El diagrama de Venn se crea dibujando un círculo para cada elemento o grupo de elementos que se estudiarán. Los círculos se superponen en cierta medida, pero no completamente. (Dibuja dos círculos grandes superpuestos en el tablero).

3. Pídeles a los alumnos que llenen la sección superpuesta con similitudes entre la adivinación y la capacidad de José para interpretar sueños, luego compara las diferencias usando las secciones que no se superponen. Algunas investigaciones pueden ser necesarias, por lo que puede ser útil proporcionar un diccionario de la Biblia u otros recursos.

Ejemplos:

- Las características o atributos de la adivinación se enumeran a la izquierda del círculo.
- Las características o atributos de la capacidad de José se enumeran a la derecha del círculo.
- Las similitudes entre la adivinación y la capacidad de José se enumeran en el medio, sección superpuesta.

Método alternativo: divide el grupo en dos grupos más pequeños. Pídele a un grupo que investigue y describa la adivinación y al otro a investigar y a describir la interpretación bíblica de los sueños. Cuando su trabajo esté completo, usa un Diagrama de Venn para analizar los hallazgos.

Referencias: http://www.louisianavoices.org/Unit8/edu_unit8_venn_diagrams.html Accedido el 8 de agosto de 2007

Asignación

1. Escribe el nombre de la persona de la Biblia estudiada, la calidad del personaje de liderazgo enfocado (con su definición) y el versículo clave en tu diario.

2. En preparación para la lección de la próxima semana, lee Génesis 42-44.

10 JOSÉ PARTE 3

PERDÓN:
Extendiendo la gracia de Dios a aquellos que me han lastimado.

¡CONTRATAR!

CULTO
Escritura sugerida: Mateo. 6:9-15

Canciones sugeridas: Purifica mi corazón

ACTIVIDAD MOTIVACIONAL

Que los estudiantes se sienten en el piso. Hagan un círculo. Instruye a los estudiantes a cerrar los ojos. Déjalos tomar algunas respiraciones profundas. Diles que se relajen y se concentren, y que solo escuchen su voz. Di lo siguiente:

Intenta vaciar tu mente de las cosas que te preocupan hoy. Imagina un espacio blanco vacío a tu alrededor. Ahora piensa en una persona que te haya hecho mal en el pasado o en el presente. Imagínalo frente a ti. Trata de recordar la cosa o cosas que él o ella hizo. Al mirar a la persona cara a cara, haz estas preguntas:

- ¿Realmente te he perdonado? ¿He tratado de perdonarte?
- ¿Estamos en buenos términos ahora? Si no, entonces ¿por qué?
- ¿Qué siento realmente ahora sobre lo que sucedió?
- ¿Podría realmente alguna vez perdonarte?

Respira hondo otra vez, y mientras cuentas de 5 a uno, abre lentamente sus ojos. (Cuenta) Permite que los estudiantes compartan sobre lo que sintieron durante el ejercicio. Para aquellos que estén dispuestos, déjalos compartir sus respuestas a las preguntas de reflexión en el ejercicio.

OPCIÓN DE ACTIVIDAD

FOTO PERDIDA

Materiales:

Fotos de la historia de José, tal como se explica en las lecciones 1 y 2; esto podría ser imágenes impresas (ayudas de imágenes recicladas o fotografías copiadas de un libro de cuentos) o dibujos dibujados.

Cinta adhesiva o cualquier adhesivo / chinchetas (para pegar las imágenes en el tablero)

Instrucciones:

Prepara varias imágenes que muestren una serie de eventos en la vida de José antes de Génesis 50:15. Cuelga o publica las imágenes en una pared o pizarra; las imágenes deben estar en el orden de acuerdo con las Escrituras. Quita algunas imágenes de la trama, creando algunos "agujeros" en la secuencia. Al hacer la actividad en sí, elige algunos estudiantes que podrían ayudar a completar la historia. Entrega las imágenes faltantes a los estudiantes elegidos y permita que coloquen la imagen de la historia en el lugar correcto de la secuencia. Deja que los otros estudiantes (que no fueron elegidos) ayuden a completar la secuencia de la historia. Después de completar todo, haz una breve reseña de la historia de José.

LECCIÓN 10: LA PERDÓN

¡EXPLORAR!

PASAJE(S) DE LA ESCRITURA: Génesis 45, 50:15-21

VERSO(S) CLAVE: Gén. 50:20-21

ESTUDIO BÍBLICO

1. Gén. 45: 1-4: 1. Cr. 45: 1-4: ¿Qué revela el pasaje acerca de los sentimientos de José cuando vio a sus hermanos de nuevo? Alienta a los alumnos a compartir cuáles son sus sentimientos o reacciones iniciales cuando vean a la persona que les hizo cosas terribles en el pasado.

2. v.5-15: Si alguien tenía derecho a guardar rencor, era José. Pero esta escena nos muestra una asombrosa muestra de perdón.

   - Qué implica el pasaje sobre la perspectiva de José de lo que le sucedió a él en Egipto?

   - Independientemente del resultado positivo, José todavía podría haber castigado a sus hermanos severamente por lo que le habían hecho. ¿Cómo refleja el perdón de José la gracia de Dios?

   - ¿Qué dice esto acerca de cuáles deberían ser nuestras propias actitudes hacia aquellos que nos ha hecho mal? ¿Cuál es la forma cristiana de perdón? (Vea Mt. 18: 21-22 y Col. 3:13)

3. v.16-28: Discute las acciones de José y cómo fue más allá del perdón para realmente bendecir a sus hermanos.

   - Deja que los estudiantes hablen de lo "radical" que era Jose en términos de hacer lo máximo posible respuesta inesperada a lo que sus hermanos le hicieron. ¿Es posible que sigamos el ejemplo de José?

4. Gén. 50:15-21

   - v. 15-17: que los alumnos compartan un momento cuando inesperadamente recibió el perdón de una persona. ¿Se sentían tan escépticos como aparentemente se sentían los hermanos de José? ¿Por qué José lloraba?

   - V. 19-21: Discute la respuesta de José en el pasaje. ¿Qué quiso decir José cuando dijo: "¿Estoy yo en el lugar de Dios?" (Vér Romanos 12:19). ¿Qué palabras y acciones acompañaron el perdón de José que debería haber dejado a un lado los temores de sus hermanos?

   - En un mundo en el que se espera que las personas sean autocomplacientes y vengativas, ¿qué puedes hacer para mostrar un perdón verdadero y desinteresado a quienes te han ofendido?

OPCIÓN DE ACTIVIDAD

MAPA DEL PERDÓN

Materiales: Pizarra y tiza / Pizarra y marcador

Instrucciones:

1. Haz un mapa conceptual sobre el perdón del flujo de discusión. Dibuja un diagrama de inicio en el cual los estudiantes agregarán sus ideas.

La siguiente es una muestra:

PERDÓN

- Motivaciones para el perdón
  - La gracia de Dios (Él te ha perdonado en primer lugar
  - Alguien te ofendió
- Piensa en la situación
  - Escucha el lado de la otra persona
- Características del perdón desinteresado
  - No requiere una "oferta de paz"

2. Pídeles a los estudiantes que sigan agregando ideas.

* Si se usará para el estudio de la Biblia, dibuja el diagrama antes de que comience la discusión y completa los detalles a medida que el grupo avanza por las preguntas de la lección. Diles a los alumnos que recuerden que, a medida que debatan, deberían completar los detalles en los diagramas y agregar los propios. Los estudiantes pueden ser los que escriben en la pizarra o el facilitador o el líder del grupo pueden hacerlo por ellos.

* Si se usará como una Actividad de Aprendizaje, dibuja el diagrama y haz que los estudiantes lo completen después de toda la discusión.

Para comprender más acerca de la idea de un mapa conceptual, consulte los siguientes sitios web: http://www.mc.maricopa.edu/dept/d43/glg/Study_Aids/concept_maps/conceptmaps.html

Novak, J. D. y A. J. Cañas. La teoría de los mapas conceptuales subyacentes y cómo construirlos, informe técnico IHMC CmapTools 2006-01. Instituto de Florida para la Cognición Humana y de la Máquina, 2006, disponible en: http://cmap.ihmc.us/Publications/ResearchPapers/

Referencias:

Hatcher, Rovina. Presentación de la conferencia de métodos de enseñanza. Taytay, Rizal: Seminario Teológico Nazareno de Asia Pacífico, 2009.

CRONOLOGÍA HISTÓRICA

Esta lección concluye nuestro enfoque en José. A través de los 12 hijos de Jacob (Israel), nacieron las 12 tribus de la nación de Israel. El nombre de José, sin embargo, generalmente no figura como una de las 12 tribus de Israel. Esto se debe a que, justo antes de morir, Jacob adoptó a los dos hijos de José, Efraín y Manasés, como los suyos, otorgando una bendición a cada uno de ellos como lo hizo con sus otros hijos. (Ver Gen. 48: 5). Sus descendientes se convirtieron en las "medias tribus" de Efraín y Manasés. Agrega Perdón y su definición a la línea de tiempo.

Lección 10: La Perdón

¡Experimentar!

Actividades de aprendizaje

La actividad, "Mapa de perdón" se puede hacer como una actividad de aprendizaje después de la Biblia
Estudiar.

Aplicación personal

1. El perdón es un medio importante de reflejar la gracia y el perdón de Dios para otros. Representar a Cristo es una parte esencial de ser un líder cristiano. Pídele a Dios que recuerde a aquellos a quienes necesitas perdonar. Escribe sus nombres en tu diario y planea cómo puede demostrarles perdón. (Recuerda, el perdón va más allá de las palabras).

2. Aceptar el perdón es importante también. Tal vez hayas ofendido o herido a alguien y aunque te hayan perdonado, todavía te sientes avergonzado o culpable, como lo hicieron los hermanos de José, y evitas estar cerca de ellos. ¿Qué puedes hacer para restaurar la relación? Haz un plan y llévalo a cabo.

Opciones de actividad

Perdonar y Ser Perdonado

Instrucciones:

Preparación:

Prepara varias situaciones que permitan a los estudiantes reflexionar tanto sobre el lado perdonado como el responsable. Una situación de ejemplo puede ser:

▶ La persona A y la persona B son mejores amigos. Mientras habla a la ligera y se ríe sinceramente, la persona A bromea sobre algo que sabe que es muy sensible a la persona B; pero es demasiado tarde para recuperar la broma. La persona B reacciona instantáneamente al guardar silencio repentinamente. Después de un silencio incómodo, los dos se separan sin decir una palabra.

La situación siempre debe involucrar a dos personas principales. Sería grandioso presentar a aquellos con los que los jóvenes realmente pueden relacionarse. El objetivo es que los estudiantes discutan cómo responderían a una situación dada como recibir perdón o ser perdonador.

Actividad real:

Divide la clase lo más igual posible en dos grupos. Un grupo discutiría la situación y los sentimientos de la persona A, mientras que el otro grupo podría tomar a la persona B. Pueden hacer que las personas se identifiquen con las diferentes situaciones que se presentarán.

Asignación

1. Escribe el nombre de la persona de la Biblia estudiada, la calidad del personaje de liderazgo enfocado (con su definición) y el versículo clave en tu diario.
2. Comparte con al menos una persona lo que has aprendido sobre el perdón de la vida de José.
3. Antes de la reunión de la próxima semana, lee Éxodo 1-3.

11 MOISÉS PARTE 1

HUMILDAD:
Sabiendo que mis habilidades son dadas por Dios para su gloria.

¡CONTRATAR!

CULTO
Escritura sugerida: Juan 13:1-17

Canciones sugeridas: Mejor es un día; Miqueas 6: 8

ACTIVIDAD MOTIVACIONAL
Imagina que te piden que vayas personalmente al presidente de Filipinas para solicitar inversión de alguna política. ¿Cómo te sentirías? ¿Qué dificultades, internas y externas, podrías tener para acercarte al presidente?

¡EXPLORAR!

PASAJE(S) DE LA ESCRITURA: Éxodo 2:11-15, 4:10-17
VERSO(S) CLAVE: Nombre 12:3
ESTUDIO BÍBLICO

1. Éxo. 2: 11-15: orientar a los estudiantes sobre el estado general de los israelitas en Egipto durante el tiempo de Moisés. Discutan lo siguiente:
   - ¿Qué provocó que Moisés actuara de esa manera? ¿Qué dice su acción sobre sus convicciones en el momento? (Ciertamente, Moisés fue motivado por la compasión por su pueblo que los egipcios maltrataban, pero la forma en que intentó convertirse en su salvador por su propia fuerza y métodos indica un problema de orgullo).
   - Habla acerca de los momentos en que uno usa "medios equivocados para fines buenos" y discute tales instancias paralelas al pasaje de las Escrituras.

2. Revisa la tarea de lectura, particularmente los capítulos 2 y 3. Si no todos pudieron leer el pasaje asignado, permite que lo lean (con la ayuda del maestro) brinda un resumen de la historia.

3. Éxo. 4:10: lee el versículo y comenta:
   - Permite que los estudiantes compartan momentos cuando rechazaron una tarea o responsabilidad porque se sentían inadecuados para eso. Haz que compartan sobre sus inseguridades de liderazgo. (Ejemplos: los estudiantes de secundaria y universitarios pueden compartir sobre cuándo se les pide ser un líder de grupo, un oficial de la organización, etc. Los alumnos mayores pueden compartir sobre la dificultad de enfrentar entrevistas de trabajo o ni siquiera intentaron una solicitud porque se sentían sin reservas)

4. ¿Tener baja autoestima equivale a ser humilde? Discute cuáles pueden ser las diferencias al referirse al pasaje del capítulo 3.
   - El acto de Moisés de quitarse las sandalias ante Dios: humildad o baja autoestima
   - ¿Decir toneladas de excusas y expresiones de inadecuación: humildad o baja estima?
   - Piensa en otras cosas que se puedan comparar, o conviértalo en un juego divertido de "cuál es cuál".

LECCIÓN 11: HUMILDAD

5. Éxo. 4: 11-12: discutir las implicaciones de la respuesta de Dios a Moisés. ¿Por qué Dios respondió al hacer tales preguntas? ¿Qué tiene que ver el ser de Dios "El Creador" con las inseguridades de Moisés?

6. Éxo. 4: 13-17: Discute el "enojo" de Dios y su conexión con su respuesta a Moisés en el pasaje.
   - Dios le dio a Moisés lo que necesitaba para llevar a cabo la tarea encomendada.
   - En el versículo 14, dice que Dios enviará a Aarón como su compañero y portavoz y que estaba en camino a encontrarse con él. Discute cómo Dios ya ha dado o planeado, de antemano, qué o a quién necesitaría Moisés para el trabajo.
   - Reflexiona sobre casos en los que Dios proporcionó personas o "arregló" ciertas situaciones que lo ayudaron enormemente a realizar una tarea difícil. ¿Puedes confiar en él para hacer eso en el futuro?

7. Mira de nuevo al capítulo 2, luego al capítulo 3 y 4. Analiza los cambios de actitud que sufrió Moisés. ¿Qué hace a Moisés humilde?
   - De toda la lección, ¿cuál es la distinción general entre la humildad y tener baja autoestima? ¿Cuál es el favor de Dios?

8. Moisés llegó a ser un gran líder, aunque humilde (vea Números 12: 3). Discute cómo la experiencia del arbusto ardiente contribuyó a su eventual liderazgo de los israelitas. Entonces, ¿de qué se trata la humildad ante Dios?

OPCIONES DE ACTIVIDAD

IDENTIFICACIÓN DE MOISÉS / ACTITUD

Instrucciones: Haz que los estudiantes enumeren las películas que han visto en las que un personaje se enfrentaba a una situación similar a la de Moisés. Pídeles que den un breve resumen de la escena y expliquen por qué creen que ese personaje es similar a Moisés. Aliéntalos a describir cómo se habría sentido Moisés y este personaje durante una parte del pasaje de Éxodo 2-3.

ILUSTRACIONES DE PELÍCULA

Materiales: Hojas de papel, marcadores

Instrucciones:

1. Divide la clase en grupos de tres alumnos y pídeles que tomen un pasaje de las Escrituras (de los 3 que figuran a continuación) y dibujen una imagen de esa sección. Si hay una clase grande, es posible que desees tener más de un grupo por pasaje de las Escrituras. Pasajes bíblicos: Ex 2: 11-15, 4: 10-17, Deut. 31: 1-8

2. Después de que hayan terminado esto, que los grupos se reúnan para compartir sus imágenes y pídeles que analicen las actitudes de Moisés según lo que han leído en las Escrituras. Haz que los alumnos expliquen por qué llegaron a sus conclusiones según lo que leen en las Escrituras.

3. Discutan juntos cómo las actitudes y el carácter de Moisés cambiaron y por qué cambió o no cambió.

CRONOLOGÍA HISTÓRICA

Durante los años en que los descendientes de Jacob (ahora llamados hebreos o israelitas) vivían en Egipto, aumentaron enormemente en número, pero pasaron de ser considerados favorablemente a convertirse en esclavos de los egipcios. Moisés fue la elección especialmente equipada de Dios para sacar a los hebreos de la esclavitud en la tierra que Dios les había prometido a sus antepasados. Una vez que Moisés reconoció a Dios como la fuente de su influencia, pudo sacar a la gente de Egipto.

- Prepara un pequeño símbolo, como una imagen de dos tablas de piedra que representan los 10 mandamientos y escribe sobre él. Adjúntalo a poca distancia de José y marca la línea de tiempo 1400 a. C., el tiempo aproximado en que los israelitas salieron de Egipto.
- Debajo de la línea, en ángulo, escribe Humildad y su definición.

¡Experimentar!

Actividad de aprendizaje

Si es posible, trae a los estudiantes a un lugar donde puedan tener un sabor rápido de ¿Cómo es deshacerse de su orgullo y servir a los demás? Por ejemplo, si se encuentra cerca de la calle de la ciudad y conoce a los niños de la calle que están allí, permite que los jóvenes les traigan refrigerios, o busca otra oportunidad de proyecto de servicio rápido para ese día.

Aplicación personal

1. Que los alumnos piensen y debatan sobre sus fortalezas y debilidades. A menudo operamos por nuestra cuenta dentro de nuestras fortalezas personales y evitamos la vulnerabilidad de nuestras debilidades. Lee 2 Cor. 12: 7-10. ¿Qué quiere decir Pablo con "cuando soy débil, entonces soy fuerte"? ¿Cómo podría Dios usar nuestras debilidades? ¿Qué sucede cuando permitimos que Dios use nuestras debilidades?

2. Pasa un tiempo en oración personal. Pídele a Dios que te ayude a ver la actitud de tu corazón: orgullo, baja autoestima o humildad. Si es tu deseo, pídele que te dé un corazón de humilde servicio para su gloria.

Opciones de actividad

Actividad De Reflexión Corazón Humilde

Materiales: Utensilios de escritura, papel, reproductor de música (opcional)

Instrucciones: Entrega un trozo de papel a los estudiantes (o los estudiantes puedan usar su diario) y pídeles que se tomen el tiempo para orar, pensar y luego escribir ejemplos en sus vidas en los que luchan con orgullo o luchan con baja autoestima. Que los alumnos observen el ejemplo de Moisés y pídeles a los alumnos que le pidan a Dios que los ayude a pensar en ellos.

Una forma específica en que Dios les pide que respondan (con amigos, familia, etc.) para ser verdaderamente humildes, no con orgullo o baja autoestima. También pídeles que oren para que Dios los guíe por los cambios que deben hacer en toda su vida en estas áreas. Que los estudiantes enumeren los artículos en su papel o en su diario.

Da tiempo para la reflexión y la oración. Tal vez deja la música tocar para que sea una atmósfera contemplativa o tal vez deja que salgan el área de instrucción para pensar y orar.

Cuando el grupo regrese, encuentra formas en que los alumnos puedan compartir lo que Dios les ha inducido a comprender y desear cambiar en sus vidas. Esto puede hacerse dividiendo el grupo en parejas o grupos pequeños, permitiendo que las personas dispuestas compartan con todo el grupo. Elige el método que mejor se adapte a tu clase. Si el grupo está en parejas, pídeles que oren específicamente el uno por el otro.

Busca maneras en que miembros específicos de la clase, amigos o tú, como instructor, puedan ser intencionales para hacer un seguimiento del cambio de comportamiento del alumno.

Lección 11: Humildad

Aprendiendo Sobre Vecinos

Instrucciones:

1. Haz que el grupo se divida en parejas (o grupos de tres si es más seguro o más apropiado). Diles que el propósito de esta lección es escuchar a los que los rodean con un corazón cristiano.

2. Da a los estudiantes los siguientes consejos para guiar sus interacciones con las personas que conocen.

Consejos para escuchar bien:

- ▶ El propósito de hacer preguntas no es solo obtener una respuesta, sino comprender lo que esa persona está experimentando, pensando y sintiendo.
- ▶ Mantén contacto visual cuando una persona está hablando para que sepa que lo que comparte contigo es importante.
- ▶ Deja que la gente hable, no interrumpas.
- ▶ Busca maneras de alentar o apoyar a las personas que conoces.

Consejos para guiar la conversación:

- ▶ Preséntate.
- ▶ Pregunta en qué cosas piensan, o qué cosas les preocupan.
- ▶ Pregunta si podrías orar por ellos.

Consejos para tu actitud:

- ▶ Sal con fe de que Dios ya está trabajando en la vida de las personas que te encontrarás y te acercarás a las personas y hogares con confianza.
- ▶ Ora continuamente sobre la marcha. ¡Dios va delante de ti!
- ▶ Espera lo inesperado.
- ▶ Espera que las personas quieran compartir sobre sus vidas.

Está bien si la gente no quiere hablar. Respeta a una persona si no quiere responder o si no es amable. Si las personas quieren hablar, estén dispuestos a escuchar. ¡Deja que sus palabras sean lo más importante!

Cuando los grupos regresen de sus grupos y se reúnan como uno solo, pídeles que compartan sus experiencias, cómo se sintieron y lo que aprendieron. Oren juntos por un corazón humilde que se preocupa por las personas.

Referencia: http://www1.salvationarmy.org/ihq/www_sa.nsf/766d2187c97e6bf180256cf4005d2284/ fdb5578e5e1a3c9280256f0e004aed0e / $ FILE / mission_in_community-lr.pdf

Asignación

1. Escribe el nombre de la persona de la Biblia estudiada, la calidad del personaje de liderazgo dirigido (con su definición) y el verso clave en tu diario.

2. Aprovecha cualquier oportunidad que el Señor te dé para servir a los demás de una nueva manera esta semana.

3. Lee Éxodo 16-18 en preparación para la próxima semana.

12 MOISÉS PARTE 2

RESISTENCIA:
Fidelidad a la tarea que Dios me ha dado a pesar de la dificultad.

¡CONTRATAR!

CULTO
Escritura sugerida: Lucas 21:19, Rom. 5:3-4, Rom. 15:4, 2 Cor. 6:4, Col. 1:11, Heb. 10:36, Heb. 12:1, Apoc. 2:2, 3:10, 13:10.

Canciones sugeridas: Jesús, Cordero de Dios

ACTIVIDAD MOTIVACIONAL
Elige uno de los siguientes:

- Mostrar una imagen de alguien "multitarea" o describir a un pastor u otra persona que tiene muchas responsabilidades: esposo, padre, responsabilidades de la iglesia, responsabilidades laborales, responsabilidades comunitarias, etc. Imagínate cómo se siente. ¿Conoces a alguien como él? ¿Tienes algún consejo para él?
- Haz que los estudiantes dramaticen un evento de su lectura asignada en Éxodo 16-18.

OPCIÓN DE ACTIVIDAD

FORO MULTI-TAREA
Materiales: Dibujos animados o fotografías multitarea u otra ilustración similar, ampliada o duplicada.

Imágenes de muestra
de *http://www.ineedmotivation.com/blog/2009/07/essential-habits-for-tackling-multi-taking/*
y *http://pocketables.typepad.com/.a/6a00d83451c9ec69e20120a8334ce097*

Instrucciones:
1. Muestra a los estudiantes una ampliación de la caricatura o fotografía.
2. Haz cualquiera de las siguientes preguntas para iniciar la discusión:
    - ¿Qué tareas diferentes parece que este hombre está tratando de hacer?
    - Si fueras ese tipo, ¿qué estarías pensando?

Lección 12: Resistencia

- ¿De qué manera haces varias tareas?
- ¿Qué piensas sobre la multitarea? ¿Es bueno o malo?
- En tu opinión, ¿cuáles son los pros y los contras de la multitarea?
- ¿Cuáles podrían ser los efectos a largo plazo de la multitarea?
- ¿Es la multitarea una habilidad importante para un líder cristiano? Explica tu respuesta.
- ¿Qué capacidad (es) podría ser más importante que la multitarea bajo ciertas circunstancias?

Referencias: dibujos animados a los que se accede desde Google Images el 18 de septiembre de 2009 en http: // www.mentalhelp.net/images/root/multitasking1_id19175631_jpg_433e4fd082c110772c 177b29f2af5bcf.jpg

¡Explorar!

PASAJE(S) DE LA ESCRITURA: Éxodo 18:13-26, 32, Núm. 12, Deut. 31:1-8
VERSO(S) CLAVE: Éxodo 32:11-14

ESTUDIO BÍBLICO

1. Pídeles a los estudiantes que resuman brevemente lo que aprendieron de la lectura asignada. Enfócate en Éxodo 18: 13-26: ¿Qué estrategia para la resistencia sugirió el suegro de Moisés? ¿Cómo podemos aplicar esto a nuestro propio papel como líderes?

2. Éxo. 32: Lee el pasaje para familiarizar a todos con la historia.
   - Recordar momentos en que, como líder de grupo, sus miembros hicieron lo contrario de lo que esperabas de ellos
   - Discute el acto de Moisés de perseverancia y carga fieles para los israelitas a pesar de su pecaminosidad ante Dios.
   - Si fueras Moisés, ¿qué hubieras sentido cuando viste las atrocidades que tu gente estaba haciendo? ¿Alguna vez has sentido una carga entre tus amigos o seres queridos a quienes ves viviendo vidas destructivas? ¿Haces algo al respecto? ¿Qué esfuerzos has hecho para ayudarlos?
   - La cantidad de veces que acudiste a Dios en busca de ayuda y oraste "en nombre" de un amigo o ser querido

3. Núm. 12: Lee el pasaje o resume para familiarizar a todos con la historia.
   - Permite que los estudiantes compartan momentos cuando sintieron que estaban siendo "opuestos" por sus seres queridos sobre su fe o convicciones.
   - ¿Qué se siente cuando las personas parecen alejarte cuando tratas de ayudarlos?
   - Enfócate en el versículo 13: Discute las súplicas de Moisés para María. Podrías haber hecho lo mismo que Moisés?

4. Recordar las historias y discutir más a fondo cómo se puede sentir si estás inmerso en tales circunstancias.
   - El liderazgo implica una resistencia firme a pesar de la oposición de aquellos que lideramos. ¿Qué valores se pueden tomar del ejemplo de Moisés en las historias discutidas?
   - Habla acerca de la relevancia del verso, "no por fuerza de voluntad ni por poder sino por mi Espíritu dice el Señor "(Zacarías 4: 6) a la perseverancia fiel. ¿Qué tiene que ver la fe en Dios para poder soportar los desafíos de una responsabilidad?

5. Deut. 31: 1-8: Moisés había soportado ahora 40 años como el líder de los israelitas. Gran parte de ese tiempo tuvo un joven ayudante o aprendiz: Josué. Habla sobre la importancia de tener un "compañero" para ser un líder.

- Un buen líder es un buen mentor. Un buen mentor "termina bien" y deja un buen ejemplo para que otros lo sigan. Discute esto
- Habla sobre por qué Moisés tuvo que pasar su liderazgo a Josué.
- Como líder cristiano, ¿cuán importante es discipular activamente a alguien más?

OPCIÓN DE ACTIVIDAD

ORGANIGRAMA

Materiales: Papel de Manila, lápices, marcadores

Instrucciones:

1. Muestra a los alumnos algunos ejemplos de cuadros organizativos.
2. Divide a los estudiantes en grupos de 2 o 3.
3. Da la lectura asignada en Éxodo 18, que cada grupo cree un organigrama que muestre el plan de Jetro para gobernar a los israelitas. Que los grupos que terminan primero también dibujen un cuadro que muestre el antiguo método de liderazgo de Moisés.
4. Que los grupos compartan sus cuadros con todo el grupo.
5. Pregunta cómo las estructuras de liderazgo de Jetro y Moisés se comparan con la estructura de liderazgo de la iglesia o grupo juvenil. ¿Qué pueden aprender sobre el liderazgo del plan de Jetro?

* Organigrama de Google, o solicita una copia del organigrama de tu iglesia para obtener muestras.

LA WEB DE CUESTIONAMIENTO

Materiales: Pizarra, o pizarrón u hoja grande de papel; instrumentos de escritura.

Instrucciones: Dibuja un círculo grande en el centro del tablero o papel. En el círculo, escribe la pregunta: ¿Por qué razones aconsejó Jetro a Moisés cambiar su método de liderazgo?

Dibuja líneas que irradian desde el círculo. Pídeles a los estudiantes que respondan en sus propias palabras y que las escriban en las líneas.

Estaba pasando todo el día juzgando sus disputas.

¿Por qué razones aconsejó Jetro a Moisés cambiar su método de liderazgo?

- El trabajo era demasiado para una persona.
- Hacerlo aumentaría su capacidad de perdurar como líder
- Había otros líderes capaces entre ellos
- Lo que estaba haciendo era agotarse tanto a él como a la gente.
- Moisés debería enseñarle a la gente y otros líderes deberían ser elegidos para juzgar.
- Pasaba todo el día juzgando sus disputas.

Referencias: Debbie Miller, Lectura con significado: Enseñanza de la comprensión en los grados primarios (Portland, Maine: Stenhouse Publishers, 2002), 131.

LECCIÓN 12: RESISTENCIA

CRONOLOGÍA HISTÓRICA

Durante los más de 40 años que Moisés dirigió al pueblo de Israel, él fue el enlace (intermedio) entre Dios y el pueblo. Dios le dio su ley y las instrucciones para una nueva forma de vida directamente a Moisés, quien fielmente transmitió esa información a la gente. Las respuestas positivas de las personas siempre fueron efímeras y pronto se quejaban o desobedecían nuevamente. Moisés aguantó hasta que su asignación de Dios terminó y transfirió su liderazgo a Josué.

▶ Agrega la calidad y la definición del carácter de hoy a la línea de tiempo.

¡EXPERIMENTAR!

ACTIVIDADES DE APRENDIZAJE

Si los jóvenes están involucrados con las responsabilidades presentes en la iglesia, la escuela o incluso en casa, pídeles que enumeren los problemas y desafíos reales que enfrentan y les permiten compartir formas de superarlos, utilizando o aplicando los principios aprendido de la experiencia de Moisés (Si el tiempo es limitado, permite que los voluntarios compartan sus ideas o limita a los participantes a un cierto número). Permite tiempo para que oren unos por otros.

APLICACIÓN PERSONAL

1. En tu diario, escribe todas las responsabilidades que tienes. ¿Cuáles son tus cargas y tensiones? ¿Has aprendido alguna estrategia de resistencia que puedas aplicar a tu situación?
2. Cuando las cosas se ponen difíciles, muchos líderes se dan por vencidos. Encuentran a otro grupo para dirigir, esperando que las cosas vayan mejor, o que se salgan de los roles de liderazgo. ¿Qué has aprendido del ejemplo de Moisés que puedes aplicar a tu propia vida? Escribe sobre eso en tu diario.

OPCIONES DE ACTIVIDAD

EXPOSICIÓN DE MOISÉS

Materiales: Variado, dependiendo de la elección del estudiante: materiales de arte, cámara, disfraces, materiales de escritura, etc.

Instrucciones: Los estudiantes pueden trabajar individualmente, en parejas o en grupos pequeños en función de sus intereses. Permíteles elegir entre las siguientes sugerencias o inventar sus propios medios para demostrar lo que han aprendido sobre el desarrollo de Moisés como líder. Sus proyectos deben mostrar la progresión en el crecimiento de Moisés como líder o en la percepción de Moisés por parte de los estudiantes a lo largo de las dos lecciones.

▶ Crea una serie de dibujos o pinturas.

▶ Toma una serie de instantáneas de "Antes y después" usando una cámara y compañeros de clase con disfraces para representar a Moisés en situaciones que definieron su crecimiento como líder.

▶ Escribir un poema o una canción sobre Moisés.

▶ Escribe un ensayo corto que muestre cómo tus pensamientos sobre Moisés han cambiado o expandido a medida que aprendiste más sobre él.

Alienta a los alumnos a compartir sus proyectos entre ellos y con la familia de la iglesia.

Oración De Intercesión

Instrucciones: Dales tiempo a los estudiantes para compartir peticiones específicas de oración relacionadas con sus ministerios y crecimiento como líderes. Lístalos en el pizarrón. Que cada alumno ore por alguien más. Luego, pídeles que compartan sus preocupaciones con amigos y familiares que viven vidas destructivas o con cristianos que están avergonzando al nombre de Jesús por su comportamiento. Enumera estos también, pero asegúrate de discutir la importancia de la confidencialidad en el grupo y la actitud apropiada que uno debería tener al interceder. (Nota el ejemplo de humildad de Moisés.) Esta vez haz que cada uno rece en voz alta por la (s) persona (s) que ellos mismos mencionaron.

Nota para el maestro:

Puede parecer más efectivo o más cómodo permitir a los alumnos orar en silencio o al estilo coreano (todos rezan en voz alta al mismo tiempo), pero es muy útil aprender a orar en voz alta en un grupo y alentar a otros a rezar por ti. . Esta es una buena oportunidad para el aprendizaje y el crecimiento entre iguales, así que alienta un tiempo prolongado en la oración corporativa.

Asignación

1. Escribe el nombre de la persona de la Biblia estudiada, la calidad del personaje de liderazgo enfocado (con su definición) y el versículo clave en su diario.
2. Busca una oportunidad para alentar a alguien en el área de resistencia esta semana.
3. Lee los números 13 y 14 en preparación para la próxima semana.

13 CALEB

OPTIMISMO:
Confiando en la bondad de Dios a pesar de las circunstancias negativas.

¡CONTRATAR!

CULTO
Escrituras sugeridas: Salmo 27:1-3

Canciones sugeridas: La batalla pertenece al Señor

ACTIVIDAD MOTIVACIONAL
Sugerir algunas circunstancias malas que pueden suceder en la vida y solicita respuestas de los estudiantes sobre cómo enfrentarlos (da por lo menos 3 ejemplos). Discute las respuestas del alumno en relación con la calidad del "optimismo", como una forma de presentar el tema a discutir.

OPCIONES DE ACTIVIDAD

UNA ENGAÑADA DE OPTIMISMO
Materiales: Polvoron o Puto-Seco- varias piezas o paquetes, dependiendo de cuántos jugadores participarían.

Instrucciones:
1. Divide a los estudiantes en al menos 2 grupos en competencia. Pide a cada equipo que decida quién de entre sus miembros es más optimista (en general). No reveles el artículo de comida todavía.
2. Pide a los representantes elegidos pararse frente a sus compañeros de equipo y darles a cada uno de ellos 5 a 10 piezas de polvoron o puto seco.
3. Diles que el objetivo es poner una pieza en su boca y masticarla (pero no tragar) durante un momento mientras gritas "¡Somos los mejores entre el resto!" Después de que lo hayan hecho, diles que agreguen otra pedazo de la merienda, todavía sin tragar, e intenten de nuevo gritar las palabras.
4. Pregúntales a los representantes cuántos refrigerios creen que pueden tener en la boca y aún así puedan gritar la declaración.
5. Diles que agreguen otra porción del refrigerio cada vez que griten con éxito la declaración. El representante con más bocadillos en su boca que pueda decir audiblemente "¡Somos los mejores entre el resto!" gana.

Discusión:
- Pregunta primero a los miembros del grupo por qué eligieron a sus respectivos representantes. ¿Por qué piensan que la persona es optimista?
- Pregunta a los representantes sobre lo que sintieron cuando el desafío fue presentado. ¿Estaban seguros de que podían ganar?
- Pregunta a los representantes que en sus pensamientos iniciales cuántos bocadillos pensaron que podrían poner en la boca y compáralos con la cantidad de bocadillos que en realidad pudieron manejar.
- Presenta la lección diciendo que el optimismo se trata de tener una actitud positiva al enfrentar tareas aparentemente difíciles.

Referencia: Adaptado del juego "I am the Best" de http://games4youthgroups.com/ contest-games / I-am-the-best.html

Imágenes De Esperanza Y Miedo

Materiales: Varias imágenes que son conmovedoras, inspiradoras o de alguna manera retratan la esperanza Varias imágenes que parecen sombrías, tristes y sin esperanza

- Pueden tomarse de Internet o de publicaciones impresas como periódicos y revistas. Por ejemplo:
  - una gloriosa puesta de sol / paisaje de aspecto pacífico
  - una operación de rescate durante un accidente o desastre natural.
  - personas que se confortan
  - un pueblo devastado por la guerra donde todo está volado, con cadáveres y gente llorando y soldados por todas partes,
  - una persona en una cama de hospital, que parece muy enferma o gravemente herida (la persona puede estar sola o con un pariente cercano)
  - un atleta, como un corredor en medio de una carrera en busca determinada o cansado pero aún corriendo.
  - imágenes de un lugar devastado por un desastre natural como tifones, terremotos, etc.

Instrucciones:

1. Mezcla las imágenes para que las imágenes de esperanza y desesperanza no se muestren en secuencia.
2. Para cada imagen, obtén las reacciones y pensamientos iniciales del alumno. Pregúntales qué es lo que la imagen les hace sentir.
   - Para imágenes como guerra, desastre y enfermedad, pregunte: "¿creen que hay esperanza para esta persona / personas?"
3. Después de que se hayan mostrado todas las imágenes, pregunte si creen que Dios todavía está trabajando en medio de la situación más desesperada y más difícil.
4. Pregúntales a los estudiantes en qué situación les sería más fácil confiar en Dios, durante los tiempos difíciles o en los buenos tiempos.

¡Explorar!

PASAJE(S) DE LA ESCRITURA : Números 13:25-14:10; Josué 14:6-14

VERSO(S) CLAVE : Números 14:6-9

Estudio Bíblico

1. Núm. 13: 26-30: Nótese que Caleb alienta a las personas en el versículo 30. Él reforzó las cosas buenas que los otros espías ya habían dicho antes en el pasaje. El contexto del pasaje es el momento en que los israelitas estaban a punto de reclamar la Tierra Prometida (los estudiantes deberían haber leído sobre esto antes de la clase). Discute cómo los israelitas podrían haber tenido sentimientos encontrados de emoción y temor. Estaban emocionados de finalmente entrar en la Tierra Prometida, y sin embargo tenían miedo porque la tierra estaba habitada por hombres fuertes.

   - Permite que los alumnos compartan momentos cuando una tarea en cuestión parecía muy difícil de lograr, y la gente era un poco escéptica acerca de cómo superarla. ¿Cómo respondiste a la situación? ¿Expresaste tus dudas o tratas de ser más alentador?
   - Habla sobre formas de alentar y contar historias sobre ellos.

LECCIÓN 13: OPTIMISMO

2. Núm. 13:31-14: 4: Comenta cuántos de los israelitas reaccionaron después de conocer a los cananeos.

    - Habla sobre el efecto de pensamientos negativos "bancarios" en momentos de gran presión o estrés ¿Qué le sucede a la moral del grupo cuando todos hablan sobre el lado negativo de una situación?

    - Permite que los estudiantes compartan momentos cuando pensaron "¿Podré / podemos pasar esta?"

3. Números 14:5-10: incluso Moisés y Aarón se unieron a los israelitas para expresar su dolor por la situación. A pesar de la consternación de incluso los líderes, Josué a y Caleb se mantuvieron positivos.

    - Nota lo que Josué y Caleb hicieron antes de hablarle a la gente. ¿Por qué tienen que rasgarse la ropa antes de hablar? ¿Qué muestra esto?

    - Concéntrate en los versículos 8-9: habla de lo que dicen los versículos en relación con el optimismo.

    - ¿Cuál debería ser la fuente o la motivación del optimismo? Comparta ideas sobre los versículos.

    - ¿Por qué la gente pensó en apedrear a Josué y Caleb a pesar del aliento que ellos dieron?

    - ¿Qué quiere Dios que la gente se dé cuenta en el versículo 11?

4. Josué 14: 6-8: Nota cuán diferente era Caleb del resto de los israelitas. Ten en cuenta que informó de acuerdo con sus propias convicciones. No informó positivamente por el simple hecho de hacer que las personas se sintieran bien. Discute cómo seguir al Señor de todo corazón está relacionado con el optimismo.

5. Josué 14: 8-10: ¿Cuál fue el resultado del optimismo de Caleb y su obediencia incondicional? Analiza más a fondo la conexión entre el optimismo, la fe y la obediencia de todo corazón.

6. ¿Cómo ayuda el optimismo a liderar? Habla sobre la importancia del optimismo en el liderazgo cristiano.

CRONOLOGÍA HISTÓRICA

A pesar de que Caleb y Josué trajeron un buen informe y alentaron a la gente para obedecer a Dios, todavía tenían que sufrir algunas de las consecuencias del pecado de sus compatriotas. Sí, su recompensa fue que fueran los únicos de su generación a quienes se les permitió ingresar a la Tierra Prometida, ¡pero eso fue después de 40 años de "deambular por el desierto"! Durante ese tiempo, la multitud desobediente murió y la generación más joven maduró. El "entrenamiento en el desierto" de Dios dio sus frutos cuando llegó el momento de ingresar a la Tierra Prometida por segunda vez. Esta generación había aprendido sus lecciones y estaba dispuesta a asumir la abrumadora tarea de conquistar a los pueblos ocupantes.

- Prepara un pequeño símbolo para representar a Caleb, como un racimo de uvas, y colócalo junto al símbolo de Moisés.

- Debajo de la línea, escriba Optimismo y su definición.

¡Experimentar!

Actividades de aprendizaje

Prepara una serie de declaraciones (cosas que comúnmente pueden escuchar) para ser leídas en voz alta. Haz que los estudiantes identifiquen si reflejan una actitud de pesimismo u optimismo. ¿Cómo pueden las declaraciones pesimistas ser optimistas?

(Puedes hacer esto o elegir entre otras opciones de actividad)

Opciones de actividad

El Lado Más Ligero

Instrucciones:

Prepara una lista de situaciones negativas que requieren optimismo. Lo siguiente puede ser usado:

- ▶ Tu teléfono celular fue arrebatado justo después de cargarlo con 300 pesos.
- ▶ Tu novio / novia rompió contigo por otra persona.
- ▶ Las vacaciones planeadas y anticipadas se cancelaron debido a una tormenta.
- ▶ Tu maestra dio un gran proyecto grupal para ayudarte a aprobar. Estabas dividido en grupos de 5. En el medio del proyecto, 3 de tus miembros se enfermaron de gripe. Solo te quedan unos días antes de la fecha límite.
- ▶ Tu asignación debe reducirse debido a la situación financiera de tu familia.
- ▶ Acabas de ser transferido a una nueva escuela, o simplemente has comenzado un nuevo trabajo y sientes que no perteneces.

Escribe los escenarios en tiras de papel y dóblalos. Ponlos en un contenedor donde los estudiantes puedan dibujarlos más tarde.

Actividad real:

1. Pasa el contenedor con las tiras de papel y deja que cada uno dibuje un deslizamiento.
2. Permite que los estudiantes lean la situación que extrajeron y déjalos pensar en ello por algún tiempo.
3. Pide a cada alumno que hable sobre cómo puede manejar la situación con optimismo y permíteles pensar cuál puede ser el lado más liviano.

Escala De Pesimismo-Optimismo

Materiales:

<u>Para la versión detallada:</u> Papel de color o cartulina --2 colores contrastantes, como blanco y negro; rojo y azul, amarillo y rojo, etc.

Goma de pegar

<u>Para una versión menos detallada:</u> Tiza y pizarrón; o pizarra y marcador.

Lección 13: Optimismo

Instrucciones:

Preparación:

Para escala detallada:

1. Corta trozos de cartulina en las siguientes formas:
   - ▶ 2 círculos, uno de color claro y el otro oscuro.
   - ▶ Una tira larga (alrededor de 24 pulgadas de largo, una pulgada o 2 pulgadas de grosor)
   - ▶ Un rectángulo pequeño

   La relación de las formas es la siguiente: (este no es el tamaño real, pero solo muestra cómo el tamaño de las formas se compara entre sí)

   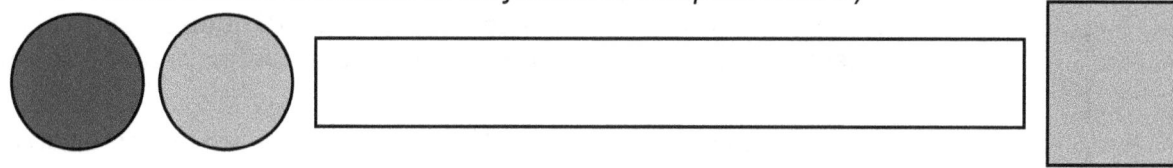

2. Dibuja una carita sonriente en el círculo de color claro y una cara triste en el círculo de color oscuro.

3. Pon líneas y números en la tira para la medición, como la de una regla. Puede ser de 1 a 10, dependiendo de la longitud de la tira.

4. Con un cortador, corta dos ranuras paralelas en el rectángulo pequeño, como se muestra a continuación:

   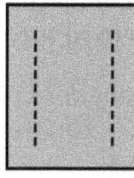

5. Inserte la tira en las ranuras, como abrochar un cinturón. De esta forma, el rectángulo puede moverse a lo largo de la tira.

6. Pega el círculo sonriente en el extremo derecho de la escala; el círculo triste en el otro extremo.

Así es como se vería:

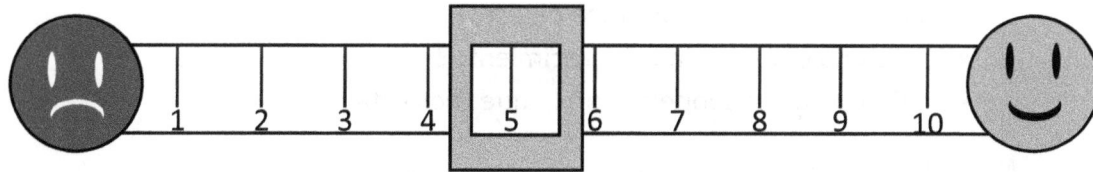

* Si no hay tiempo para hacer esto, o no hay recursos disponibles, simplemente dibuja la escala en el tablero.

7. Enumera varias áreas en la vida de todos los adolescentes en las que puedan medir su nivel personal de optimismo, de acuerdo con su estado actual. Las siguientes son áreas sugeridas:
   - Vida espiritual
   - Relación con la familia (esto puede ser más detallado, como madre, padre, hermana, hermano, etc.)
   - Relación con amigos
   - El futuro, o lo que vendrá en los próximos años - Como la vida después de la escuela secundaria, después de la universidad, el futuro de tu carrera, etc.

Actividad real:
1. Muestra la escala o dibuja sobre la pizarra y explica que la cara triste significa pesimismo, mientras que la sonrisa es optimismo. Di que es una escala que usarán para medir su nivel de optimismo o pesimismo en ciertas áreas de su vida en el presente.
2. Usa la lista preparada y que cada alumno se califique a sí mismo en un área determinada de su vida. Si hay muchos estudiantes, puedes elegir varios para participar y compartir por qué se calificaron como tales.
3. Después de leer la lista preparada, deja que un alumno comparta cierta inquietud o problema que esté enfrentando y que lo haga honestamente con su nivel de optimismo (que las cosas van a estar bien, eventualmente) en este momento. Después de calificar, diles por qué están en un nivel de optimismo o pesimismo. Pregúntales por qué lo calificaron así.
4. Termina la actividad leyendo y discutiendo Romanos 8:28, 31, que es acerca de la promesa de Dios con respecto al futuro de cada cristiano.

* si el tiempo es muy limitado, puedes concentrarte en su optimismo o pesimismo sobre su futuro y luego relacionar todo con el versículo mencionado.

APLICACIÓN PERSONAL

Piensa en tus circunstancias actuales. ¿Te has sentido negativamente sobre ellos o sobre algo que necesitas hacer en el futuro cercano? Lee Rom. 8:28, 31. Hazte estas preguntas y escribe las respuestas en tu diario:
- ¿Quién está realmente en control de la situación?
- ¿Qué bien puede traer Dios de esto?
- ¿Es una oportunidad de crecimiento?
- ¿Cómo puedo cooperar con lo que Dios está haciendo?

ASIGNACIÓN

1. Escribe el nombre de la persona bíblica estudiada, el personaje de liderazgo, calidad dirigida (con tu definición) y el versículo clave en tu diario.
2. Busca una oportunidad para alentar a una persona pesimista esta semana. Escucha con compasión, pero intenta ayudarlos a "ver el lado bueno" y confía en Dios por Su ayuda.
3. Lee Josué 1 y 3 como antecedentes para la lección de la próxima semana.

LECCIÓN 14: FIDELIDAD

14 JOSUÉ

FIDELIDAD:
Honrando mis compromisos con Dios y otros.

¡CONTRATAR!

CULTO
Escrituras sugeridas: 1 Juan 2:15-17
Canciones sugeridas: Toma mi vida

ACTIVIDAD MOTIVACIONAL
Publica o escribe (en letras grandes) la palabra "katapatan". Pregunta a los estudiantes cómo definirían la palabra. Podrían usar ejemplos o historias para explicarse a sí mismos.

OPCIONES DE ACTIVIDAD

APÓYATE EN MÍ

Instrucciones: Haz que cada persona encuentre una pareja y se pare un poco más de un brazo de distancia, una frente a la otra. Indica a los jóvenes que estiren los brazos frente a ellos con las palmas hacia adelante. Mientras mantienen sus cuerpos lo más rectos posible y sus pies en su lugar, deben caer hacia adelante, atrapándose unos a otros con las palmas de sus manos. Haz que los pares mantengan esa posición por un tiempo y luego empujen para que regresen a la posición de pie. El docente debe intencionalmente hacer que los pares mantengan esa posición por un tiempo, por ejemplo, hasta aproximadamente 5 minutos para ver qué pares se rinden y cuáles duran más.

Después de la actividad, haz las siguientes preguntas de discusión:

1. ¿Qué hizo exitosos a los pares más duraderos?
2. ¿Cómo sentiste cuando te apoyaste en tu pareja?
3. ¿Qué aprendiste de esta actividad?

Adaptado de:

Rydberg, Denny. "TrustBuilders." Group Publishing Inc., Loveland, Colorado 1993 p.38

MI HÉROE
Materiales: Instrumentos para escribir y colorear, papel bond

Instrucciones: Después de discutir con los alumnos la vida de Josué, enfatizando la calidad del carácter de la fidelidad, pida a cada alumno que piense en un héroe bíblico que mostró fidelidad como lo ejemplifica la vida de Josué. Permítales hacer al menos un poema o canción de 2 estrofas. Déjelos escribir en papel bond y hacer diseños para ilustrarlo o decorarlo.

DISCIPULADO A TRAVÉS DE LA BIBLIA

¡Explorar!

PASAJE(S) DE LA ESCRITURA: Josué 23, 24:14-16

VERSO(S) CLAVE: Josué 24:15-16

Estudio Bíblico

1. Como trasfondo, lee Deuteronomio 31: 7-9: Moisés está pasando la batuta del liderazgo a Josué, comisionándolo para que dirija al pueblo. Discute la lectura de fondo para la lección de esta semana (Josué 1 y 3). ¿Cuál fue la gran e intimidante tarea que le esperaba a Josué y a los israelitas? ¿Cuál fue el estímulo repetido de Dios para Josué en el capítulo 1? (Se fuerte y valiente)

2. Lee Josué 23: 1-8: Josué ha cumplido fielmente la tarea que Dios le había encomendado, y Dios había sido fiel a su promesa de darles la tierra. Ahora Josué le habla a la gente. Discute qué versículos 6-8 dicen acerca de la fidelidad. ¿Qué significa ser fiel a Dios? (Ver el versículo clave: Josué 24: 15-16)

   - A la gente de hoy le gusta encontrar "áreas grises" en todo. Compartir pensamientos sobre esta cosmovisión, que está bien permanecer en el medio de lo correcto y lo incorrecto, que realmente no hay un lado absoluto.
   - ¿A qué puede conducir demasiado compromiso? ¿Crees que la fidelidad todavía es valorada por la gente hoy en día?
   - ¿Cuál es la cosmovisión cristiana en lo que respecta a la fidelidad? ¿Nuestra fe alienta al compromiso con el mundo? Véase 1 Juan 2: 15-17.

3. Josué 23: 9-14: ¿Por qué Josué tuvo que recordarle a la gente lo que Dios había hecho por ellos? ¿Qué dice esto acerca de la fidelidad de Dios?

   - Debemos responder a la fidelidad de Dios a través de nuestra fidelidad:
   - Intenta evaluar quién ha sido más fiel entre usted y Dios. Discute cómo nuestra fidelidad debe ser nuestra respuesta a la fidelidad de Dios.
   - Observa cómo Josué aparentemente intentaba convencer a la gente de que se mantuviera en Dios sin importar qué. ¿Por qué estaban tan preocupados?
   - ¿De qué manera muestra el ejemplo de Josué una característica importante de un líder cristiano?

4. Pregunta y analiza: ¿Eres una persona que se apega a tu palabra?

   - Habla sobre las cosas con las que estás comprometido actualmente o esperas comprometerte. ¿Cómo muestras o expresas tu compromiso?
   - ¿Cómo es la fidelidad importante en las relaciones? ¿Qué relaciones requieren el más alto grado de fidelidad?

Cronología histórica

Josué fue un gran líder. Aunque una vez fue engañado para comprometerse a uno de los grupos que habitaban la tierra (Jos. 9), siempre hizo lo mejor que pudo para obedecer los mandamientos del Señor y cumplir los compromisos que había asumido. La próxima semana veremos en la lección sobre Rahab cómo Josué mantuvo otro compromiso.

▶ Prepara un pequeño símbolo, como un cuerno de carnero, para representar a Josué y colócalo justo al lado del símbolo de Caleb.

▶ Escribe Fidelidad y su definición debajo de la línea.

LECCIÓN 14: FIDELIDAD

¡Experimentar!

Actividad de aprendizaje

Haz una lluvia de ideas como una clase: usando a Josué como ejemplo, ¿cómo puedes aplicar fidelidad en el cumplimiento de tus responsabilidades o el liderazgo de los ministerios de la iglesia? Nombra a los miembros de la iglesia u otras personas que hayas observado como líderes fieles y trabajadores de la iglesia. ¿Cuál es un buen ejemplo para que sigas?

Opción de actividad

Fiel Hasta El Fin

Materiales:

>   paja (para atar)
>   botellas de refresco
>   vendas
>   pequeños tokens como premios

Instrucciones: Deja que los estudiantes elijan un compañero. Un estudiante debe tener los ojos vendados (ciego) y las otras piernas deben estar atadas juntas (cojas). Deben ayudarse unos a otros a rodear una silla y volver a la línea de salida sin volcar las botellas que sirven de obstáculo. Todas las parejas deberían hacer la carrera simultáneamente, para enfatizar que el objetivo no es ser el primero en terminar, sino ayudarse unos a otros a terminar la carrera a pesar de los obstáculos. El "cojo" debe servir como el "ciego" de los ojos, y el "ciego" debe apoyar al "cojo" con sus fuertes pies. Todos los que pueden terminar deben recibir un premio.

Preguntas de discusión:

1. ¿Cuál crees que es más difícil: encontrar el camino y terminar la carrera por ti mismo a pesar de tu discapacidad o terminar la carrera junto con otra persona discapacitada?
2. ¿Fue difícil imaginar terminar la carrera? ¿Por qué?
3. En la vida real, ¿hubo algún momento en que no cumpliste tu promesa a alguien?
4. ¿Hubo un tiempo en que le prometiste algo a Dios y no lo cumpliste?
5. ¿Qué puedes hacer para compensar a esa persona o a Dios?

FUENTE: Adaptado de la fuente: Rydberg, Denny. "TrustBuilders" Group Publishing Inc., Loveland, Colorado 1993.

Aplicación personal

Piensa en una persona en tu iglesia que sea un buen ejemplo para que sigas. Si tu aún no tiene un mentor, considera pedirle a esa persona que te discipule en su área de ministerio.

Asignación

1. Escribe el nombre de la persona de la Biblia estudiada, la calidad del personaje de liderazgo dirigido (con su definición) y el verso clave en tu diario.
2. Lee Josué 2 y 6 en preparación para la lección de la próxima semana.

15 RAHAB

TOMADOR DE RIESGOS:
Disposición a arriesgar peligros terrenales para obtener recompensas eternas

¡CONTRATAR!

CULTO
Escrituras sugeridas: 1 Tes. 2:1-4

Canciones sugeridas: Estoy cambiando mis penas

ACTIVIDAD MOTIVACIONAL

Cuéntales a los estudiantes la historia de lo que sucedió antes de que los Estados Unidos dejaran caer la Bomba nuclear en Hiroshima: el día antes del bombardeo programado, Estados Unidos distribuyó miles de avisos advirtiendo a la gente sobre la próxima destrucción y que deberían Ríndetear la ciudad. Desafortunadamente, muy pocos tomaron los avisos en serio. El resto murió en la explosión o por la radiación.

- Imagínate que viviste en Hiroshima y que eras el único en tu vecindario en recibir uno de los avisos. ¿Qué harías?

- Si tu, como líder cristiano, tuvieras información importante y vital para tu familia, vecinos o nación, ¿qué harías?

OPCIONES DE ACTIVIDAD

SKIT MOTIVACIONAL

Instrucciones:

1. Prepara la introducción a la actividad con dos estudiantes que sean hábiles en la actuación. Uno entrará al salón de clases, intentará convencerte y a la clase con urgencia de que todos deben irse a un lugar más seguro según la información que se encuentra en el aviso impreso. El otro será muy escéptico sobre las noticias y la necesidad de hacer cualquier cosa. Ver secuencia de comandos de ejemplo:

Estudiante A (se precipita para entrar al aula con mucha urgencia): ¡Maestro! ¡Profesor! ¡Adivina qué! ¡Escuché que un súper tifón llegará a Manila (o al área local) mañana!

Maestro: ¿De verdad? También escuché esa noticia de muchas personas ayer.

Estudiante B: ¿Estás bromeando? Eso no es cierto. No lo creas

Estudiante A: ¡No, es verdad! Mira esto (muestra aviso de advertencia impreso). Hay muchos avisos de advertencia como este afuera. ¡Tenemos que mudarnos a un lugar seguro esta noche!

Estudiante B: ¡No me hagas reír! Aquí en Manila estamos a salvo. No necesitamos mudarnos a otro lugar. ¿A dónde iríamos, de todos modos? Imagina, todos en Manila...

LECCIÓN 15: TOMADOR DE RIESGOS

Profesor (se vuelve hacia la clase): OK, ¿qué piensan ustedes sobre esto? ¿Qué crees que deberíamos hacer?

2. Pídele al resto de la clase que muestre su decisión al presentarse con el Estudiante A o el Estudiante B.

3. Cuando se hayan puesto de parte de uno u otro, pregúntales por qué eligieron lo que hicieron y discutan qué significa ser un tomador de riesgos.

4. Permite que regresen a sus asientos, luego cuente la verdadera historia de lo que sucedió antes de que los Estados Unidos arrojaran la bomba nuclear en Hiroshima como encontraste arriba en la Actividad Motivacional original.

¡Explorar!

PASAJE(S) DE LA ESCRITURA: Josué 2, 6:22-25

VERSO(S) CLAVE: Hebreos 11:31

ESTUDIO BÍBLICO

1. Josué 2: 1-7: Rahab ofreció ayuda a los israelitas a pesar del peligro que podía causarle. Discute qué "peligros" o riesgos has tenido que tomar para seguir a Dios. Compartir un momento en que elegir el camino de Dios significaría problemas de tu parte.

2. Josué 2: 8-11: Este es el testimonio del reconocimiento de Rahab de su fe en el único Dios verdadero. De acuerdo con Heb. 11:31 y Santiago 2: 25-26, ¿qué salvó a Rahab? (Ver el Objetivo 1 anterior).

   - Reflexiona y comparte: ¿Cuál fue la razón por la que elegiste seguir a Dios y aceptar su oferta de salvación?

   - Da una instancia en la que exclamaras: "¡Señor, eres realmente real!"

3. Jos. 2: 12-24: Rahab tenía confianza en que Dios podría salvarla a ella y a su familia. Se necesita mucha confianza para entrar en algo arriesgado. ¿Qué podría haberle dado a Rahab su confianza? ¿En quién puso ella su confianza?

4. Rahab arriesgó mucho cuando ayudó a los espías, pero sintió que era un mayor riesgo no ayudarlos. Si el Dios de los Israelitas no tuviera misericordia de ella, ella no tenía esperanza. Habla sobre los riesgos que crees que enfrenta la mayoría de los jóvenes cristianos. Comparta historias personales si es posible.

5. ¿Por qué elegir seguir a Dios tiene riesgos? ¿Qué "riesgos piadosos" son inevitables en la vida cristiana, y qué los hace útiles en el crecimiento espiritual de uno? Vea tales escrituras como Rom. 5: 2b-4 y 2 Cor. 1: 8-11, Santiago 1: 2-4.

Opción de actividad

Herramienta Para Solucionar Problemas

Materiales: Copias de la hoja de solución de problemas para cada alumno (ver a continuación).

Instrucciones: Enseña a los alumnos a utilizar la herramienta de resolución de problemas reproduciendo la tabla en la pizarra o en una hoja de papel manila y trabajando juntos como una clase para aplicarla al caso de Rahab. Después, proporciona a cada alumno una copia para que puedan aplicar la herramienta a su propio problema.

El problema:			
Opción A		Opción B	
Fortalezas	Debilidades	Fortalezas	Debilidades
1.	1.	1.	1.
2.	2.	2.	2.
3.	3.	3.	3.
4.	4.	4.	4.

1. Escribe una breve descripción del problema (o título del problema) en la parte superior del cuadro.

2. Identifica las opciones disponibles para resolver el problema y escríbelo como la Opción A y la Opción B.

3. Analiza las Opciones A y B al enumerar las fortalezas y debilidades de cada una, luego usa la siguiente tabla para identificar más los motivos y los factores inhibidores.

4. Anima a los estudiantes a trabajar con un compañero para descubrir soluciones más objetivas y creativas a sus propios problemas.

Soluciones a las opciones A y B			
Si elijo la opción A ……		Si elijo la opción B…	
Prioridades	Obstáculos	Prioridades	Obstáculos
1.	1.	1.	1.
2.	2.	2.	2.
3.	3.	3.	3.
4.	4.	4.	4.

LECCIÓN 15: TOMADOR DE RIESGOS

CRONOLOGÍA HISTÓRICA

Leer Mat. 1: 5. ¿De quién es el nombre que encuentras en la genealogía de Jesús? Aquí vemos evidencia de la asombrosa gracia de Dios. Rahab era una prostituta, miembro de un pueblo malvado, a quien Dios había ordenado a Josué que exterminara, pero Dios tenía piedad de ella y ella fue adoptada en la nación de Israel. ¡Dios permitió que se convirtiera en la gran, gran abuela del rey David, el antepasado de Jesús!

- Prepara un pequeño símbolo, como una ventana con una cuerda roja colgando de él, para representar a Rahab. Adjúntalo a la línea de tiempo al lado de Josué.
- Debajo de la línea de tiempo, escribe Tomador de riesgos y su definición.

¡EXPERIMENTAR!

ACTIVIDADES DE APRENDIZAJE

Ofrece a los alumnos la siguiente información para una obra de teatro: dos proyectos cristianos a corto plazo. Los misioneros llegan a su casa en un pueblo en Mindanao musulmán con el propósito de investigar. Estás hablando con ellos cuando de repente tu hermano (o hermana) entra corriendo a la casa diciendo que un gran grupo de personas los está buscando. ¿Qué harías? Diseña un final y dramatiza el evento.

APLICACIÓN PERSONAL

¿A quién conoces que no tiene esperanza porque todavía no han depositado su fe en Jesús? ¿Cómo podrías compartir la esperanza de la salvación con ellos? ¿Estás dispuesto a arriesgarte al ridículo o al rechazo en un esfuerzo por ganar a esta persona para Cristo?

OPCIONES DE ACTIVIDAD

EL LADO MÁS LIGERO

Materiales: Papel para escribir, bolígrafos

Instrucciones:

1. El eslogan cristiano QHJ (¿Qué haría Jesús?) Fue popular durante bastante tiempo. Si tienes algunos elementos de QHJ, muestra a tus alumnos un ejemplo.

2. Permite que los estudiantes piensen en una situación que podría surgir, como la oportunidad de hacer trampa en la escuela cuando nadie está mirando.

3. Entrega a los estudiantes la situación anterior (¡Experiencia! Actividad de aprendizaje A) sobre dos misioneros cristianos de corta duración en su casa en una aldea en Mindanao musulmán. Pídeles que escriban una respuesta a la pregunta "¿Qué harías?"

4. Luego, cambia el lema un poco. En lugar de preguntar "¿Qué haría Jesús?", Pregunta: "¿Qué hizo Jesús?" Que tu clase invoque los diferentes tipos de ministerio, como la sanidad y la enseñanza que Jesús hizo en la tierra.

Referencia: conexiones de fe diciembre / enero / febrero (Kansas City: Wordaction, 2002-3), P35

PAPEL DE REFLEJO

Materiales: Papel, plumas

Instrucciones: El futuro puede ser algo aterrador para los adolescentes. Una de las formas en que podemos confiar en Dios es confiarle nuestro futuro.

- ▶ Lee Hebreos 11: 1: "Ahora la fe es estar seguros de lo que esperamos y de lo que no vemos".
- ▶ Luego lee el capítulo de la gran fe de Hebreos 11. Este capítulo habla acerca de personas que no siempre sabían lo que era su futuro, pero confiaban lo suficiente en Dios como para dirigirlos. Él demostró ser fiel en todos los casos.
- ▶ Escribe tu reflejo en el papel.
- ▶ Concluye esta sesión pidiendo a los alumnos que piensen en su futuro y ofrecérselo a Dios para moldearlo como Él desee. Como Hebreos 11 muestra, confiar en Dios con nuestro futuro nunca es una mala decisión.
- ▶ Pídeles que oren en silencio para que encuentren el coraje y la fe para poner todas sus vidas en las manos capaces y amorosas de Dios.

Asignación

1. Escribe el nombre de la persona bíblica estudiada, el personaje de liderazgo, calidad dirigida (con tu definición) y el versículo clave en tu diario.

2. Arriésgate: busca la oportunidad de compartir con un incrédulo por qué eligió seguir a Dios y aceptar su oferta de salvación.

3. Lee Jueces 2 y 4 como antecedentes para la lección de la próxima semana.

LECCIÓN 16: CONFIANZA

16 DÉBORA

CONFIANZA
Sabiendo que Dios me ha empoderado para la tarea que Él me ha dado.

¡CONTRATAR!

CULTO
Escrituras sugeridas: 2 Pedro 1:3-8
Canciones sugeridas: Sé atrevido, sé fuerte

ACTIVIDAD MOTIVACIONAL
- Mira un buen programa dirigido por una mujer o con una mujer valiente. Discute el programa en relación con la confianza. ¿Es confianza en uno mismo o confianza en Dios?
- Haz que dos estudiantes demuestren confianza en la persuasión (por ejemplo, vendiendo un buen producto o promoviendo su iglesia).

OPCIÓN DE ACTIVIDAD

PROMOCIÓN DE PRENSA

Materiales: Cámara de video

- Sería mejor si hay equipos para una cobertura de video completa, como luces, un trípode, micrófono pin (solapa), etc.

Instrucciones:

Guión: La broma es pretender que los estudiantes sean puestos en el lugar para promover un cierto ministerio juvenil. La historia es que el maestro o facilitador ha tenido contacto con una organización de misiones que está dispuesta a brindar patrocinio y otras formas de asistencia a su iglesia. Tienes un amigo que es miembro de la organización y explicó que necesita testimonios de la juventud. Cada estudiante tiene que promover de alguna manera el ministerio de su iglesia hablando de ello y su impacto en las vidas de las personas y sus experiencias personales. El problema es que los testimonios deben grabarse en video inmediatamente porque el amigo misionero debe ir a su oficina central en algún país distante de inmediato.

Nota: no dejes que los estudiantes se emocionen demasiado. Puede haber personas sensibles que no acepten la broma demasiado bien. Solo déjalos enfocarse en promover su ministerio.

Preparación:

Configura una cámara de video en el lugar o habitación de la reunión. Coloca una silla delante de la cámara. Si está disponible, coloca un telón de fondo detrás de la silla para que la cobertura de video sea real. Asegúrate de llegar temprano al lugar de reunión con tu amigo 'misionero' para que los estudiantes tengan más curiosidad cuando lleguen.

Broma adecuada
- Diles a los estudiantes sobre el escenario de bromas. Dale a los estudiantes alrededor de 5 minutos para preparar su testimonio. Reitera la importancia del posible apoyo de la organización de la misión a su ministerio local. Agrega presión a los estudiantes mientras se preparan para sus turnos.

- Haz que cada estudiante se turne frente a la cámara para dar su testimonio. Después de que cada alumno haya hablado, revela la broma.

- Para la discusión, deja que los estudiantes hablen sobre cómo se sintieron mientras se preparaban para su turno y mientras ya estaban frente a la cámara. Dirige la discusión hacia la confianza.

EXPLORE!

PASAJE(S) DE LA ESCRITURA: Jueces 4 et 5
VERSO(S) CLAVE: Jueces 4:14

ESTUDIO BÍBLICO

1. Discute la comprensión común de la confianza entre las personas de hoy. Comparte sobre las imágenes típicas y las nociones de "confianza" que tienen en mente.

2. Presenta a Débora y brinda algunos antecedentes sobre los jueces. Pregunta lo que aprendieron en su tarea de lectura.
   - Jueces 4: 4-5: Habla sobre qué tipo de persona debe haber sido Débora. ¿Qué la hizo ser alguien a la que la gente de todo Israel acudiría en busca de consejo?
   - Nombra personalidades famosas hoy en día en las que la gente parece confiar y pedir consejo. (Por ejemplo, Oprah, Dr. Phil, otros presentadores de programas de entrevistas, presentadores de noticias, anfitriones de espectáculos, etc.) ¿Confiarías en que estas personas te den consejos? ¿Por qué o por qué no?
   - La Biblia se refiere a muchas profetisas pero Débora es la única mujer juez mencionada. ¿Qué indica Jueces 2:16 sobre la posición de liderazgo de Débora? ¿Qué piensas sobre las mujeres en puestos de liderazgo? ¿A qué mujeres conoces a quién Dios ha llamado a un alto puesto de liderazgo?

3. Jueces 4:6-16: habla sobre la respuesta de Barac al mensaje de Débora de parte de Dios:
   - Cuando se presente una tarea que parece bastante pesada o incluso peligrosa, ¿cuál es tu pensamiento y reacción inicial? Comparte experiencias si es posible. ¿Qué perdió Barac debido a su falta de confianza inicial?
   - Observa cómo Débora mostró confianza yendo con Barac al campo de batalla. Ella estaba segura de que Dios estaba con ellos y de que sería capaz de permitirles ganar la batalla.
   - Relaciona la confianza, la asunción de riesgos y el optimismo. Cada uno puede encontrar su origen en tener plena fe en la soberanía de Dios (autoridad sobre todo) y poder.
   - Jueces 4:14: Observa cómo Débora le da una "charla de ánimo" a Barac antes de la batalla. Discute cómo la confianza puede ser contagiosa. Recuerda momentos en que una persona fue capaz de darte confianza a través de su propia confianza.

4. 4:17-21: Discute el contraste entre Jael y Barac. (Puede ser útil escribirlo en una pizarra y dejar que los alumnos escriban sus ideas al respecto).

5. Si no fuera por la confianza de Débora, Barac podría no haber perseguido al ejército de Sísara. Comparte ideas sobre la importancia de la confianza impulsada por Dios en el liderazgo cristiano. ¿Cuándo se necesita este tipo de confianza?

LECCIÓN 16: CONFIANZA   81

6. OPCIÓN DE ACTIVIDAD

ELLA DIJO, ÉL DIJO- PROGRAMA DE ENTREVISTA: PRESENTANDO A JAEL Y BARAC

Materiales: Hojas de papel o tarjetas de índice (que se utilizarán para tarjetas de referencia o para la guía de guiones)

Instrucciones:

Preparación:

Prepara varias preguntas para el programa de entrevistas y anótelas en fichas o en hojas de papel. Las preguntas deberían tener algo que ver con cuán diferentes son Jael y Barac en sus respuestas a las situaciones en las que se encontraban. Si es posible, prepara trajes de los tiempos bíblicos para una actividad más divertida.

Antes del programa de entrevistas, agrupe a los estudiantes en dos. Un grupo discutirá sobre Jael, el otro grupo para Barac. Que los estudiantes escriban sus ideas y descripciones de la persona que se les asignó. Deja que cada grupo elija a una persona que actuará como la persona que discutieron y le dará la lista de ideas discutidas como referencia para responder preguntas más adelante. Coloca dos sillas en un lado para Jael y Barac y una en el otro lado, para el anfitrión.

Actividad:

El maestro actuará como Débora, el presentador del programa de entrevistas. Presenta a cada uno de los invitados como su personaje y llámalos al "escenario". Haz las preguntas preparadas y da tiempo para que cada alumno responda la pregunta, como si fuera el personaje que habla.

Discute después sobre sus puntos de vista sobre Jael y Barac.

CRONOLOGÍA HISTÓRICA

Durante un período de aproximadamente 400 años después de ingresar a la Tierra Prometida, los Israelitas fueron gobernados libremente por una serie de jueces bastante "heterodoxos". Estos jueces eran más como Dios designó a "luchadores por la libertad" que lideraron a los israelitas en levantamientos contra la opresión de sus enemigos. Aunque algunos de ellos, como Débora, también resolvieron disputas, son principalmente conocidos por sus campañas militares. A través de ellos, Dios rescató en repetidas ocasiones a los israelitas de las consecuencias de su pecado, pero el ciclo del pecado y el rescate descendía en espiral. El último versículo en Jueces (21:25) describe la anarquía en la que Israel había caído: en aquellos días, Israel no tenía rey; todos hicieron lo que les pareció bien.

▶ Prepara un pequeño símbolo para representar a Débora, como una palmera o un martillo y ponle el nombre a Débora. Adjúntalo a una corta distancia de Rahab y rotula el año 1300 aC.

▶ Debajo de la línea escribe Confianza y su definición.

OPCIONES DE ACTIVIDAD

JUECES, GRÁFICO ¿QUIÉN ES QUIÉN?

Materiales: Prepara copias impresas de la tabla para cada estudiante. Otra opción también puede ser dejar que los estudiantes escriban en sus diarios.

Instrucciones: (Una copia reproducible del cuadro se encuentra en la próxima página).

Si hay copias impresas de las tablas disponibles, entrégalas a los alumnos. Puedes elegir diferentes formas de que los estudiantes completen la información. Aquí hay algunas ideas:

- deja información en blanco en una columna completa de su elección.
- saca información de diferentes categorías.

Una vez que el cuadro se haya completado, discute las funciones generales de los jueces. Los siguientes puntos se pueden discutir además de lo que ya se dio en la descripción de la línea de tiempo histórica:

▶ Describe el gobierno de Israel: ancianos tribales y sacerdotes nacionales. Sin rey, sin gobernador, solo obediencia a las leyes de Dios.

▶ Porque Dios era el gobernante de Israel, los castigó cuando desobedecieron. Él permitió a otros países gobernar sobre ellos.

▶ Cuando Israel se arrepintió e invocó al Señor, envió líderes (jueces) a liberarlos y ayudarlos a permanecer fieles a Dios.

▶ Los jueces eran de diferentes tribus en Israel. Algunos fueron profetas también. No todos los jueces eran buenas personas, a veces eran fuertes líderes políticos y militares utilizados por Dios para lograr un propósito.

Para volver a la lección, analiza cómo Débora es diferente del resto de los jueces. Concéntrate en los temas revolucionarios o pioneros que se refieren al género de Débora y su condición de jueza, profetisa y líder militar.

Referencias: Tipo de columna de juez (excepto Samson, Elí y Samuel) de: Boadt, Lawrence. Leyendo el Antiguo Testamento: Una Introducción. Nueva York: Paulist Press, 1984. 200.

Tabla de jueces y puntos de discusión suplementarios de: Haynes, Betty Belue. Jueces tempranos que incluyen a Débora. de http://www.ebibleteacher.com/ children / lessons / OT / Judges / Débora.htm; accedido el 21 de septiembre de 2009.

¡Experimentar!

Actividades de aprendizaje

Elige de lo siguiente:

1. Pide a cada alumno que se pare y comunique con confianza al grupo las cualidades positivas de la persona de su derecha.

2. Dales a los estudiantes, particularmente a las niñas, la oportunidad de hablar con confianza ante sus compañeros de grupo, un alcance comunitario o la iglesia. Ayúdalos a elegir un tema apropiado durante 5 min.

Aplicación personal

Mírate en el espejo. Di: "Dios me ha elegido para ser un líder para influenciar a otros hacia la piedad".

En tu diario, escribe las formas en que Dios lo ha equipado para esta tarea. Piensa en las cosas que tu miembro del grupo dijo sobre ti durante la Actividad de aprendizaje. ¿Cómo puedes usar esas cualidades como un líder cristiano?

Asignación

▶ Escribe el nombre de la persona bíblica estudiada, la calidad del carácter de liderazgo dirigido (con tu definición) y el verso clave en tu diario.

▶ Busca una manera de aumentar la confianza de alguien esta semana.

▶ Lee los Jueces 6, 7, 13 y 14 como antecedentes para la lección de la próxima semana.

LECCIÓN 16: CONFIANZA

TABLA DE JUECES, QUIÉN ES QUIÉN

Juez	Tipo de juez	Descripción / Realización	Enemigo	Sagrada Escritura
Otoniel	Juez Mayor	Sobrino de Caleb	Cananienses & Mesopotámicos	Jueces 1:11-13; 3:7-11
Aod	Juez Mayor	Usó una daga para matar al rey Eglón	Moabitas (Rey Eglón)	Jueces 3:12-30
Samgar	Juez Mayor	Usó un vara par arrear bueyes para matar a 600 hombres	Filisteos	Jueces 3:31;5:6
Débora	Juez Mayor	profetisa acerca de Barac y Jael	Rey Jabín de Hazor	Jueces 4-5
Gedeón	Juez Mayor	Conquistó a los Madianitas con 300 hombres	Madianitas	Jueces 6-8
Abimelec	Usurpador y Tirano	Hijo corrupto de Gedeón	(guerra civil en Israel)	Jueces 8:33-9:57
Tola	Juez Menor	De la tribu de Isacar	-no mencionado-	Jueces 10:1-2
Jair	Juez Menor	tuvo 30 hijos y 30 pueblos	-no mencionado-	Jueces 10:3-5
Jefté	Juez Menor	Prometió la vida de su hija	Amonitas	Jueces 11:1-12:7
Ibzán	Juez Menor	de Belén	-no mencionado-	Jueces 12:8-10
Elón	Juez Menor	de Zabulón	-no mencionado-	Jueces 12:11-12
Abdón	Juez Menor	tuvo 40 hijos, 30 nietos	-no mencionado-	Jueces 12:13-15
Sansón	Juez Mayor	Nazareo fuerte	Filisteos	Jueces 13-16
Elí	Sacerdote	Alto sacerdote	Filisteos	1 Samuel 1:1-4:1
Samuel	Profeta/ Sacerdote	Profeta y Sacerdote, Reyes ungidos	Filisteos	1 Samuel 4:1-7:17

17 | GEDEÓN Y SANSÓN

DEPENDENCIA
Viviendo mi vida confiando completamente en Dios.

¡CONTRATAR!

CULTO
Escrituras sugeridas: 2 Samuel 22:26-30

Canciones sugeridas: Jesús, Cordero de Dios (Tú eres mi todo en todos)

ACTIVIDAD MOTIVACIONAL
- Discute: ¿De quién o de qué dependes para tus diferentes necesidades (refugio, comida, estudios, comunicación, etc.) ¿Te sientes seguro con las personas y las cosas de las que dependes?

OPCIÓN DE ACTIVIDAD

¿DE QUIÉN DEPENDERÁS?

Materiales: 6 hojas de papel, una de las siguientes impreso en cada una: Padres, Amigos, Hermanos o Hermanas, Maestro, Pastor, Nadie

Instrucciones:

▶ Comienza diciendo a la clase: "Todos tenemos cosas buenas y malas que pasan en nuestra vida. ¿Quiénes son algunas de las personas a las que vamos cuando ocurren estas cosas? "Deja que los estudiantes respondan. Es posible que desees utilizar sus respuestas como títulos para los documentos en lugar de los que se indican más arriba.

▶ Pega las 6 hojas de papel en diferentes partes de la habitación y luego di: "Voy a dar algunas situaciones y quiero que vayas al diario que enumera a la persona a la que irías primero para hablar sobre esta situación. "Cuando le des la situación, elige 1-2 estudiantes y pregunta por qué eligieron esa persona (s)

Situaciones de muestra:

- ▶ La gente de tu vecindario te dicen apodos desagradables.
- ▶ Obtienes una 'A' en una prueba dura.
- ▶ Tienes problemas para hacer tu tarea de matemáticas.
- ▶ Eres elegido para un consejo de iglesia / estudiante.
- ▶ Tu amigo quiere que hagas trampa en una prueba.
- ▶ Quieres asistir a la universidad.
- ▶ Ves a alguien ser golpeado.
- ▶ Te enojas mucho con tus hermanos o hermanas.

Lección 17: Dependencia

Perder Confianza

Materiales: Ninguna

Instrucciones: Di a los alumnos que participarán en una "caída de confianza". Un alumno se parará en una silla. Deben cruzar los brazos sobre el pecho y retroceder. Cuando retrocedan deben mantener sus rodillas completamente bloqueadas. Su cuerpo debe estar recto como una tabla. Esto es difícil de hacer porque nuestros reflejos quieren que nos doblemos las rodillas e intentemos evitar que caigamos. También es bueno cerrar los ojos.

Los otros estudiantes se pararán detrás de los estudiantes que caen. Se pararán uno frente al otro y se unirán a los brazos. Cuando se unan, pídeles que se agarren las muñecas y no las manos. Haz que los estudiantes se coloquen muy cerca el uno del otro y ubíquense donde estarán la cabeza, la espalda y las piernas superiores de la persona cuando caigan.

¡Explorar!

Pasaje(s) de la Escritura: Jueces 6:11-24, 33-40; 7:1-22; Cap. 13, 15 y 16

Verso(s) clave: Éxodo 32:11-14

Estudio Bíblico

1. Jueces 6:11-24: Lee y analiza los problemas que tuvo Gedeón cuando se trataba de la autoestima y lo que Dios quería de él:
   - Versículos 13 y 15: Gedeón parece ser muy pesimista desde el principio de su conversación con Dios. Compartir experiencias cuando se está en una situación difícil hace que uno mire principalmente en el lado negativo de las cosas. Compara la respuesta de Gedeón con la de Moisés cuando Dios lo llamó al liderazgo.
   - ¿Alguna vez te has cuestionado o dudado si Dios realmente está haciendo algo para ayudarte?
   - Permite que los estudiantes compartan una gran inseguridad que les impide tomar una responsabilidad o hacer lo que se espera de ellos
   - ¿Alguna vez sentiste que se te había confiado algo que no mereces?

2. Jueces 6: 16-24: ¿Qué le dijo Dios a Gedeón? ¿Qué implica esto sobre lidiar con inseguridades personales?
   - Comparte pensamientos acerca de la seguridad de Dios de estar "contigo" a través de una tarea que Él dio. (Ver Mat. 28: 19-20)

3. Jueces 6: 33-40: Discute por qué Gedeón siguió pidiendo señales de Dios. ¿Fue apropiado?
   - ¿Has intentado pedirle a Dios una señal cuando no estás seguro o temeroso de hacerlo? ¿Tienes una responsabilidad difícil? Comparte experiencias.

4. Jueces 7: Lee la historia y reflexiona:
   - Observa cómo Dios guió a Gedeón en cada paso del camino para preparar y virar al enemigo. ¿Qué restricciones puso Dios en el ejército de Gedeón para asegurarse de que dependieran de él para la victoria? ¿Qué seguridad dio Él para poder confiar en Él?
   - Lee Prov. 3: 5-6. La dependencia de Dios significa buscar su guía y confiar en Él para lo que se necesita para hacer su voluntad. Discute cómo se ve esto en la historia de Gedeón.

5. Jueces 15 y 16: comenta lo que aprendiste sobre Sansón en tu tarea de lectura (capítulos 13 y 14.) ¿Qué tenía de especial? Lee y resume los Capítulos 15 y 16. Discute qué clase de dependencia tiene en contraste con Gedeón.

   ■ Sansón recibió fortaleza de Dios para cumplir Sus propósitos. ¿Que está mal con la forma en que Sansón a veces usaba su don?

   ■ A veces, Sansón se volvía demasiado dependiente de su propia fuerza e hizo cosas a su manera, metiéndose en problemas. ¿Cuál fue la consecuencia de ser demasiado autodependiente, como se ve en el capítulo 16?

6. Compara y contrasta a Gedeón y Sansón. ¿Cuáles fueron sus fortalezas y debilidades? (Por la fuerza de Dios, Gedeón estuvo a la altura de la descripción del poderoso guerrero. Él era un líder inspirador. Sansón, en cambio, trabajó principalmente solo, era un apasionado de la destrucción de los enemigos de los israelitas y pudo aniquilar a un gran número de ellos sin ayuda, ¡pero parece que no tenía muy buenas habilidades con la gente!)

7. ¿Qué podemos aprender de ellos sobre qué tipo de dependencia deberían tener los líderes cristianos? ¿Qué resultados esperarías de la auto dependencia en el ministerio?

Opción de actividad

Esgrima Bíblico

Materiales: sillas, dependiendo del número de estudiantes

Instrucciones:

1. Organiza dos equipos de cinco (4 concursantes, 1 sustituto), que todos se sienten en fila. El tamaño de los equipos puede variar según el tamaño de la clase.

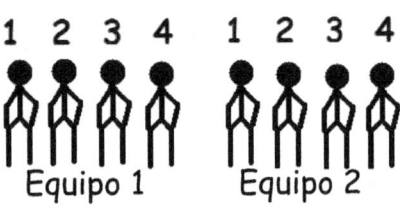

2. Necesitarás un cuestionario maestro para hacer preguntas y un observador (juez de salto) para ver si la primera persona salta para responder la pregunta. Si el grupo es pequeño, puede ser la misma persona.

   ▶ Se harán 20 preguntas, el equipo con la mayor cantidad de puntos al final gana.
   ▶ El primero en saltar responde la pregunta
   ▶ Si saltaron antes de la pregunta tienen que terminar la pregunta correctamente y dar la respuesta correcta

Sistema de Puntos:

▶ Si son correctos, el equipo recibe 20 puntos
▶ Si son incorrectos, no reciben puntos
▶ La persona en el mismo puesto en el otro equipo intenta responder; Si tienen razón, el equipo obtiene 10 puntos, si están equivocados, no obtienen puntos.

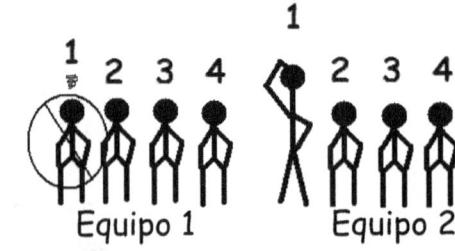

Lección 17: Dependencia

- Si un jugador obtiene 4 preguntas correctas en una ronda, el equipo obtiene 10 puntos de bonificación y esa persona se 'interrogó' y no puede responder más preguntas durante esa ronda.

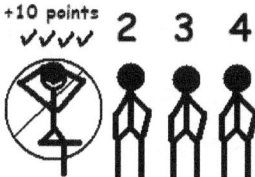

- Si un jugador obtiene 3 preguntas incorrectas en una ronda, el equipo pierde 10 puntos y esa persona tiene 'error' y no puede responder más preguntas esa ronda.

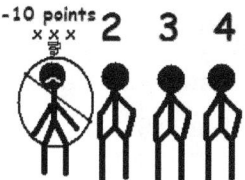

- Cuando 3 miembros de un equipo responden al menos 1 pregunta correctamente, el equipo obtiene una bonificación de 10 puntos
- Cuando un 4º miembro de un equipo responde correctamente una pregunta 10 más puntos se le dan al equipo.
- Cuando un 5º miembro de un equipo responde correctamente una pregunta 10 más puntos se le dan al equipo.

Preguntas:

- ¿Dónde encontró el ángel del Señor a Gedeón?
  - En la prensa de vino (6:11)
- ¿A quién le temía Gedeón?
  - Madián (6:11, 14)
- Cierto de falso, Gedeón era de una familia famosa y él era el jefe de su hogar
  - Falso, él era de la familia más pequeña en Manessah y él era el menor en su casa. (6:15)
- ¿Por qué Gedeón tendió un vellón?
  - Para probar si Dios salvaría a Israel en su batalla con Madián. (6:37)
- ¿Cuántas veces dejó Gedeón el vellón?
  - Dos veces (16: 37-40)
- El ejército de Israel comenzó con 22,000 personas. ¿Cuántos quedaron después?
  - 300. (7:8)
- ¿Cómo sabes que Gedeón tenía miedo de ir solo al campamento madianita?
  - Porque Dios dijo que si tenía miedo de ir solo a llevar a su siervo con él, y él lo tomó. (7:9-11)
- ¿Cuántos madianitas dijo la Biblia que existían?
  - Como muchas langostas, como la arena en la orilla del mar. (7:12)

- ▶ ¿Cómo atacaron los hombres de Gedeón a los madianitas?
  - Rodearon el campamento y cada uno tenía una antorcha oculta por un frasco y una trompeta. Al mismo tiempo, rompieron los frascos y tocaron los cuernos y gritaron. Esto hizo que los madianitas pensaran que había más enemigos que los que existían y que en su miedo se mataron entre sí. (7: 19-23)
- ▶ ¿Cuál fue el resultado de la batalla?
  - Israel ganó, Madián se retiró, y los príncipes de Madián fueron capturados y asesinados. (7: 24-25)
- ▶ ¿Qué le hizo Sansón a los filisteos usando zorros?
  - Se unieron antorchas a sus colas y prendieron fuego al grano y a las hojas. (15: 4)
- ▶ Cuando Sansón fue atado y llevado a los Filisteos, ¿qué vino a él?
  - El Espíritu del Señor (15:14)
- ▶ Después de que Sansón venciera a los 1000 filisteos con solo la mandíbula de un burro estaba sediento ¿Cómo Dios proveyó para él?
  - Dios abrió un hueco y salió agua de él. (15:19)
- ▶ ¿Qué hizo Sansón en Gaza?
  - Se acostó con una prostituta. ¡Se escapó de la ciudad tomando las puertas y los postes de la puerta de la ciudad y se fue con ellos! (16: 1-3)
- ▶ ¿Qué le pidieron los filisteos a Dalila que hiciera?
  - Seducirlo y encontrar su poder para poder capturarlo. (16: 4-5)
- ▶ Dalila le preguntó a Sansón de dónde venía su fortaleza y le mintió tres veces. ¿Cuál fue una de esas mentiras?
  - No tendría fuerza si: 1) estaba atado con siete cuerdas nuevas que no se habían secado, 2) estaba atado con cuerdas nuevas que no se habían usado, 3) si se sujetaban siete broches de su cabeza con un alfiler. (16: 7-14)
- ▶ ¿Cuál fue el secreto de la fuerza de Sansón?
  - El pacto Nazareno de que su cabeza nunca debe ser afeitada. (16:17)
- ▶ ¿Qué hicieron los filisteos cuando lo capturaron?
  - Le arrancaron los ojos y lo metieron en prisión (16: 21-22)
- ▶ ¿Por qué los filisteos celebraron a su dios Dagón?
  - Agradecerle por ayudarlos a capturar a Sansón. (16:23)
- ▶ ¿Cómo terminó la historia?
  - Sansón oró por el perdón y la fortaleza de nuevo y rompió los pilares del lugar y se derrumbó matando a todos los que estaban allí. (16: 28-30)

Referencia: www.nyiquiz.org

LECCIÓN 17: DEPENDENCIA

CRONOLOGÍA HISTÓRICA

De las historias de Gedeón, Sansón y otros que hemos estudiado, podemos ver que Dios usa diferentes tipos de personas, a pesar de sus defectos, para cumplir Sus diversos propósitos. La próxima semana nos enfocaremos en una mujer virtuosa, que, aunque no era una líder, ocupa un lugar importante en la historia de la Biblia.

- Prepara un pequeño símbolo para representar a Gedeón, como una trompeta o antorcha, y adjúntalo a la línea de tiempo al lado de . (Si eliges incluir a Sansón, coloca su símbolo a una corta distancia dejando espacio para un símbolo entre).
- Debajo de la línea, debajo del símbolo para Gedeón, escribe Dependencia y su definición.

¡EXPERIMENTAR!

ACTIVIDADES DE APRENDIZAJE

Divide a los estudiantes en dos grupos. Dale a ambos grupos la misma tarea para lograr; sin embargo, el Grupo A trabajará en la tarea juntos, mientras que los miembros del Grupo B trabajarán individualmente. Después de la actividad, da tiempo para que los estudiantes compartan sus sentimientos al respecto.

APLICACIÓN PERSONAL

Reflexiona sobre tu propia profundidad de dependencia de Dios. ¿A qué personaje de la Biblia te pareces más: , Gedeón o Sansón? ¿Cómo has demostrado tu dependencia de Dios últimamente? Escribe sobre eso en tu diario.

OPCIÓN DE ACTIVIDAD

CREACIÓN DE SKETCH DE DEPENDENCIA

Materiales: Papel y utensilio de escritura para cada estudiante

Instrucciones: Haz que los estudiantes trabajen juntos para escribir una obra de teatro que usa el tema de la dependencia que vieron en las historias de Gedeón y Sansón. Las parodias se deben basar en una situación que enfrentan en su escuela, familia o con amigos. Los sketches deben resaltar las elecciones que hacen los jóvenes y cómo su dependencia de ellos mismos, sus amigos, su familia y / o Dios impactan estas elecciones.

Depender del tamaño de la clase dividir los grupos para que haya una participación máxima y participación.

ASIGNACIÓN

1. Escribe el nombre del personaje bíblico estudiado, la calidad del personaje de liderazgo enfocado (con tu definición) y el versículo clave en tu diario.
2. Lee todo el libro de Rut antes de nuestra próxima lección.

18 Rut

LEALTAD:
Fidelidad a aquel Dios que me ha llamado a servir.

¡CONTRATAR!

CULTO
Escrituras sugeridas: Salmo 100
Canciones sugeridas: Paso a paso

ACTIVIDAD MOTIVACIONAL
- Haz que los estudiantes cuenten la historia de Rut de principio a fin, así como también recuerden de su lectura asignada. Que un alumno comience la historia, luego detenlo en algún lugar al azar y señala a otro alumno que continúe desde ese punto. Trata de dividirlo en suficientes segmentos para que cada estudiante pueda participar.

Si pocos de los estudiantes han completado su lectura asignada, esta puede ser utilizada como una actividad de revisión después del Estudio de la Biblia. Ver Opción de actividad.

OPCIONES DE ACTIVIDAD

GATO Y RATÓN

Materiales: 2 vendas en los ojos, espacio abierto con dos sillas o una mesa para indicar el orificio del ratón.

Instrucciones: Este juego pretende ser una introducción divertida al concepto de lealtad. El ratón y el entrenador deben ser leales entre sí y al plan que han creado para tener éxito. Del mismo modo, el gato y su entrenador deben ser leales entre sí y su sistema de códigos si tienen éxito.

- Elige una persona para ser el ratón, una para ser el entrenador de ratón, otra para ser el gato y otra para ser el entrenador de gatos. El gato y el ratón se plegarán a ciegas y los entrenadores deben guiarlos.
- El ratón y el entrenador elaboran un sistema de sonidos que se usará para alejar al ratón del gato al orificio del ratón (aplausos, chasquidos, etc.). El entrenador de gato y gato también desarrollará un sistema de sonidos para guiar al gato a atrapar al ratón antes de que escape por el agujero del ratón.
- El gato y el ratón tienen los ojos vendados y se colocan en lugares opuestos en el jugando al espacio. Ninguno debe saber dónde está el agujero del ratón.
- Usando el sistema de sonidos, los entrenadores guiarán al gato y al ratón hasta que el ratón escape por el "agujero" o esté atrapado.

Referencias: de www.games4youthgroups.com/trust-games/cat-and-mouse.html

LECCIÓN 18: LEALTAD

¿Qué Harás?

Instrucciones:

Elige varios de los siguientes escenarios que parecen ser los más relevantes para tu grupo o crea los suyos propios. Léelos en voz alta y haz que varios estudiantes respondan a la pregunta: "¿Qué vas a hacer?"

- ▶ Tu madre está enferma. Ella necesita que vayas al mercado y hagas la cena esta noche. Habías planeado estudiar en la casa de un amigo hasta la cena. ¿Qué harás?

- ▶ Tú y tus amigos usan los mismos pantalones vaqueros de marca popular. Tú amas la forma en que se ven y los tuyos son muy cómodos, pero están desgastados y son demasiado pequeños. Necesitas un nuevo par, pero tu familia tiene que presupuestar con mucho cuidado para cubrir los gastos básicos. ¿Qué harías?

- ▶ Tú y Dennis han sido amigos desde la escuela primaria. Dennis tuvo un mal accidente que lo puso en el hospital por un largo tiempo y ahora ya no puede jugar baloncesto contigo y sus amigos. Sabes que está solo y triste por su discapacidad, pero te encanta jugar al baloncesto cada vez que tienes la oportunidad. ¿Qué harías?

- ▶ Tu hermano menor es muy juguetón y odia hacer su tarea. Él tiene varias tareas de recuperación para hacer en matemáticas. Él dice que si no son entregados esta semana, probablemente fracasará en ese tema. Él te pide que hagas algunas de sus tareas para él. ¿Qué harías?

- ▶ Uno de tus compañeros de clase se convirtió recientemente en cristiano. Ella ha sido rechazada por su antiguo grupo de amigos porque ya no festejará con ellos, pero en realidad no tiene ningún otro círculo de amigos. Ella no es el tipo de persona con la que normalmente saldrías y tus amigos no la quieren. ¿Qué harías?

- ▶ Tu papá bebe con frecuencia con sus amigos los fines de semana. Recientemente te ha estado invitando a unirte a ellos. Te gusta el hecho de que te está prestando atención y te considera lo suficientemente mayor como para unirte a los hombres. Y también estás tratando de mejorar tu relación con él. ¿Qué harías?

Haz que los estudiantes relacionen momentos en sus propias vidas cuando han tenido que tomar una decisión difícil o dolorosa con respecto a quién o a qué permanecer leales. ¿En qué basaron sus decisiones?

¡Explorar!

Pasaje(s) de la Escritura: Rut 1:1-18, 2:1-12, 23, 3:1-13, 4:13-17
Verso(s) clave: Rut 1:16

Estudio Bíblico

1. Completa cualquier vacío o parte importante de la historia de Rut que los estudiantes olvidaron o fueron no pudieron decir durante la Actividad Motivacional.

2. Rut 1: 1-18: Discute brevemente sobre el contexto cultural en el que se encontraban Omina y Rut en ese momento. Mira a través de concordancias, comentarios y otros recursos de la Biblia.

   - Las viudas en ese momento eran parte de la minoría social. Habla de lo difícil que debe haber sido para Omina haber perdido a todos los hombres en su vida.

   - Comparte observaciones de la sociedad actual. ¿Cuáles son las dificultades que las viudas y las madres solteras se enfrentan hoy? ¿Qué podría ser lo mismo y qué sería diferente en comparación con el tiempo de Omina?

DISCIPULADO A TRAVÉS DE LA BIBLIA

- Discute qué personaje mostró Rut cuando decidió quedarse con Omina, en contraste con Orpah, la otra nuera. Dada su situación, ¿hubieras hecho lo que hizo Rut, o como Orpah? (Haz hincapié en que ser viuda es muy difícil en esos momentos, lo que podría hacer comprensible la decisión de Orpah. La decisión de Orpah no fue errónea, simplemente no fue tan noble como la de Rut. Deja que los alumnos sean honestos al responder para evitar que todos digan que harían lo que hizo Rut).
- Permite que los estudiantes compartan su idea de lealtad. ¿A quién muestran o dan su lealtad? ¿Por qué? ¿Cuánto valoran la lealtad? ¿Qué tan lejos pueden llegar para ser leales?
- Discute ejemplos de "lealtad errada". p.ej. unirse a pandillas o peligrosas fraternidades / hermandades, enfocadas en la idea de "resbak" o vengarse de aquellos que perjudicaron a su amigo o ser querido. En contraste con esas cosas, ¿qué tipo de lealtad mostró Rut?

3. Rut 2:1-12; 3:1-13: Con la ayuda de otras referencias bíblicas, discuta la antigua ley israelí de "pariente-redentor", ya que esto es vital para el resto de la discusión.
   - La lealtad es una relación de dar y recibir, y también es una expresión de amor. Discute cómo Noemí mostró su gratitud por la lealtad de Rut al encontrarla como pariente redentora.
   - Observa la obediencia de Rut a Omina, mostrando su confianza en su suegra- que sea lo que fuere que Omina hizo, es por su propio bien. Haz que los estudiantes describan el tipo de relación que tienen con sus mejores amigos o miembros de la familia. ¿Muestran el tipo de relación que compartieron Rut y Omina?
   - Como líder, ¿cómo puede uno mostrar su lealtad hacia su grupo? De Rut y el ejemplo de Omina, ¿cómo puede un líder ganarse la confianza y la lealtad de los demás?

4. Rut 4: 13-17: la lealtad de Rut a Noemí los ayudó enormemente a tener una vida mejor. Ten en cuenta que, en la genealogía, Rut es la bisabuela del rey David. De ella nació el rey más grande de Israel. Ve al capítulo 1 de Mateo. Jesús nació de la línea ancestral de David. Discuta cómo un simple acto de lealtad dio paso a grandes cosas para Israel y para toda la humanidad.

OPCIÓN DE ACTIVIDAD

DIGA LA RELACIÓN DE LA HISTORIA

Materiales: una pelota u otro objeto que se puede pasar por la habitación

Instrucciones: Haz que los estudiantes se sienten en un círculo. Pídeles que cuenten la historia de Rut de principio a fin, así como también recuerden de su lectura asignada. Dale al primer alumno una pelota u otro objeto que pase de un alumno a otro. Haz que ese alumno comience la historia. Después de una oración o segmento, ese estudiante debe pasar el objeto al siguiente alumno, quien luego contará la siguiente parte de la historia. Idealmente, cada estudiante tendrá al menos una oportunidad de contar parte de la historia. Si hay muchos estudiantes, remítalo a una oración cada vez que se les pase el objeto. Si hay pocos, cada alumno puede contar todo un segmento de la historia. En este caso, es posible que el maestro tenga que asentir con la cabeza cuando llegue el momento de pasar el objeto a la siguiente persona.

LECCIÓN 18: LEALTAD

CRONOLOGÍA HISTÓRICA

Es interesante observar que, aunque Rut no era realmente un líder y ni siquiera un Israelita, ¡todo un libro de la Biblia está enfocado en ella! Quizás es porque ella aceptó al Dios de Noemí como propia y se hizo conocida como una mujer virtuosa e íntegra. Al igual que Rahab, la madre de Booz, Rut es un ejemplo de cómo Dios hizo posible que las personas de otras naciones vinieran a él. Ella también se casó con la familia del Rey David. Ella era su bisabuela.

- Rut vivió durante el tiempo de los Jueces, probablemente entre Gedeón y Sansón.
- Prepare un pequeño símbolo, como un paquete de trigo, para representar a Rut y adjuntarlo a la línea de tiempo junto a Gedeón.
- Debajo de la línea, escribe Lealtad y su definición.

¡EXPERIMENTAR!

ACTIVIDADES DE APRENDIZAJE

Deja que los alumnos jueguen " El barco se está hundiendo ". Al final del juego, haz las siguientes preguntas:

- ¿Con quién te mantienes mayormente cuando necesitas agruparte?
- ¿Alguno de ustedes experimentó un alejamiento de un grupo?
- ¿Han atraído a alguno de ustedes para completar un grupo?
- Discute cómo te sentiste en estas situaciones.

A veces nos vemos empujados a situaciones en las que tenemos que elegir a quién acompañar. A veces no nos corresponde a nosotros elegir con qué personas tenemos que ir.

Pero donde sea que estemos o con quien podamos estar, tenemos que mostrar lealtad en lo que hacemos y en las personas con las que trabajamos, siempre y cuando no nos estén haciendo comprometer nuestra lealtad a Cristo.

OPCIÓN DE ACTIVIDAD

ESCRIBE UNA CARTA A RUT

Materiales: papel o papelería, bolígrafos

Instrucciones: Después del Estudio Bíblico sobre Rut, proporciona papel para escribir, tarjetas de notas o artículos de papelería. Pídeles a los estudiantes que imaginen que conocen a Rut personalmente y que ahora quieren escribirle una carta de admiración y aprecio por las cosas que aprendieron de su vida. Sugiérales que le digan a Rut cómo se están postulando o que esperen aplicar lo que han aprendido de ella.

Referencias: Adaptado de Rita Dunn y Kenneth Dunn, Enseñar a los estudiantes a través de sus estilos de aprendizaje individuales: un enfoque práctico. (Reston, Virginia: Reston Publishing Company, Inc., 1978), 78.

APLICACIÓN PERSONAL

Escribe las respuestas a las siguientes preguntas en su diario:

- Según el ejemplo de Rut, ¿qué tipo de lealtad debe tener un cristiano?
- ¿Cómo este tipo de lealtad contrasta con lo que se muestra en películas o en la televisión?
- De todo lo que has aprendido, da tu propia definición de lealtad.

ASIGNACIÓN

1. Escribe el nombre de la persona de la Biblia estudiada, la calidad del personaje de liderazgo enfocado (con su definición) y el versículo clave en su diario.
2. Antes de la lección de la próxima semana, lee 1 Samuel 1 y 2.

19 ANA

RÍNDETE:
Encomiendo mis esperanzas y mis heridas a Dios

¡CONTRATAR!

CULTO
Escrituras sugeridas: Salmo 22:9-11

Canciones sugeridas: Señor, te doy mi corazón (este es mi deseo)

ACTIVIDAD MOTIVACIONAL
- Separa a los estudiantes en grupos (no más de 5). Muestra la palabra "rendición" o "Pagsuko" y déjalos formar un cuadro que ilustre la palabra. Dales 3-5 minutos para una lluvia de ideas. Deja que cada grupo muestre su cuadro uno por uno. Deja que los otros estudiantes (que son espectadores) adivinen la idea que el grupo presentador está retratando.
- Después de las presentaciones, habla de por qué cada grupo pensó en hacer lo que hicieron.

OPCIONES DE ACTIVIDAD

Manga Ana

Materiales: Papel y utensilio de escritura para cada estudiante

Instrucciones:
1. Pide a cada alumno que tome una hoja de papel y un utensilio para escribir. Diles que deben dibujar una historieta de seis cajas que muestre lo que significa la palabra 'rendición'. Aliéntalos a pensar más allá de las ideas de guerra.
2. Enfatiza que el punto no es la habilidad artística, los estudiantes son bienvenidos a ser tan simples o elaborados como quieran.
3. Cuando los estudiantes vuelvan a dibujar que compartan lo que dibujaron.

¡EXPLORE!

PASAJE(S) DE LA ESCRITURA: 1 Samuel 1, 3:18-21

VERSO(S) CLAVE: 1 Samuel 1:27-28

ESTUDIO BÍBLICO
1. 1 Sam. 1: 1-20: repasa la historia de Ana y que los alumnos compartan lo que recuerdan de su tarea de lectura. Discute sobre lo que generalmente oran.
   - Permite que los estudiantes compartan sobre lo que sus oraciones usualmente contienen. ¿Es principalmente suplica (quiero esto, por favor, dale esto, necesito esto)?
   - Ana oró incesantemente por un niño, mostrando su profundo deseo. ¿Por qué has estado orando mucho últimamente? ¿Cuánta confianza pones en Dios cuando oras?

LECCIÓN 19: RÍNDETE

2. 1 Sam. 1:21-28: comenta cómo Ana respondió cuando su oración finalmente fue respondida.

    - Cuando Dios concede su oración, ¿qué hace generalmente al respecto? Hay otras cosas que has hecho además de decir "gracias, Señor"?
    - Discute el acto de rendición de Ana: cuán radical fue para ella devolver algo ¡Dios lo que ella pidió desesperadamente!
    - Hablen sobre cómo la respuesta de Ana es lo opuesto a cómo las personas generalmente responden cuando se les otorgan las solicitudes más esperadas. Comparte momentos en los que le hayan dado algo por lo que haya hecho un gran esfuerzo al pedir. ¿Cómo te sentiste cuando finalmente lo obtuviste?

3. Discute más sobre la rendición. Como cristiano, debemos vivir vidas "entregadas". ¿Qué significa esto para usted? ¿Qué dicen las Escrituras acerca de rendirle la vida a Dios? Lee otros versículos que hablan de él, como Romanos 12:1, etc.

    - Un líder cristiano debe rendirse a las responsabilidades que Dios le ha dado. Habla más sobre esto ¿Cómo puede un líder cristiano rendirse a sí mismo para el servicio de Dios? Relacione esto con la idea de "dedicación".

4. 1 Sam. 3:19-21: Samuel, el hijo dedicado de Ana, finalmente creció para ser el profeta de Dios. Discute cómo el acto de Ana de entregarlo al cuidado completo de Dios podría relacionarse con la forma en que Samuel creció. Aunque Ana no estuvo con Samuel todo el tiempo para criarlo, Ana confió todo a Dios, que cuidaría bien de Samuel en la casa del Señor.

CRONOLOGÍA HISTÓRICA

Ana vivió hacia el final del gobierno de los jueces cuando "todos hicieron como él lo consideró apropiado. "Incluso los hijos de Elí, el sacerdote, estaban viviendo vidas malvadas, abusando groseramente de sus posiciones de liderazgo. Ana y son evidencia de que todavía había personas temerosas de Dios, incluso en ese momento oscuro. Ana debe haber tenido una gran fe para cumplir su promesa y confiarle a su pequeño hijo el cuidado de Elí.

- Prepara un pequeño símbolo, como manos orando, para representar a Ana. Adjúntalo a la línea de tiempo cerca de Sansón.
- Debajo de la línea, escriba Rendición y su definición.

OPCIÓN DE ACTIVIDAD

IDENTIFICACIÓN DEL TEMA BÍBLICO

Materiales: Fotocopia del pasaje de la Biblia para cada alumno y marcador de color (o bolígrafo sería adecuado), pizarra y marcador.

Instrucciones:

Haz que la clase lea el pasaje (1 Samuel 1; 3: 18-21). Haz que cada alumno lea un versículo y continúe dando vueltas por la clase hasta que el pasaje haya terminado.

Pídeles a los estudiantes que digan de qué se trató el pasaje. Escribe sus ideas en la pizarra. Si el tema "rendición" no aparece, ayuda a que los alumnos encuentren este concepto crítico.

Pídeles a los alumnos que vuelvan a leer individualmente el pasaje y subrayen o resalten las partes del pasaje que tratan de la "rendición". Cuando terminen, pida a los miembros que compartan lo que identificaron y por qué.

¡Experimentar!

Actividades de aprendizaje

Haz que los estudiantes formen un círculo. Pon una silla en el medio. Pídales a los estudiantes sacar un objeto que tengan que tiene un profundo valor sentimental para ellos y permíteles hablar un poco acerca de por qué esa cosa significa mucho para ellos. Después de esto, deja que pongan todas esas cosas en la silla. Haz que cierren los ojos y aparten la espalda de la silla. También puedes vendarles los ojos. Apaga las luces para asegurarse de que los alumnos no vean nada. Imagina que están rompiendo las cosas en la silla. Haz ruidos que hagan que los estudiantes piensen que es real. Observa las reacciones de los estudiantes.

Después de eso, enciende las luces y haz que los alumnos miren hacia la silla. Dales sus cosas (que deben estar intactas). Discute lo que cada uno sintió cuando parecía que sus cosas se estaban rompiendo.

Aplicación personal

Escribe en tu diario: "A partir de ahora me rendiré". Completa el espacio en blanco. Ve a un compañero y compartan lo que escribieron el uno con el otro. Oren por los demás y comprométanse a responsabilizarse unos a otros por lo que compartieron.

Opción de actividad

Entrega De Ejercicio De Periodismo

Materiales: Cuadernos de estudiantes o trozos de papel para cada alumno, instrumentos de escritura

Instrucciones: Haz que los estudiantes se sienten en un círculo. Pídeles que cuenten la historia de Rut de principio a fin, así como también recuerden de su lectura asignada. Dale al primer alumno una pelota u otro objeto que pase de un alumno a otro. Haz que ese alumno comience la historia. Después de una oración o segmento, ese estudiante debe pasar el objeto al siguiente alumno, quien luego contará la siguiente parte de la historia. Idealmente, cada estudiante tendrá al menos una oportunidad de contar parte de la historia. Si hay muchos estudiantes, limítalos a una oración cada vez que se les pase el objeto. Si hay pocos, cada alumno puede contar todo un segmento de la historia. En este caso, es posible que el maestro tenga que asentir con la cabeza cuando llegue el momento de pasar el objeto a la siguiente persona.

entrenamiento para skit de títeres

Materiales: marionetas (títeres) o calcetines para cada miembro de la clase

Instrucciones: Repase las instrucciones de títeres a continuación con la clase de antes en el plan de estudios:

Toma tu marioneta y ve a un espejo. Si solo estás usando un calcetín para un títere, puedes decorar el calcetín más tarde para que se vea como un personaje real. No te preocupes por esto ahora ya que solo estás practicando técnicas de marionetas. Usa el pulgar para mover la parte inferior de la boca y los otros dedos para la parte superior de la boca. Usar la mano izquierda suele ser más fácil para títeres.

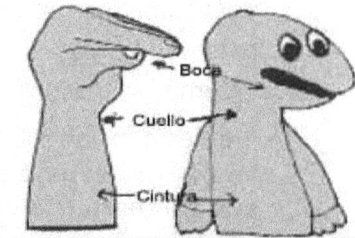

Sostén el títere y practica moviendo la boca mientras hablas. Practica mover tu brazo para hacer que la marioneta tenga movimientos realistas. Algunos

ejemplos son sacudir ligeramente el brazo para mostrar miedo o mover la cabeza de la marioneta hacia arriba y hacia abajo para reír. Recuerda a quién debe estar escuchando o hablando la marioneta y asegúrate de que los ojos de la marioneta se encuentren en esa dirección.

Muchos titiriteros se sentarán detrás de una cortina y sostendrán la marioneta sobre la cortina para hablar. Esto hace que las marionetas se vean más realistas. Practica sosteniendo el títere arriba de tu cabeza y hablando. Esto es mucho más difícil de lo que parece tanto para tu brazo como para tu mano. Asegúrate de que el público no pueda ver tu brazo, sino solo el títere. Asegúrate de que la boca de su títere esté cerrada cuando no estás hablando. ¡A medida que el brazo se cansa, tu títere comienza a inclinarse, a veces solo descansando tu barbilla (su mano) en la barra! Asegúrate de mantener su títere a una altura constante para que tu títere luzca realista.

Practica dramáticamente haciendo la historia con tus títeres. Ten grupos lo suficientemente grandes como para que algunos manipulen a los títeres mientras que otros están mirando y ofreciendo críticas útiles.

Si la lección funciona bien, haz planes para hacer este sketch de marioneta para los niños o incorporarlo en un servicio de adoración.

Referencias: http://www.puppetville.com/puppet_handling_instructions/ (visitado el 10/11/2009) http://www.dragonsaretooseldom.com/puppet-manipulation.html

Asignación

1. Escribe el nombre de la persona de la Biblia estudiada, la cualidad del personaje de liderazgo objetivo (con tu definición) y el versículo clave en tu diario.

2. Antes de la lección de la próxima semana, lee 1 Samuel 3, 7 y 8.

20 Samuel

Audacia:
Tener el coraje de decir la verdad a todos

¡Contratar!

Culto
Escritura sugerida: Salmo 15 o Salmo 40:6-10
Canciones sugeridas: Grita tu fama

Actividad motivacional
- Discute lo que significa ser "pranka" o franco es positivo o negativo? ¿Como te sientes cuando alguien te confronta sin rodeos con algo? ¿Cuál es la diferencia entre audacia y franqueza?

Explore!

Pasaje(s) de la Escritura: 1 Samuel 13:1-14; 15.
Verso(s) clave: 1 Samuel 15:22-23

Estudio Bíblico
1. 1 Sam. 13:1-14; 15:1-23: Comenta primero qué pecados (desobediencia) cometió Saúl. Él tenía buenas intenciones, pero ¿por qué Samuel lo reprendió?
   - Comparte experiencias de momentos en que un amigo o ser querido hizo algo que él pensaba estaba bien, pero para los estándares bíblicos no lo estaba. ¿Qué hiciste al respecto? ¿Pudiste reprenderlo? Si lo hiciste, ¿cómo lo hiciste? Si no, ¿por qué no?
2. 1 Sam. 13:11 y 13; 15:12-23: Al discutir el pasaje, deja que los alumnos hablen sobre su propia manera de reprender o corregir a un amigo o ser querido. ¿Fue efectivo?
   - Samuel fue un profeta a quien Dios usó como mensajero de su verdad. Ser audaz no necesariamente otorga a alguien el derecho de ser carente de tacto y demasiado directo con la confrontación. Comparte tus pensamientos sobre las formas adecuadas de hablar la verdad con amor y preocupación. Haz saber a los alumnos que se recomienda buscar consejo de un líder o dejar que una persona de mayor autoridad o madurez se ocupe de la represión.
   - Observa cómo Samuel dijo "El Señor dice ..." antes de regañar a Saúl. Otro que ser sancionado por Dios como mensajero, la máxima autoridad es la Palabra de Dios. Discute la importancia de la Palabra de Dios al enfrentar las acciones incorrectas de las personas.
3. Concéntrate en 1 Sam. 15:22-23: comparte pensamientos sobre el pasaje.
   - Saúl defendió sus acciones debido a sus buenas intenciones. ¿Hubo momentos que un amigo o ser querido razonó que él o ella tenía buenas intenciones y está buscando la aprobación de sus acciones? ¿Te comprometiste con su razonamiento o no?
4. Relaciona audacia, integridad y responsabilidad. Samuel tenía razón delante de Dios, por lo que pudo señalar los pecados de Saúl. Consulta Mat. 7: 3-5. Habla sobre la importancia de tener integridad y buenas intenciones al reprender.

Lección 19: Audacia

Cronología histórica

- Samuel, un líder piadoso y respetado, fue el último de los jueces. Él también era un sacerdote y profeta A pesar de que creía que Dios debería ser el rey de Israel, fue él quien introdujo la era de los reyes de Israel al unir a Saúl según las instrucciones de Dios. Incluso antes de que terminara el reinado de Saúl, Dios lo había rechazado y había ordenado a Samuel que ungiera al sucesor de Saúl.
  - ▶ Prepara un pequeño símbolo, como un recipiente de aceite para untar, para representar a Samuel. Colócalo en la línea de tiempo al lado del símbolo de Ana.
  - ▶ Debajo de la línea de tiempo escribe Audacia y su definición.

Opciones de actividad

¿Adivina Quién?

Materiales: Trozos de papel con nombres de personajes de la Biblia (ver a continuación) pequeños tokens como premios

Instrucciones: Divide a los estudiantes en dos grupos. Un representante de cada grupo dibujará un trozo de papel con un personaje de la Biblia escrito en él. Él o ella debe representar al personaje dado, actuando de tal manera que su grupo pueda adivinar quién es. Si el grupo adivina correctamente, gana un punto.

Pero si no, el otro grupo tendrá la oportunidad de "robar" al intentar adivinar. Diferentes representantes de cada grupo se turnarán para dibujar un pedazo de papel y retratar a los personajes. El grupo que gane más puntos será declarado ganador.

Ejemplos de personajes:

Profeta Elías	Esteban	Profeta Natán
Profeta Samuel	Jesús	Noé
Moisés	David	
Juan el Bautista	Pablo	

Línea De Vida

Materiales: Pedazos de papel bond, marcadores o crayones

Instrucciones: Cuenta la historia de un héroe de la Biblia (por ejemplo, Samuel). Diles a los alumnos que creen la "cuerda de salvamento" de Samuel trazando líneas continuas para representar un momento significativo en su vida. El salvavidas puede incluir líneas rectas, líneas curvas, espirales, giros cerrados, círculos y cualquier otra cosa que los estudiantes puedan imaginar. Se pueden usar símbolos, palabras y diferentes colores para indicar eventos o sentimientos específicos. El único requisito de un salvavidas es que debe tener un comienzo claro (que representa el nacimiento de la persona) y el final (la muerte de la persona).

Da a los jóvenes de 10 a 15 minutos para dibujar la cuerda de salvamento. Luego, forma grupos pequeños de no más de cinco miembros y describe la línea de vida y toma turnos para contestar las preguntas de discusión.

Preguntas de Discusión:

- ▶ ¿Qué dice esto acerca de la vida de Samuel?
- ▶ ¿En qué parte de la línea de vida de Samuel ves a Dios trabajando en tu vida?
- ▶ ¿Cómo fue esta experiencia positiva o negativa para él?
- ▶ ¿En qué parte de la línea de vida de Samuel puedes encontrar semejanza con la tuya?
- ▶ A través de la vida de Samuel, ¿qué aprendiste sobre Dios, sobre la vida, tú y otros?
- ▶ ¿En qué aspectos de la vida de Samuel quieres o no quieres imitar?

Adaptado de la fuente: Rydberg, Denny. "TrustBuilders" Group Publishing Inc., Loveland, Colorado 1993 p. 70

¡EXPERIMENTAR!

ACTIVIDADES DE APRENDIZAJE

- ■ La audacia al hablar la verdad no solo es para reprochar sino también para expresar la verdad en todos los aspectos de la vida.
- ■ Prepara pequeños trozos de papel o una lista de situaciones que requieren la exposición de la verdad de Dios. Brinda a cada alumno una situación y déjalos pensar y hablar sobre cómo lo manejarían.

APLICACIÓN PERSONAL

- ■ Leer Mat. 7: 3-5. ¿Qué dice esta escritura acerca de confrontar a los demás?
- ■ Piensa en situaciones en tu propia vida que necesitas corregir con Dios antes de poder abordar los problemas en las vidas de los demás. Tómate el tiempo para la oración y la confesión. Escribe tus reflexiones en tu diario.

ASIGNACIÓN

1. Escribe el nombre de la persona de la Biblia estudiada, la calidad del personaje de liderazgo dirigido (con su definición) y el verso clave en tu diario.
2. Lee 1 Samuel 16-17 en preparación para la lección de la semana siguiente

21 DAVID - PARTE 1

CORAJE:
Cumpliendo con mis responsabilidades a pesar de mis temores.

¡CONTRATAR!

CULTO
Escrituras sugeridas: Salmo 23

Canciones sugeridas: Tú eres Mi Lugar Oculto, Mi Fortaleza Está En Ti, Señor

ACTIVIDAD MOTIVACIONAL
- Pregunta a los alumnos qué creen que hace que una persona sea valiente. Si es posible, cita situaciones de evacuación que conozcas en las que participen los alumnos. Solicita respuestas y luego deja que declaren sus razones. Después, que los estudiantes vuelvan a contar o dramaticen la historia de batalla de David y Goliat que deberían haber leído esta semana.

OPCIONES DE ACTIVIDAD

BOMBA DE GLOBO

Materiales: Globos, chinchetas

Instrucciones:
1. Divide la clase en dos grupos sin ninguna explicación.
2. Pídele a dos estudiantes, uno de cada grupo, que hagan estallar un globo tan rápido como puedan.
3. Pídele a los grupos que se alineen para comenzar el juego de relevos. El globo debería pasar de una persona a la siguiente. El que está sosteniendo la bomba del globo grita: "Cumpliendo con mis responsabilidades a pesar de mis temores", y luego se lo pasa a la siguiente persona.
4. Mientras tanto, el instructor y un asistente intentan reventar los globos con los marcadores. El equipo con el balón intacto cuando llegue al final de la línea gana.

¡EXPLORAR!

PASAJE(S) DE LA ESCRITURA: 1 Samuel 17

VERSO(S) CLAVE: 1 Samuel 17:45

ESTUDIO BÍBLICO
1. V. 1-11: lee el pasaje y comparte pensamientos sobre la situación que los israelitas estaban adentro. Poniéndose en el lugar de los israelitas:
   - ¿Qué podría haber sentido al ver a un oponente tan poderoso?
   - ¿Qué problemas o situaciones grandes, intimidantes y abrumadoras tienes últimamente, o has pasado? ¿Qué pensaste y sentiste cuando observaste el problema o la situación frente a ti?

2. v. 12-22: David tuvo la humilde tarea de cuidar ovejas para su padre. También fue un "chico de los recados" que hizo otras tareas para su padre. Considera la clase de humildad que David vivió y reflexiona sobre ella en relación con los versículos 23-27:
   - Compara la reacción del ejército israelita con la de David en respuesta a la de Goliat gritando de desafío David fue muy audaz en sus declaraciones sobre Goliat. En su humildad, tuvo coraje.
3. v. 28-29: Eliab malinterpretó las intenciones de David. Comparte instancias en las que mostrar cierta audacia al enfrentar una situación ha llevado a otros a pensar mal sobre ti.
4. v. 30-37: comenta cómo David le dijo a Saúl acerca de su capacidad en la batalla.
   - Si fueras Saúl, ¿hubieras pensado que las experiencias de David fueron suficientes para él para hacer una batalla real?
   - Observa cómo sus experiencias previas contribuyeron al desarrollo de su valor. Reflexiona sobre cómo Dios nos "edifica" al permitirnos enfrentar pruebas de un grado creciente para prepararnos para problemas mayores en el futuro. Comparte algunos desafíos pasados que crees que te han ayudado a ser más fuerte como persona.
5. v. 38-44: David eligió usar lo que era más "cómodo" en la batalla. Habla sobre lo que significa que te sientes cómodo para enfrentar grandes problemas. ¿Usualmente funciona?
   - Dios no requiere formas "llamativas" para que ganemos batallas personales. Él nos quiere para asumirnos tal como somos.
6. v. 45-47: Reflexiona sobre la valiente respuesta de David a Goliat. ¿Qué dice esto acerca de cómo nosotros, como cristianos, deberíamos lidiar con grandes y temibles problemas? ¿Qué dijo David sobre su arma "no tan secreta"?
7. v. 48-54: Discute lo siguiente:
   - Compara las tácticas de batalla de David y Goliat. Discute qué tan inmensamente opuestos son los dos como luchadores.
   - Comparte momentos de sentirse como un David enfrentando a un cierto Goliat.
   - Comparte ejemplos de cómo depender de la fortaleza de Dios y de salir victorioso en una batalla personal.
8. v. 55-58: Saúl repentinamente sintió curiosidad por David. Él podría haber pensado que David era un luchador entrenado de algún clan prominente. Discute la introducción de David sobre sí mismo en el último versículo.
   - Conecta la dependencia divina, la humildad y el coraje de esta historia de David.

Opciones de Actividad

Entrevista Con Un Héroe

Materiales: Videocámara, micrófono, otros accesorios

Instrucciones:
1. Pídeles a los alumnos que contribuyan con preguntas que les gustaría hacerle a David si lo hubieran entrevistado después de su confrontación con Goliat.
2. Escribe cada pregunta en la pizarra blanca.
3. Elige un estudiante para que actúe como David y permite que el resto de los estudiantes sean reporteros.
4. Pídeles a tus alumnos que se animen y den ejemplos. Discute cómo un líder puede cumplir con sus responsabilidades a pesar de los temores.

LECCIÓN 21: CORAJE

ENTREVISTA CON UN HÉROE

Materiales: Fichas y bolígrafos

Instrucciones:

1. Selecciona varios versículos de las Escrituras de 1 Samuel 17, algunos familiares y otros no tan familiares.
2. Escribe la mitad del versículo en una carta, la otra mitad en el otro. Reúne suficientes tarjetas para cubrir la asistencia esperada más algunos extras, pero asegúrese de que se distribuyan ambas tarjetas para cada verso.
3. Distribuye estas tarjetas al comienzo de la clase, una por persona.
4. Pídele a sus alumnos que encuentren quién tiene la otra mitad del versículo

Adaptado de: Conexiones de fe diciembre / enero / febrero (Kansas City: Wordaction, 2006-7), P47

CRONOLOGÍA HISTÓRICA

- En el momento de este incidente con Goliat, Dios ya había rechazado a Saúl como rey y Samuel había ungido en secreto a David como el próximo rey. Aunque Saúl no sabía esto de David, sí sabía lo que Samuel le había dicho sobre su propio reinado (ver 1 Sam. 15:28). La amenaza de perder su reino y la victoria de David ese día, incluida la posterior popularidad que produjo, hizo que Saúl se volviera locamente celoso de David. Saúl se volvió cada vez más inestable, pero pasaron años antes de que David realmente tomara el trono. Ver 1 Crón. 10: 13-14 para el desafortunado epitafio de Saúl.
- Prepara un pequeño símbolo para representar a David, como un cabestrillo o una corona, y conéctalo a la línea de tiempo al lado de Samuel. Debajo del símbolo escriba 1000 a.C., el tiempo aproximado en que David se convirtió en rey.
- Debajo de la línea escribe Coraje y su definición.

¡EXPERIMENTAR!

ACTIVIDADES DE APRENDIZAJE

Reflexiona sobre las cosas que los estudiantes compartieron durante la Actividad Motivacional.

Pregúnteles a los estudiantes si su perspectiva sobre el coraje podría haber cambiado a la luz de lo que aprendieron en la lección sobre David.

APLICACIÓN PERSONAL

Piensa en las experiencias que has tenido que requieren coraje. Escribir sobre ellos en tu diario Durante la semana, toma nota de las oportunidades que tiene para ejercitar coraje y escribir sobre cómo respondió a cada oportunidad.

22 David - Parte 2

Arrepentido:
Me arrepiento y me aparto de mi pecado

¡Contratar!

Culto

Escrituras sugeridas: Salmo 51

Canciones sugeridas: Crea en mi un corazón puro

Actividad motivacional

- Proporcione a cada alumno una hoja de papel. Pídales que escriban en el papel cosas en sus vidas que, según las Escrituras, no agradan a Dios. Diles que se lo guarden para sí mismos hasta el final de la clase. Comienza la lección pidiéndoles que definan la palabra arrepentido.

Opciones de actividad

Definición de la situación

Instrucciones:

- El objetivo es que los estudiantes compartan lo que piensan sobre el significado de arrepentimiento El maestro debe haber preparado varias situaciones o historias cortas que pueden o no mostrar la idea del arrepentimiento.

- Después de leer una situación, el profesor puede elegir a los estudiantes para responder o pedir a cualquier persona que indique si la situación mencionada habla sobre el arrepentimiento. El maestro puede pedirle al alumno que explique por qué cree que la situación leída muestra o no la idea de arrepentimiento. A partir de las breves discusiones, trata de resumir lo que los estudiantes generalmente piensan sobre lo que significa el arrepentimiento.

Situación de muestra:

- Gina y Sarai fueron amigas de la infancia. Durante la secundaria, cada una encontró un grupo diferente de amigos para pasar el rato. Pero a pesar de esto, todavía se consideraban amigas cercanas. Antes de graduarse de la escuela secundaria, Sarai descubrió que una historia infantil embarazosa sobre ella se estaba extendiendo entre sus compañeros de clase. Inmediatamente concluyó que solo Gina podría ser la fuente ya que ella era su único enlace de la infancia en la clase. De repente, Sarai se volvió indiferente a Gina y nunca le habló, incluso hasta que fueron a la universidad en diferentes universidades. Sarai no hizo nada para aclarar las cosas con Gina, ya que tenía miedo de cualquier confrontación.

LECCIÓN 22: ARREPENTIDO

GANE ALREDEDOR

Materiales: Papel o papelitos para escribir preguntas

Instrucciones:

Preparación:

Prepare varias preguntas o tareas para que los estudiantes respondan o hagan. Las preguntas podrían estar relacionadas con las lecciones anteriores o con hechos ordinarios. Sería más divertido incluir preguntas trucadas solo para confundir a los jugadores. Las tareas o desafíos podrían mezclarse con las preguntas para que los estudiantes no supieran qué podrían obtener. Las preguntas pueden leerse a los jugadores o escribirse en pequeños trozos de papel para que dibujen.

▶ Las siguientes son preguntas y tareas de muestra:
- ¿Quién fue el 3er presidente del país?
- ¿Cuántos enanos hay en la historia de Cenicienta?
- Salta 3 veces, toca tu nariz y luego dobla el codo izquierdo.
- Si un tren bala se dirige al oeste, ¿cuál sería la dirección de su humo?
- ¿Cuál es el inglés de la papa?
- Encuentra algo azul y dáselo a alguien vestido de blanco.
- ¿Cuántos meses tienen 28 días?
- ¿Qué pesa más, un kilo de algodón o un kilo de piedras?
- Choca los 5 con una persona cuyo nombre tenga dos A (nombre y apellido)

Juego real:

1. Haz que los estudiantes se dividan en dos equipos y luego formen dos líneas.
2. Coloca dos sillas a unos pocos pies de la primera persona de cada grupo. Si se van a usar trozos de papel, coloca la misma cantidad de preguntas en dos bolsas separadas o en recipientes y colócalas encima de cada silla. (Si no, simplemente haz que alguien, muy probablemente el facilitador o el maestro, se pare entre las sillas para leer la tarea o pregunta).
3. Indica a los jugadores que cuando se les indique que comiencen, los primeros jugadores en la línea deben correr hacia las sillas, elegir un trozo de papel, leerlo y responder la pregunta o realizar la tarea escrita. La otra opción es que al primero en llegar al presidente designado se le haga una pregunta o se le pida que haga una tarea.
4. Cuando un jugador responde incorrectamente o hace una tarea incorrecta, él o ella necesita dar vuelta alrededor de 3 veces y luego elegir otra pregunta o tarea. El jugador seguirá girando hasta que haga algo bien o responda correctamente.
5. El equipo que tiene a todos los miembros de su grupo termina primero gana. Se puede aplicar una presión de tiempo como el grupo que tiene la mayoría de las preguntas y tareas hechas correctamente dentro de un período de tiempo gana.

Discusión:
- Arrepentirse significa "dar la vuelta". Este juego literalmente te hizo dar la vuelta, pero para esta lección, aprenderemos sobre el tipo de cambio de un pecado cometido.
- El juego podría haberte dejado bastante mareado. David debe haber experimentado algo de una experiencia vertiginosa mientras luchaba con su pecado. ¿Qué hace que el arrepentimiento sea un acto de "vuelta"?

¡Explorar!

Pasaje(s) de la Escritura: 2 Samuel 12
Verso(s) clave: 2 Samuel 12:13-14

Estudio Bíblico

1. v. 1-10: Discuta el uso de Natán de una historia introductoria para explicar el pecado a David. David, al principio, no se dio cuenta de que la historia era sobre él, e incluso se condenó a sí mismo en la historia.
    - Habla de cómo a veces creemos que nuestro pecado parece pasar desapercibido para Dios ya que no está pasando nada malo por eso.
    - Comparte incidentes en los que te has confrontado por alguien acerca de su pecado y fue solo entonces que te diste cuenta de la gravedad de lo que hiciste.

2. v. 11-14: comparte pensamientos sobre la respuesta de David a la represión de Natán:
    - ¿Cuál es tu reacción normal cuando alguien te reprende?
    - ¿Es difícil o fácil admitir los pecados de uno? ¿Por qué? ¿Cuánto tiempo te toma generalmente admitir? Permite que los estudiantes compartan sus propias historias de ser reprendido.
    - ¿Qué tiene que ver la humildad con el arrepentimiento?
    - ¿Cómo definirías o describirías el arrepentimiento?

3. v.15-23: El arrepentimiento en realidad no significa que habrá una exención de las consecuencias.
    - ¿Por qué las consecuencias permanecen a pesar del arrepentimiento?
    - ¿Cuál fue la reacción de David hacia la consecuencia de su pecado?
    - Habla y reflexiona sobre lo que David pasó antes y después de la muerte de su hijo.
    - Enfócate en el versículo 22-23: ¿Tiene sentido la razón de David para no tener luto? Discute más sobre esto.

4. 4. v. 22-31: Dios bendijo a David después de su arrepentimiento y aceptación de la consecuencia. Esta es una demostración del amor y la gracia de Dios.
    - Habla acerca de cómo Dios continúa con sus bendiciones después de una caída espiritual.
    - Haz que los alumnos compartan momentos cuando sintieron la bondad de Dios después de arrepentirse y fueron perdonados.

Opción de actividad

Discusión Del Salmo

Materiales: Biblias

Instrucciones:

1. Pide a los alumnos que entreguen sus Biblias al Salmo 32. Dales algo de tiempo para que lo lean. Continúa la discusión mientras te refiere al pasaje.
    - El Salmo 32 probablemente fue escrito por David como una expresión de sus sentimientos después de ser reprendido por Natán.
2. Los siguientes pueden ser puntos de discusión:
    - ¿Qué cosas dijo el salmo sobre la idea del arrepentimiento?

Lección 22: Arrepentido

> - Al leer el salmo, ¿qué emociones podrían haber entrado en juego cuando estaba siendo escrito (suponiendo que sea de David)?
> 3. Permite que los estudiantes recuerden los momentos en que fueron confrontados con sus pecados y tuvieron problemas con ello. Encuentre sentimientos similares que el salmo expresa a las experiencias personales de los estudiantes.

Cronología histórica

- Lee 1 Crónicas 17: 7-14. Aquí vemos a Dios haciendo una profunda promesa de David: ¡uno de sus descendientes, a través de Salomón, permanecería en el trono para siempre! ¿Cómo podría ser esto? Dios estaba continuando el cumplimiento de su promesa a Abraham, Isaac y Jacob, que a través de su línea familiar, todas las naciones serían bendecidas. Esta promesa a David prefiguró la venida del Rey de Reyes que reinaría para siempre. Es por eso que, cientos de años después, el pueblo de Israel todavía esperaba que el Mesías viniera de la línea familiar de David (ver Mateo 12:23).

- No se necesita ningún símbolo adicional para la lección de esta semana, sino que se agrega a la línea de tiempo la calidad del carácter de Arrepentimiento y su definición.

¡Experimentar!

Actividades de aprendizaje

1. Pídeles a los estudiantes que cuenten cosas que ven a su alrededor que han sido el resultado de cometer pecados (por ejemplo, VIH / SIDA, embarazo no deseado, enfermedad hepática por consumo excesivo de alcohol, etc.)

2. Ahora pídeles a los estudiantes que saquen los documentos que tienen desde el comienzo de la clase. Esta puede ser una oportunidad maravillosa para permitirles hablar con Dios y darse cuenta del significado de la humildad y el arrepentimiento. Puedes quemar los papeles o simplemente rasgarlos y luego puedes hacer que oren por parejas y luego por grupo.

Opciones de actividad

Lección de arrepentimiento

Materiales: Tijeras, cortador, cuchillo pequeño, pedazo de papel crujiente, cinta transparente, hilo, pegamento y otros adhesivos disponibles Band-Aid (apósito adhesivo)

Instrucciones:

1. Pasa los objetos filosos a los estudiantes. Mientras tocan los objetos, diles que intenten imaginar lo que se siente al ser cortado por cualquiera de los objetos. Deja que los estudiantes hablen sobre el dolor que uno puede sentir y los casos en los que han sufrido algún tipo de herida o corte. Después de eso, recoge los objetos filosos.

2. A continuación, coloca los diferentes adhesivos. Pregúntales si alguna de estas cosas funcionaría bien para detener una herida o cortar el sangrado. Deja que los estudiantes discutan las posibilidades humorísticas. Luego pregúntales qué sería lo apropiado para cubrir cortes o heridas para primeros auxilios.

3. Muéstrales la tirita. Diles que el dolor físico tiene muchas similitudes con el dolor espiritual causado por el pecado.

4. Dibuja y escribe esto en la pizarra o publícalo:

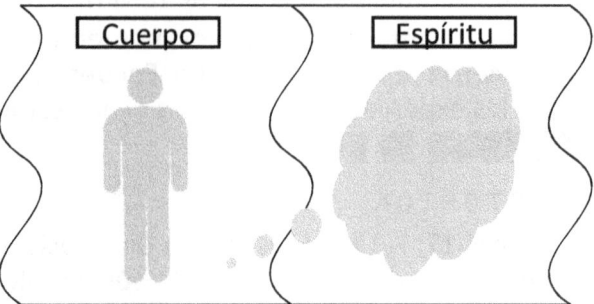

5. Pregunta lo siguiente para ayudar a los estudiantes a completar la tabla de similitudes.
   Para el cuerpo:*
   ▸ ¿Qué sientes cuando te cortan o hieren? (dolor)
   ▸ ¿Qué se debe hacer para detener el sangrado y el dolor? (usa un vendaje)
   ▸ ¿Qué sucede cuando se aplican primeros auxilios? (curación)
   ▸ ¿Qué se aprendes después de haber sido herido? (aprende a ser cuidadoso / no hacerlo de nuevo)

   Las preguntas sobre esta sección se tomaron directamente de la fuente: Family House Evening Planner. Arrepentimiento Objeto Lección y canción, de: http://fheplanner.blogspot.com/search/label/Repentance

   Para el espíritu:
   ▸ Cuando uno comete pecado, ¿qué es lo primero que le sucede a una persona cuando es declarado culpable? (Realice la culpa / sienta pena)
   ▸ Después de darse cuenta de la culpa, ¿qué debería uno hacer? (pedir perdón)
   ▸ ¿Qué se debe hacer con las consecuencias del pecado? (arreglar el problema)
   ▸ ¿Qué debe hacer una persona con la lección que aprendió del pecado? (resistir el pecado)

6. Permite que los estudiantes escriban la tabla en su diario. Una opción sería simplemente dar los siguientes pasos al arrepentimiento:
   ▸ "Me doy cuenta cuando he hecho mal".
   ▸ "Pido ser perdonado".
   ▸ "Soluciono el problema lo mejor que puedo".
   ▸ "Resisto el pecado una y otra vez."

7. Continúe la discusión refiriéndose a la historia de arrepentimiento de David.

Referencia: Adaptado del Family Nighting Planner. Arrepentimiento Objeto Lección y canción, de: http://fheplanner.blogspot.com/search/label/Repentance; accedido el 12 de septiembre de 2009.

APLICACIÓN PERSONAL

■ Escribe en tu diario tus experiencias de arrepentimiento y el perdón de Dios. Reflexiona sobre la importancia del arrepentimiento en el liderazgo. (Asegúrales que esto será personal y no debe compartirse con el grupo a menos que lo deseen).

ASIGNACIÓN

1. Escribe el nombre del personaje Bíblico estudiado, la calidad del liderazgo del personaje dirigido (con tu definición) y el verso clave en tu diario.
2. Lee 1 Reyes 2: 1-12 y 2 Crónicas 1 en preparación para la lección de la próxima semana.

23 SALOMÓN

BUSCADOR DE SABIDURÍA:
Deseando el regalo de la sabiduría divina para una vida exitosa

¡CONTRATAR!

CULTO

Escrituras sugeridas: Proverbios 1:1-9 o Job 28:12-28

Canciones sugeridas: Dios de Jacob (Danos las manos limpias)

ACTIVIDAD MOTIVACIONAL

- Prepara una actividad en la cual los estudiantes tendrán que elegir la respuesta correcta. Intencionalmente haz las declaraciones vagas si es posible o comienza con una simple prueba de 1 Reyes 3: 1-15:

1. Salomón amaba
   a. Baal   b. El Señor   c. Molech

2. El padre de Salomón fue
   a. El Rey Saúl   b. Rey Acab   c. Rey David

3. ¿A dónde fue el rey Salomón para hacer su sacrificio?
   a. Jerusalén   b. Edén   c. Gabaón

4. El Señor se le apareció a Salomón en un(a)
   a. sueño   b. visión   c. nube

5. Dios le dijo a Salomón
   a. "Arrepiéntete de tus pecados".   b. "Pide qué te daré".
   c. "Quítate los zapatos."

6. Salomón pidió
   a. un corazón comprensivo   b. una larga vida   c. mucho dinero

7. La petición de Salomón
   a. hizo enojar al Señor   b. complació al Señor   c. hizo reír al Señor

8. El Señor le dio a Salomón
   a. riquezas y honor   b. un corazón sabio y comprensivo   c. ambos a & b

9. Cuando Salomón se despertó, ¿adónde fue para hacer ofrendas al Señor?
   a. Jerusalén   b. Edén   c. Gabaón

Accedido desde http://www.childrenschapel.org/biblestories/solomonmc.html

Opción de actividad

Juego De Datos Sabiduría / Conocimiento

Materiales: 2 hojas grandes de papel (Manila o papel de carnicero), 2 marcadores

Instrucciones: Divide la clase en dos grupos y entrega a cada grupo una hoja grande de papel y un marcador. Pídele al primer grupo que enumere todas las reglas de las citas, las cosas que debe y no debe hacer. Pídele al segundo grupo que le dé instrucciones a una persona que nunca ha tenido una cita de principio a fin, incluida la forma de responder. Deles tiempo a los grupos para que hagan una lluvia de ideas.

Que cada grupo comparta sus resultados. Luego, que dos estudiantes representen la situación con la narración del instructor, comenzando con la lista del primer grupo. Como la lista no está en un orden, será divertida, incómoda y no funcionará. Luego que el grupo represente la lista del segundo grupo.

Pídele al grupo que analice la diferencia entre las dos listas. No es necesario que identifiquen específicamente la sabiduría o el conocimiento.

Casa De Tarjetas

Materiales: Cualquier baraja de cartas, o fichas gruesas de cartulina o fichas.

Instrucciones: Divide a los estudiantes en grupos de 3-4.

▶ Saca una baraja de cartas. Debería ser una baraja relativamente nueva: vieja, endeble, las cartas que están arrugadas y dobladas no les irá bien, pero tampoco lo harán con un mazo resbaladizo completamente nuevo; ver consejos. Un diseño interesante por lo general agrega un toque agradable también.

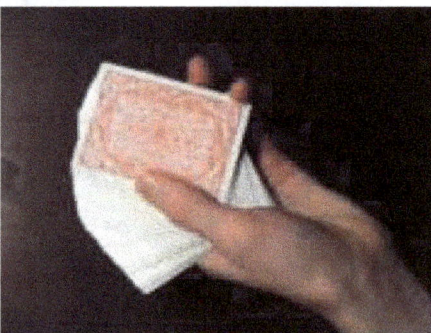

▶ Selecciona 2 cartas del mazo. Colócalos de manera que queden separados unas 2 pulgadas (5 cm) entre sí en la base y apóyalas en una "V" invertida. El "/ \", o ápice, debe equilibrarse independientemente cuando se coloca en la superficie.

Consejos:

▶ Jugar a Las cartas de tamaño estándar funcionan mejor.

▶ Intenta lamer los bordes de tus cartas antes de colocarlas en un ápice, pero no los empapes, porque, por supuesto, no funcionarán.

▶ Si sus tarjetas se deslizan mucho contra otras cartas, es posible que sus cartas sean demasiado nuevas o no se usan. Las cartas nuevas tienen bordes muy delgados que no se pegan bien. Intenta desgastar ligeramente los bordes de la tarjeta, pero no los rasgues.

▶ Abstenerse de respirar fuerte al construir la torre de su tarjeta.

▶ Si tiene un amigo que está dispuesto a ayudar a construir tu torre de tarjetas, eso es genial. A medida que intenta construir torres de cartas más altas, es útil que alguien

LECCIÓN 23: BUSCADOR DE SABIDURÍA

- abra los puntos que ya están construidos en la fila en la que se encuentra.
- ▶ Las tarjetas de índice funcionan mejor que las cartas porque no son suaves ni pulidas.
- ▶ Sé paciente! Si apresuras las cosas, podrías hacer que se caiga o construir bases débiles.
- ▶ ¡Intenta respirar hacia un lado para no derribar la torre de tu tarjeta!

Referencias: http://www.wikihow.com/Build-a-Tower-of-Cards#Tips

EXPLORE!

PASAJE(S) DE LA ESCRITURA: 1 Reyes 3, 4:29-34, 10:23-11:1-13

VERSO(S) CLAVE: 2 Crónicas 1:10 (Santiago 1:5)

ESTUDIO BÍBLICO

1. 1 Reyes 3:1-15: Discuta la fidelidad de Salomón a Dios:
   - ¿Cómo mostró Salomón su amor por Dios? (verso 3)
   - ¿Cuál es la razón por la cual Dios le pidió a Salomón que pidiera cualquier cosa que quisiera?
   - La situación de Salomón podría ser como la de Aladino. Si te dijeran que podrías pedir por cualquier cosa que desees, ¿qué dirías?
   - Discute la respuesta de Salomón a Dios. ¿Tomó la decisión correcta? ¿Era lógico o ilógico que pidiera sabiduría?
   - Dios estaba satisfecho con la respuesta de Salomón. ¿Por qué crees que lo estaba?

2. 1 Reyes 3:16-28: habla sobre cómo el pasaje habla de la sabiduría de Salomón.
   - ¿Qué significa la palabra "sabiduría" para ti? Permite que los estudiantes lo traduzcan a una Palabra filipina y que expliquen por qué eligieron esa palabra.
   - Del pasaje, ¿qué podría significar la sabiduría?
   - Ch. 4:29-34: El pasaje muestra la extraordinaria sabiduría de Salomón. De esta descripción, piensa en personas de la edad moderna (incluidos los primeros científicos y filósofos) que parecen poseer este tipo de sabiduría.
   - ¿Cómo se puede definir la sabiduría a partir de este pasaje?
   - Habla sobre cómo Solomon usó su sabiduría. (Ver también Ch. 10: 23-29)

3. 1 Reyes 11:1-8: ¿Cuál fue el precio de la sabiduría de Salomón? ¿Cómo se puede usar una habilidad dada por Dios en el pecado?
   - Habla sobre cómo la sabiduría le da fama, la fama trae orgullo y luego lleva a la desobediencia contra Dios
   - Discute cómo el abuso de los talentos y habilidades dados por Dios conduce al pecado. Compartir sobre personas que conoces (sin necesidad de usar nombres) o personalidades famosas que parecen abusar de su sabiduría y poder.

4. 1 Reyes 11:7-13: ¿Cuál fue la consecuencia de la desobediencia de Salomón?
   - Permite que todos compartan libremente sus pensamientos sobre la historia de Salomón.
   - ¿Qué lecciones valiosas se pueden aprender de él?

Opciones de actividad

Carta a Salomón

Materiales: Instrumento de escritura y papel para cada estudiante.

Instrucciones: Después de leer los pasajes de las Escrituras y tener alguna discusión, que los alumnos tomen un utensilio de escritura y papel y escriban una carta a Salomón. En esta carta deben decirle a Salomón qué piensan de su situación y por qué. Deben decirle dónde comenzó a equivocarse y sugerir formas de corregir la situación.

También deben compartir con Salomón un lugar en sus vidas donde necesitan sabiduría para tomar buenas decisiones.

Cronología histórica

- Si lees toda la historia de Salomón, descubrirás que fue un asombroso administrador. No solo logró una hazaña increíble en la construcción del templo; fue capaz de organizar personas y recursos para que todo el país experimentara una gran prosperidad durante su reinado. El pecado de Salomón llevó a la división de la nación y todo comenzó a desmoronarse inmediatamente después de su muerte. A pesar del fracaso de Salomón, Dios mantuvo su promesa a David. El hijo de Salomón, Roboam, y sus herederos reinó sobre dos de las 12 tribus y continuó la línea de David.
- Prepara un pequeño símbolo, como una imagen del templo, para representar a Salomón. Colócalo en la línea de tiempo al lado del símbolo de David. Justo después del símbolo de Salomón, escribe Reino dividido verticalmente y pon la fecha 930 aC. en la línea de tiempo
- Debajo de la línea de tiempo, escribe Buscador de Sabiduría y su definición.

¡Experimentar!

Actividades de aprendizaje

1. Haz que los estudiantes comparen sabiduría y conocimiento. Escribe sus definiciones y distinciones en la pizarra o papel grande. ¿Cómo es cada uno importante en la vida de un líder? Considera la afirmación: conocimiento que puedes obtener en la escuela, pero la sabiduría proviene de Dios.
2. Prueba una prueba simulada para un problema real de la comunidad. Haz que dos partes debatan el tema y lleguen a una decisión. Discute las dificultades de saber lo que se debe hacer. Oren juntos por la sabiduría para resolver el problema, luego tomen medidas.

Aplicación personal

Haz que los estudiantes se dividan en grupos pequeños y discutan las situaciones en sus propias vidas para las cuales necesitan pedir sabiduría a Dios. Haz que una persona de cada grupo informe a todo el grupo. Que una persona represente al grupo en una oración por sabiduría.

Lección 23: Buscador de sabiduría

Opciones de actividad

Actividad De Escritura Confesional

Materiales: Pedazos de papel, Utensilios de escritura para cada alumno, Partidos o algún iniciador de fuego, Un lugar donde se puede hacer un pequeño incendio de forma segura

Instrucciones:

1. Pregunta a los alumnos: "¿Qué le pidió Salomón a Dios? ¿Fue fiel en usar ese don? ¿Por qué sí o por qué no?"

2. Pregunta: "¿Qué dones y talentos te ha dado Dios? ¿Estás usando esos positiva o negativamente? ¿Alguna vez te cuesta tomar buenas decisiones en la vida? Todos enfrentamos situaciones como Salomón en las que usamos los dones que Dios nos ha dado en formas positivas para la construcción de la vida o formas negativas que destruyen la vida ".

3. Pide a los alumnos que se tomen un momento para pensar y orar, y pídele a Dios que les muestre los lugares en sus vidas donde toman malas decisiones o que no están usando plenamente los dones que Dios les ha dado para glorificar a Dios y ayudar a otros. Luego que los estudiantes escriban estas luchas en un pedazo de papel y lo doblen.

4. Lleva la clase y los pedazos de papel a un lugar donde puedas hacer un pequeño fuego con seguridad (podría ser bueno hacer esta parte de la lección en ese lugar ya). Y di: "Del mismo modo que Dios escuchó la petición de Salomón y le dio sabiduría, nos escucha cuando le pedimos ayuda y sabiduría en nuestras vidas para tomar buenas decisiones y vivir correctamente". Pide a los alumnos que preparen sus papeles en una pila y prendan la luz los papeles en llamas.

5. Haz que el grupo se pare en un círculo y se tome de la mano (si es apropiado o efectivo) y cante una canción de dedicación juntos (es decir, manos de Potter). Haz que un alumno dé una oración de cierre.

Asignación

1. Escribe el nombre de la persona de la Biblia estudiada, la calidad del personaje de liderazgo dirigido (con su definición) y el verso clave en tu diario.

2. Lee 1 Reyes 17: 1-18: 15 en preparación para la lección de la próxima semana.

24 ELÍAS

CELOSO:
Apasionado por la gloria del único Dios verdadero

¡CONTRATAR!

CULTO
Escrituras sugeridas: Romanos 12:9-16
Canciones sugeridas: Rey de Majestad; Días de Elías

ACTIVIDAD MOTIVACIONAL

- Comienza pidiendo a los alumnos que definan la palabra celoso y compartan sus opiniones sobre eso. Luego dales la definición del diccionario.

- Comparte historias de personas que han sido celosas por una variedad de razones. Cita, por ejemplo, héroes famosos que han sido celosos por el país y discutan brevemente lo que hicieron para mostrar su celo. (Permite que los alumnos también compartan lo que pueden recordar de su clase de estudios sociales). Ahora, relaciónalo con la lección sobre celo espiritual y dales la definición anterior.

OPCIONES DE ACTIVIDAD

DEFINICIÓN DE CELOS
Materiales: Una variedad de diccionarios o hojas de papel o tarjetas 3x5 con definiciones de la palabra entusiasta de varias fuentes escritas en ellas, una definición por tarjeta.

▶ Usa al menos dos diccionarios de inglés diferentes (puede usar fuentes en línea), un diccionario de la Biblia y un diccionario del primer idioma de los estudiantes (por ejemplo, para tagalo, usa la definición de la palabra masigasig). Si la clase es grande, las definiciones pueden duplicarse.

Instrucciones: Divide la clase en grupos más pequeños según la cantidad de definiciones que haya proporcionado. Que trabajen juntos para llegar a una definición en sus propias palabras. Cuando todos los grupos hayan terminado, pídeles que compartan sus definiciones con el resto de la clase. Puedes hacer que la clase intente sintetizar todas las definiciones en una definición concisa. Que los estudiantes comparen su definición con la dada en el encabezado de la lección. Pídeles que expresen la definición de la lección en su primer idioma.

Definición de la muestra del Webster's New Collegiate Dictionary, 1981:

- Celoso - Lleno o caracterizado por celo.
- Celo: entusiasmo e interés ardiente en la búsqueda de algo. Fervor. Pasión.

PUBLICIDAD CELOSA
Materiales: Una variedad de productos tales como una lata de sardinas, fideos instantáneos, barra de jabón (todavía en paquete), paquete de detergente para ropa, un par de calcetines nuevos, teléfono celular, etc.

Instrucciones: Muestra una variedad de artículos tales como los enumerados anteriormente. Que cada alumno o pareja de estudiantes seleccione un producto para promocionar con celo (pasión y entusiasmo por las virtudes del producto) para convencer al resto de la clase de que es el mejor de su clase.

LECCIÓN 24: CELOSO

> Después, discute qué sucedería si compartiéramos la verdad sobre Jesucristo con el mismo celo. Permite que los voluntarios demuestren si el tiempo lo permite.

ESTUDIO BÍBLICO

1. 1 Reyes 18: 16-40: ¿Cómo se puede describir el celo del pasaje? ¿Qué hizo Elías celoso?
   - Discute cómo la confianza y la valentía están relacionadas con el celo.
   - Permite que los alumnos den un ejemplo de persona entusiasta (ya sea un conocido cercano o una personalidad famosa) Habla sobre cómo la persona muestra celo y la razón de su celo.

2. 1 Reyes 19: 1-14: ¿Cuál pudo haber sido la causa de la depresión de Elías (vista en los versículos 4, 10 y 14)?
   - Comparte momentos de sentirte "quemado" de todos los ministerios u otras responsabilidades en la vida. ¿Por qué oras o qué le dices a Dios bajo tales circunstancias? Al igual que Elías, ¿también tenías la sensación de querer morir por agotamiento y estrés?
   - 1 Reyes 19: 5-8: Observa cómo Dios se ocupó de Elías durante su depresión. Dios nos entiende y se preocupa por nosotros en tiempos de depresión. Reflexiona más sobre esto. (Maestro: tal vez puedas compartir desde tu propia experiencia de la "decepción" que ocurre después de un punto culminante espiritual o victoria y cómo lidiaste con ella o cómo Dios te ministró).
   - Dios nos da la fuerza que necesitamos, o la fuente de fortaleza que necesitamos cuando manejamos tiempos difíciles.

3. 1 Reyes 19: 15-18: ¿Cómo respondió Dios a Elías?
   - Nota que Dios proveyó un sucesor a Elías. ¿Cómo se convierte esto en una solución a las súplicas de Elías?

CRONOLOGÍA HISTÓRICA

Después del reinado de Salomón, el reino de Israel se dividió: Israel, compuesto por 10 tribus en el norte, y Judá, compuesto por 2 tribus en el sur. El hijo de Salomón, Roboam, gobernó a Judá, pero Israel fue gobernado por Jeroboam y luego por una serie de reyes impíos. El peor de estos fue Acab. Fue durante el reinado de Acab, el séptimo rey de Israel, que Elías apareció en escena. A pesar de las advertencias y demostraciones de Elías sobre el poder de Dios, Acab continuó rebelándose y la nación sufrió por ello.

- Prepara un símbolo, como una nube o un altar, para representar a Elías. Colócalo en la línea de tiempo a poca distancia del símbolo de Salomón.
- Debajo de la línea de tiempo, escribe Celoso y su definición.

¡EXPERIMENTAR!

ACTIVIDADES DE APRENDIZAJE

Divide en pequeños grupos. Proporciona información sobre diferentes religiones para cada grupo. Haz que los grupos comparen su religión asignada al cristianismo. ¿Cuál es el verdadero Dios de esa religión? Haz que compartan sus hallazgos con los otros grupos.

APLICACIÓN PERSONAL

Reflexiona en tu diario sobre por qué crees en un solo Dios. Expresa tu celo por El Señor.

DISCIPULADO A TRAVÉS DE LA BIBLIA

OPCIONES DE ACTIVIDAD

REFLEXIÓN PERSONAL

Materiales: Historia de Watchman Nee y Li Kuo-ching en el día del festival (abajo)

Instrucciones: Lee la historia, "La prueba de fe", para los estudiantes. Ten en cuenta sus reacciones. Haz las siguientes preguntas:

- ¿Cómo te sientes con esta historia?
- ¿Te identificas con alguno de los personajes de esta historia? ¿Cuál y de qué manera?
- Li Kuo-ching era un niño de 16 años. ¿Qué hubieras hecho en su lugar?
- ¿Cuál fue la preocupación inicial de Watchman Nee?
- ¿Cuál es la diferencia entre "probar" a Dios y creer en él?

"La prueba de fe"

Era enero de 1925. El Año Nuevo Lunar se acercaba. Watchman Nee y cinco de sus discípulos decidieron pasar las vacaciones predicando el evangelio en el pueblo de Mei-hwa, donde la gente nunca había oído hablar de Jesucristo. En el último minuto, un nuevo cristiano, Li Kuo-ching, decidió unirse a ellos. Cuando llegaron, la gente de la aldea estaba ocupada con los rituales tradicionales de vacaciones: adoración a los antepasados, juegos de azar, fuegos artificiales y ofrendas a sus dioses de antaño. Watchman Nee y su equipo predicaron en el pueblo durante nueve días, pero no hubo respuesta. La gente no escuchó.

El joven entusiasta Li Kuo-ching se sintió frustrado. "¿Qué pasa?", Exigió la multitud. "¿Por qué no vas a creer?". La gente le habló de su dios confiable Ta-Wang (Gran Rey), cuyo día de festividad fue designado divinamente el día 11 del mes. Durante 286 años su dios había proporcionado luz solar para cualquier día que eligiera para ser su día de festival. "Entonces te prometo", declaró el apasionado Li, "nuestro Dios, que es el verdadero dios, hará que llueva el día 11". "¡De acuerdo!", Respondieron los aldeanos. "Si llueve el día 11, entonces Jesús sea en verdad el verdadero Dios. ¡Lo escucharemos! "La noticia se extendió como un reguero de pólvora. Cuando llegó a Watchman, ¡estaba horrorizado! Parecía que el honor del Señor estaba en juego y Él podía o no apoyar el desafío precipitado de Li. ¿Habían pecado poniendo a Dios a prueba? Pero si Dios no respondía en apoyo del desafío, ¿cómo se recibiría el evangelio en esta aldea? ¿Permitiría Dios que Ta-Wang fuera el rey supremo allí? De vuelta en su lugar de reunión, Watchman y sus compañeros oraron humildemente. Entonces una palabra del Señor vino a Watchman: "¿Dónde está el Dios de Elías?" Con eso vino la seguridad de que Dios enviaría lluvia el día 11. Se sentían tan seguros de que volvieron a la aldea para repetir el desafío en toda el área.

La mañana del día 11, Watchman despertó después de las 7 en punto con la entrada de luz del sol a través de su ventana. "¡Esto no es lluvia!", Exclamó. Una vez más, escuchó: "¿Dónde está el Dios de Elías?" Humildemente bajó a reunirse con los demás para el desayuno.

Los siete y su anfitrión estaban muy callados. No había una nube en el cielo, pero sabían que Dios se honraría a sí mismo ante esta gente. Mientras se inclinaban para orar antes de comer, Watchman dijo: "Creo que se acabó el tiempo. La lluvia debe venir ahora. Podemos llevarlo a la memoria del Señor ". Silenciosamente lo hicieron y se tranquilizaron una vez más:" ¿Dónde está el Dios de Elías? "Incluso antes de decir Amén, escucharon gotas de lluvia en el techo. Mientras comían, hubo una ducha constante. Cuando se les sirvió un segundo cuenco de arroz, Watchman dijo: "¡Démosle gracias de nuevo!" Y esta vez pidió una lluvia más fuerte. ¡La lluvia comenzó a caer! Para cuando terminaron el desayuno, la calle estaba inundada. Algunos de los aldeanos ya declararon abiertamente: "¡Su Dios es el verdadero Dios! ¡No hay más Ta-Wang! "Pero los adoradores de Ta-Wang lo sacaron de todos modos, creyendo que él detendría la lluvia. Pronto aquellos que portaban el ídolo tropezaban y caían en la calle embarrada. ¡Abajo fue Ta-Wang! Su mandíbula y su brazo estaban rotos. Los fieles recogieron las piezas y continuaron tratando de llevar a Ta-Wang por las calles, pero con gran riesgo, ya que las calles ahora eran peligrosas. Finalmente, se dieron por vencidos, ¡pero no cedieron! Salieron con una nueva proclama: ¡el 11 fue el día equivocado! Habían cometido un error en su designación. ¡El festival debía comenzar la víspera del día 14!

Esta vez, Watchman y sus acompañantes no se alarmaron. Sabían que Dios actuaría de nuevo. Ellos oraron, "Señor, haznos llover a las 6:00 p.m. el 14 y nos da un clima claro de aquí para allá ". Esa tarde, el cielo se aclaró y la gente vino a escuchar lo que tenían que decir. Antes del 14, más de 30 de los aldeanos habían puesto su confianza en Jesús. Incluso el día 14, los predicadores continuaron teniendo una buena audiencia. Al acercarse la noche, el grupo de Watchman se reunió para orar. Justo a las 6:00 la respuesta de Dios vino con lluvias torrenciales e inundaciones. ¡El poder de Satanás sobre esta aldea, manifestado en el ídolo Ta-Wang, se había roto!

Referencia: La historia se parafraseó de la cuenta de Angus Kinnear en La historia de Watchman Nee: Against the Tide (Wheaton, IL: Tyndale House Publishers, Inc., 1973), 92-96.

Comparación De La Historia

Materiales: Pizarra y marcador o pizarra y tiza

Instrucciones: Lee la historia de Watchman Nee y el día de la fiesta china de Ta-wang. Discute con el grupo cómo las circunstancias de Watchman Nee se compararon con las de Elías. Haz una gráfica de las similitudes y diferencias en el tablero en una cuadrícula de cuatro partes, como se muestra.

	Watchman Nee	Elías
Similitudes		
Diferencias		

Referencias: La historia se parafraseó de la cuenta de Angus Kinnear en La historia de Watchman Nee: contra la marea (Wheaton, IL: Tyndale House Publishers, Inc., 1973), 92-96.

Asignación

1. Escribe el nombre de la persona de la Biblia estudiada, la calidad del personaje de liderazgo dirigido (con tu definición) y el verso clave en tu diario.
2. Lee 1 Reyes 19:19-21 y 2 Reyes 2 y 4 en preparación para la lección de la próxima semana.

25 Elíseo

Fortalecido:
Permitido por el Espíritu Santo para demostrar la grandeza de Dios

¡Contratar!

Culto
Escrituras sugeridas: 2 Crónicas 20:6 o Salmo 105:1-4

Canciones sugeridas: El Espíritu del Señor y Para el Señor es Mi Torre

Actividad motivacional
- Pregunta a los estudiantes sobre su cómic favorito o superhéroe de dibujos animados. Si es posible, trae carteles o cómics para que los estudiantes los observen.
- Haz que algunos de los estudiantes hablen sobre cómo obtuvo su superhéroe favorito potestades.
- Presenta la lección hablando de cómo la Biblia incluye historias sobre "superhumanos" y que uno de ellos es Eliseo.

Opciones de actividad

Eliseo El Superheroe

Materiales: Carteles de superhéroes o una ampliación de una imagen similar a continuación:

Instrucciones: Muestra a los estudiantes los carteles de los superhéroes más populares. Permíteles discutir sus favoritos y decir por qué les gustan. Pregúntales si saben cómo supuestamente recibió ese superhéroe su poder. Pregúnteles qué harían con sus poderes si fueran su superhéroe favorito y por qué. Díles que conocerán a un verdadero superhéroe en la lección de hoy y descubrirán de dónde proviene su poder único.

Referencias: dibujos animados de http://www.blogcadre.com/files/images/superheroes.jpg. Consultado el 19 de septiembre de 2009.

Juego Doble Poder

Materiales: Depende de las acrobacias que elijas. Posiblemente una pelota, pesas, etc.

Instrucciones: La Biblia dice que Eliseo pidió que le dieran una doble porción del espíritu de Elías. Elías dijo que se le concedería si Eliseo fuera a ver a Elías ser llevado de la tierra.

Eliseo vio que sucedió, así que asumimos que recibió su pedido, pero no sabemos exactamente qué significa recibir una doble porción del espíritu de alguien. Qué lo que sí sabemos es que Eliseo estaba facultado para hacer milagros asombrosos.

Lección 25: Fortalecido

Maestro: Juguemos un juego. Veremos si eres el doble de poderoso que tu maestro. Hagas lo que hagas, debes hacerlo el doble o el doble de veces, etc.

Nota para el docente: realiza una variedad de habilidades y haz que el grupo o las personas del grupo lo imiten, solo que deben producir el doble de lo que produce.

Ejemplos:

- ▶ Lanzar una pelota hacia arriba y atraparla (deben tirarla dos veces más)
- ▶ Hacer 3 flexiones de brazos u otras calistenias (deben hacer el doble)
- ▶ Levanta un peso (Levantan el doble de peso o el doble de repeticiones)
- ▶ Derrama una pelota alrededor de un obstáculo (Deben dar dos vueltas)
- ▶ Di versos de memoria (Dicen el doble de versos)
- ▶ Cantar una canción (Cantan dos veces más fuerte)

Explore!

PASAJE(S) DE LA ESCRITURA: 2 Reyes 4-6:7

VERSO(S) CLAVE: 2 Reyes 2:9

ESTUDIO BÍBLICO

1. Permite que los estudiantes digan lo que leen en su lectura asignada (Capítulo 2 y 4) luego lee el resto del pasaje de las Escrituras juntos.
    - ■ Sugerencia alternativa: asigna una o dos de las historias de milagro que se encuentran en el pasaje a cada uno de los 5 grupos (escribe los títulos de las historias específicas y sus referencias en pequeños trozos de papel y luego deja que un representante del grupo dibuje un papel). Deja que cada grupo lea y analice la historia asignada y presente una forma de presentarla al resto del grupo.
2. Regresa a 2 Reyes 2:9. Observa la respuesta de Eliseo a la oferta de Elías. Compara esto con la respuesta de Salomón a Dios en una lección anterior.
3. Comparte ideas de las historias milagrosas de Eliseo sobre lo que significa ser empoderado por el Espíritu Santo.
    - ■ Observa cómo en cada lugar que Eliseo va y con cada persona que conoce, él hace algo milagroso ¿Qué dice esto acerca de cómo una vida llena de Espíritu puede influir en las personas y situaciones en la vida cotidiana?
    - ■ Comparte momentos en los que hayas sentido que Dios te usó en una determinada situación para ayudar a una persona o enfrentar un problema
4. "Un gran poder viene con una gran responsabilidad". En relación con esta famosa frase de Spiderman, habla de cómo Eliseo usó las habilidades que Dios le dio. Compara y contrasta esto con otras personas de la Biblia de lecciones previas como Salomón y Sansón.
5. En todas las historias, ¿cómo se hace referencia a Eliseo? ¿Cuál era su título?
    - ■ Consulta 4: 7, 8, 40, 42; 5: 8, 6.
    - ■ Una persona que tiene el poder del espíritu de Dios se llama con razón hombre o niño de Dios. ¿Cómo deberíamos nosotros como cristianos vivir de acuerdo con este título? Haz que los estudiantes compartan sus pensamientos de evaluación personal y si creen que sus vidas manifiestan el "título".
6. ¿Cómo se le da gloria a Dios en los milagros de Eliseo? Deja que los alumnos compartan sus pensamientos, con un pasaje de las Escrituras de apoyo de la historia, para expresar su punto.

120 DISCIPULADO A TRAVÉS DE LA BIBLIA

CRONOLOGÍA HISTÓRICA

Como hemos visto, Eliseo fue el sucesor de Elías como profeta de la nación de Israel. Los reyes que reinaron durante el tiempo de Eliseo hicieron el mal a los ojos del Señor, pero no fueron tan antagónicos con Eliseo como el rey Acab lo fue con Elías. Algunos de ellos incluso le mostraron respeto a Eliseo y le pidieron ayuda, pero nunca volvieron incondicionalmente al Señor.

- Prepara un pequeño símbolo, como una capa, para representar a Eliseo y colócalo en la línea de tiempo al lado del símbolo de Elías.
- Debajo de la línea, escribe Fortalecido y su definición.

OPCIONES DE ACTIVIDAD

EL MILAGRO DE ELISEO: UN ESTUDIO DE COMPARACIÓN

Materiales: Biblias, una hoja de guía de estudio para cada grupo

Instrucciones: Divide a los estudiantes en seis grupos. Distribuye una copia de la guía de estudio a cada grupo (página siguiente). Asigna a cada grupo uno de los siguientes pasajes para estudiar:

1. 2 Reyes 2: 13-22
2. 2 Reyes 4: 1-7
3. 2 Reyes 4: 8-37
4. 2 Reyes 4: 38-44
5. 2 Reyes 5: 1-14
6. 2 Reyes 6: 1-7

Permite que los estudiantes revisen la guía de estudio en sus grupos. Pídele a un representante de cada grupo que comparta un breve resumen de su comparación milagrosa con todo el grupo.

Milagros de Eliseo: un estudio comparativo

Número de Grupo: Pasaje de las Escrituras Asignado:

Preguntas de discusión:

1. ¿Qué fue logrado por el milagro en este pasaje?

2. ¿Te recuerda un milagro de cualquier otra historia bíblica que conoces? ¿Si es así, Cuál? (Describe o da el pasaje de la Escritura.) *

3. ¿Quién hizo el milagro en esa historia?

4. ¿Quién fue la fuente de poder para ese milagro?

5. ¿De qué manera son similares ese milagro y el milagro de Eliseo? ¿Diferente?

* Si tiene problemas para encontrar o pensar en un milagro similar al que te asignaron, consulta los siguientes pasajes hasta encontrar uno:

▶ Éxodo: 15-22

LECCIÓN 25: FORTALECIDO

- Éxodo 15:22-27
- Josué 3:9-17
- Mateo 17:2-27
- Lucas 5:1-7
- Lucas 5:12-15
- Lucas 7:11-17
- Lucas 9:10-17
- Juan 2:1-12

GLOBO PULIDO

Materiales: Dos globos, uno vacío, uno lleno de helio

Instrucciones:

1. Muestra el globo desinflado y deja que los alumnos lo describan. Explica: el globo desinflado nos representa: personas comunes, solos, sin el Espíritu de Dios dentro de nosotros. Al igual que el globo, todos somos fláccidos y planos: no bellos, no muy buenos para nada, incapaces de agradar a Dios o de ser utilizados por Él.

2. Comienza a llenar el globo vacío al inflarlo. Explica: este globo hinchado puede representarme. Llenarlo con mi propio aire es como tratar de agradar a Dios o impresionar a la gente por mis propios esfuerzos, incluso alardear de lo bueno que soy e intentar lucir bien llenándome con mis propias ideas, mi mejor comportamiento, mis actitudes egocéntricas. Hay todo tipo de cosas que podemos hacer para tratar de mejorarnos a nosotros mismos. PERO las cosas que podemos hacer por nuestra cuenta nunca pueden compararse con lo que Dios puede hacer. Difícilmente, al intentarlo, nunca podremos llevar una vida que honre y agradezca a Dios por nuestra cuenta. (Deja que el globo vaya a demostrar cómo simplemente cae o queda atrapado por el calado del ventilador y se desplaza sin rumbo.) ¿Ves? ¡Me caería o volaría en cualquier dirección con lo que estaba dentro de mí! Lo mejor que puedo hacer es vaciar mi globo (yo) de todas mis propias palabras o comportamientos de "auto-inflación" y actitudes e ideas egocéntricas.

3. Muestra el globo que representa la vida llena del Espíritu y permite que los alumnos hablen sobre la diferencia. Explica: el globo lleno de helio representa una vida llena del Espíritu de Dios, como la de Eliseo. Si bien no puedes ver el helio, sabes que está allí porque da forma al globo. Dios ha enviado su Espíritu para estar con nosotros y vivir en nosotros. Si bien no podemos verlo, sabemos que él está aquí porque nos afecta a nosotros y a las cosas que nos rodean. Podemos verlo por lo que hace. Este globo es ciertamente más hermoso que el globo YO vacío, desinflado. Ciertamente es más poderoso, puede volar alto, puede volar solo, sin viento. Puede ir más alto de lo que podría ir por mi cuenta. Compara el helio que es el poder dentro del globo haciendo que estas cosas sean posibles con el Espíritu de Dios dentro de nosotros. El globo lleno de helio puede representar mi vida llena del poder de Dios, la fuerza de Dios y el Espíritu Santo. ¿Qué puede hacer el Espíritu de Dios que podamos hacer? Es solo por Su poder, Su Espíritu y Su fuerza que puedo hacer grandes cosas para Dios. Con el Espíritu de Dios, podemos llegar lejos haciendo cosas que Dios nos dará el poder de hacer, encontrando la fortaleza para superar problemas y dificultades en nuestras vidas, y hablarles a otros sobre Jesús sin temor. Podemos ser llenos de SU espíritu, SU poder, SU poder y SU VERDAD.

Referencias: Adaptado de "Are You a Puffed Up Balloon?" Por Kelly Neal en http://www.christiancrafters.com/sermon_balloon.html.

¡Experimentar!

Actividades de aprendizaje

- Muestra videoclips de famosos evangelistas en acción mientras "mata" y sana personas con el poder del Espíritu Santo.
- Después de los clips, pregunta si hay alguien que haya experimentado ser "asesinado" o sanado de esa manera. ¿Qué se sintió?
- Discute los clips. ¿Crees en lo que viste?
- Para ti, ¿cuál es el poder del Espíritu Santo? ¿Qué otras cosas puede hacer el Santo? ¿El Espíritu capacita al creyente para hacer otra cosa que no sea curar o expulsar a los espíritus malignos?

Aplicación personal

Responde las siguientes preguntas en tu diario:

1. ¿Qué 'empoderamiento' necesitan los Líderes Cristianos para hacer el ministerio?
2. ¿Qué le pedirías personalmente a Dios que te autorice a hacer?
3. La dependencia de Dios tiene mucho que ver con el empoderamiento del Espíritu Santo. Escribe sobre cómo esto contrasta con la fuente de poder de los superhéroes y las personas con autoridad en la sociedad.

Asignación

1. Escribe el nombre de la persona de la Biblia estudiada, la calidad del personaje de liderazgo dirigido (con tu definición) y el verso clave en tu diario.
2. Lee Jonás 1 y 2 en preparación para la lección de la próxima semana.

26 JONÁS

JUSTO:
Mirando una decisión desde el punto de vista de Dios al considerar el bienestar de los demás

¡CONTRATAR!

CULTO
Escrituras sugeridas: Salmo 25: 4-10

ACTIVIDAD MOTIVACIONAL
- "¿Qué es justo?" Coloca esta pregunta en la pizarra en letras grandes para que todos la vean. Debajo de la pregunta, publica diferentes imágenes (podrían ser recortes de periódicos, fotos de Internet, etc.) que podrían simbolizar el significado de la equidad. Deja que cada alumno señale una imagen que, en su opinión, simboliza la justicia y déjales explicar brevemente (pero suficientemente) por qué la eligieron.

- Refrescar las mentes de los estudiantes sobre la historia de Jonás dejando que cada uno comparta un poco de la lectura de fondo que tenían. Completa los detalles importantes que los estudiantes pueden perderse.

OPCIONES DE ACTIVIDAD

BALANZA

Materiales: Papel manila y marcadores

Instrucciones: Divide a los estudiantes en dos grupos. Dale a cada grupo un pedazo de papel manila. Los estudiantes deben dibujar una balanza de tipo de equilibrio que se utilizará para mostrar su opinión sobre un problema determinado, p. ABORTO, EUTANASIA, DIVORCIO, etc. En un lado de su escala deben enumerar las ventajas y desventajas del otro lado (pros y contras).

Asegúrate de que en el lado superior deban enumerar solo unos pocos elementos y más en el lado inferior para mostrar el peso de los argumentos.

¡EXPLORAR!

PASAJE(S) DE LA ESCRITURA : Jonás 3-4

VERSO(S) CLAVE: Jonás 4:10-11

ESTUDIO BÍBLICO
1. Jonás 3: 1-4: Discute la naturaleza de la responsabilidad dada por Dios de Jonás, dentro del contexto de los prejuicios de Jonás. Relacionarlo con la lectura de fondo y otras referencias bíblicas.
   - Explicar a los estudiantes por qué Jonás era reacio a predicar a Nínive (consultar comentarios y otras referencias).
   - Permite que los estudiantes compartan sobre los momentos en que se vieron obligados a hacer una tarea que sabían que era correcta, pero tenían algunos problemas para hacerlo.

- En el versículo 4, ¿de qué habló Jonás? ¿Él declaró la esperanza para la gente con su mensaje de juicio? ¿Qué implica el contenido de su mensaje sobre sus expectativas?
- Permitir que el alumno comparta casos cuando se sintió convencido de que el resultado de su tarea sería negativo. ¿Qué los hizo pensar pesimista sobre eso?

2. Jonás 3: 5-4: 4: habla sobre el resultado inesperado de la obediencia y la predicación de la Palabra de Dios por parte de Jonás.
   - Los ninivitas respondieron bastante rápida y positivamente a la predicación de Jonás. Esto no fue lo que Jonás esperaba. ¿Por qué? Habla de momentos en que tus expectativas negativas sobre algo no se hicieron realidad, y el resultado fue inesperadamente positivo. ¿Cómo te sentiste?
   - Concéntrate en Jonás 4: 1-4: ¿Cómo respondió Jonás al arrepentimiento de los ninivitas? ¿Por qué estaba tan disgustado con eso?
   - ¿En qué aspecto es injusto Jonás en sus perspectivas? Relaciona esto con su predicación los ninivitas.
   - Reflexiona sobre esto: ¿A veces retenemos oportunidades o actos de bondad para algunas personas porque creemos que realmente no se lo merecen?
   - ¿De qué manera nuestros prejuicios afectan nuestras propias percepciones de justicia?

3. Jonás 4: 5-9: 11: ¿Qué muestra el pasaje acerca del carácter de Jonás?
   - Jonás 4: 4-9: Había algo que Jonás no entendía acerca de Dios; por eso Dios lo probó. ¿Qué era?
   - Comparte algunas frustraciones que tiene que lo hacen gritar: "¿Por qué esto me está pasando? ¡La vida es tan injusta!"
   - Discute la respuesta de Dios a Jonás en los versículos 10-11. ¿Qué dice acerca del amor de Dios?
   - Dios envía lluvia incluso a los pecadores. ¿Cómo la igualdad del amor de Dios para todas las personas debería afectar nuestras propias acciones hacia los demás?

4. Mirando y reflexionando sobre las Escrituras discutidas, ¿cuál es el tipo de justicia que Dios quiere de nosotros?

Opción de Actividad

Legisladores

Materiales: Una pieza de papel manila y marcadores

Instrucciones: Divide la clase en dos grupos. Dile a un grupo que establezca los criterios y los mecanismos para un concurso de canto para niños. Dile al otro grupo que establezca los criterios y la mecánica para un concurso de dibujo para niños. Después de da al menos 15 minutos de trabajo, publica los criterios del primer grupo en la pizarra y haz que el otro grupo encuentre "fallas" en él que podrían llevar a otros a pensar que todo el concurso es injusto. Déjalos explicar por qué creen que el criterio es injusto. Haz lo mismo con el segundo grupo.

Preguntas de Discusión:

1. Si fueras Jonás, ¿pensarías también que Dios estaba siendo injusto cuando permitió que los ninivitas se salvaran y la planta se marchitara? ¿Por qué o por qué no?
2. ¿Ha habido algún incidente en tu vida en el que hayas pensado que Dios ha sido injusto contigo o con tu ser querido?
3. ¿Qué versículos en la Biblia te aclararon que Dios es justo?

LECCIÓN 26: JUSTO

CRONOLOGÍA HISTÓRICA

- Jonás vivió durante el siglo VIII a. C., después de Elías y Eliseo.
- Prepara un símbolo, como un pez grande con la boca abierta, para simbolizar a Jonás. Adjúntalo a la línea de tiempo cerca del símbolo de Eliseo.
- Debajo de la línea, escribe Justicia y su definición.

¡EXPERIMENTAR!

ACTIVIDADES DE APRENDIZAJE

- Lee en voz alta una situación ficticia pero realista que involucre a un joven que muestre Justicia o injusticia de acción o percepción. Después de leer una situación, señala o llama a alguien y pregúntele si la persona de la historia actuó de manera justa o no. Deja que él o ella explique por qué. Responder también con una historia personal relacionada con la situación ficticia sería bueno.
- Crea un juego que demuestre igualdad o equidad.

APLICACIÓN PERSONAL

¿Qué tan importante es ser justo en el manejo de las responsabilidades de liderazgo? ¿Qué tan difícil es mantener la Justicia entre sus miembros? ¿Qué has aprendido sobre tener la perspectiva de Dios y cómo puedes aplicarla a tu propia situación? Escribe sobre eso en tu diario.

OPCIONES DE ACTIVIDAD

¡ESCRÍBELO!

Materiales: Hojas de papel y bolígrafos

Instrucciones:

- Permite que los alumnos enumeren las instancias en sus vidas en las que han experimentado la injusticia desde su niñez hasta ahora.
- Pide a cada alumno que lea al menos una cosa que hayan escrito.
- Ora junto con ellos para que Dios los ayude a perdonar a aquellos que fueron injustos y superar sus sentimientos negativos sobre el incidente.
- Pídeles que rompan sus papeles para demostrar su decisión de avanzar hacia la curación del daño que la experiencia causó.

ASIGNACIÓN

1. Escribe el nombre de la persona de la Biblia estudiada, la calidad del personaje de liderazgo dirigido (con tu definición) y el verso clave en su diario.
2. Lee Isaías 8 antes de la lección de la próxima semana.

27 ISAÍAS

DISPONIBILIDAD:
Estar preparado para lo que Dios me pida que haga

¡CONTRATAR!

CULTO
Escrituras sugeridas: 2 Timoteo 2:20-21

Canciones sugeridas: Escuche "Hands and Feet" (Manos y Pies) por Newsboys

ACTIVIDAD MOTIVACIONAL
Discutan lo siguiente:

- ¿Cuándo estás más dispuesto a hacer una tarea?
- ¿Qué te gusta más a ti: ser nombrado o voluntario? ¿Por qué?

OPCIONES DE ACTIVIDAD

PREPARADO PARA SERVIR

Materiales: Algunos platos de la casa de cada estudiante, algunos bocadillos y comida especial para la clase.

Instrucciones:

1. Actúa como si estuvieras preparándote para servir refrigerios al grupo. Saca la comida de la bolsa de compras para que esté visible.

2. Saca la maceta o el plato para perros de la caja o bolsa. Pregunta si les gustaría servir los bocadillos en ese recipiente. Si dicen que no, pregúntales por qué no. Continúa con los recipientes restantes, reservando los platos de servir ordinarios y limpios para el final.

3. Pide a uno de los alumnos que lea 2 Timoteo 2: 20-21 en voz alta. Pregúntales a los participantes qué es lo que entienden en esos versículos para decir sobre estar preparados y disponibles.

4. Pregunta a los alumnos qué contenedores les gustaría que usen para servir el refrigerio. Mientras lo sirves, pregunta por qué eligieron esos contenedores.

5. Pídele a cada alumno que diga a qué contenedor se parece más y por qué.

ORADOR INVITADO

Materiales: Revistas y bolígrafos para tomar notas

Instrucciones:

1. Pide a uno o dos adultos de tu iglesia o comunidad que visiten su clase y compartan sus testimonios de cómo llegaron a ser discípulos de Cristo.

2. Haz que los oradores respondan a las preguntas sobre la importancia de la disponibilidad en el liderazgo cristiano, tales como:

   - ¿Qué le sucede a un grupo con un líder que a menudo no se presenta?
   - ¿Qué sucede cuando el líder es el único que está presente para el trabajo grupal y los miembros solo aparecen de vez en cuando?
   - ¿Cuál es la importancia de la disponibilidad individual para el éxito del equipo?

LECCIÓN 27: DISPONIBILIDAD 127

¡Explorar!

PASAJE(S) DE LA ESCRITURA : Isaías 6
VERSO(S) CLAVE: Isaías 6:8

ESTUDIO BÍBLICO

1. Verso 1-5: Isaías vio la gloria de Dios y se sintió indigno de estar en su presencia. Acuerdo-En el versículo 5, ¿por qué Isaías se sentía de esta manera?
   - Comparte momentos en los que tuviste sentimientos de indignidad o inadecuación cuando se les dio una responsabilidad. ¿Qué insuficiencias sentiste?

2. Versículo 6-7: ¿Qué le hizo Dios a Isaías para aliviar su sentimiento de indignidad? ¿Qué dice esto acerca de la gracia de Dios?
   - ¿Cuál es, entonces, la solución a nuestras deficiencias y debilidades que nos hacen ¿Se siente incapaz de servir a Dios?
   - ¿Quién o qué puede hacernos dignos de estar al servicio de Dios? ¿Es a través de personal esfuerzos o la gracia de Dios?
   - ¿Qué tipo de preparación requiere Dios de nosotros para que podamos hacer su ministerio?

3. Verso 8: Observa la transición del temor y sentimiento de indignidad de Isaías a la disposición y disponibilidad.
   - Relacionar la dependencia, la fe y la disponibilidad piadosas.
   - v.8: Reflexiona sobre la pregunta de Dios. ¿Por qué Dios necesitaba preguntar esto si ya le había hablado a Isaías? (Su aparición ante Isaías muestra que ya lo había elegido a él).
   - ¿Qué tiene que ver el libre albedrío personal con la disponibilidad para los propósitos de Dios?
   - ¿Alguien impone instantáneamente su voluntad a la persona que elige?

4. Versos 9-13:
   - Los versículos 9-10 son sobre el mensaje de Dios que Isaías debía declarar. ¿Qué son tus pensamientos sobre este mensaje? Si escucharas ese mensaje, ¿qué sentirías?
   - En el versículo 11, Isaías pregunta cuánto tiempo debe proclamar el mensaje o cumplir con su responsabilidad. ¿Alguna vez piensan que hacer un ministerio de la iglesia en particular tiene que tener un tipo de contrato que eventualmente terminará?

5. Discute la importancia de la disponibilidad al hacer el ministerio, o cualquier otra responsabilidad.
   - Relacionar la disponibilidad con la voluntad y el compromiso.
   - ¿Es suficiente estar simplemente disponible?

6. Cronología histórica

Isaías vivió durante el siglo VIII aC antes e incluyendo el tiempo de Ezequías a quien estudiaremos la próxima semana. Predijo el cautiverio de Israel y el regreso de los judíos a Jerusalén, pero también tenía mucho que decir sobre la venida del Mesías (véase Isaías 53). Debido a esto, él es probablemente el profeta más conocido: se cita en el Nuevo Testamento más veces que todos los demás profetas combinados.

▶ Prepara un pequeño símbolo, como pinzas que sostienen un carbón caliente, para representar a Isaías. Adjúntalo a la línea de tiempo cerca del símbolo de Jonás.

▶ Debajo de la línea, escriba Disponibilidad y su definición.

Opciones de actividad

Dios Llamando

Materiales: Folleto, bolígrafos

Instrucciones:

1. Pregunte: ¿Qué es lo más difícil que Dios podría pedirte que hagas?
   - Podrías pensar: "Haré cualquier cosa por Dios mientras él no me envíe a África como misionero". Pero si Dios nos llama, también nos equipa para el trabajo. Hablemos de esto.
2. Lee Isaías 6: 8, centrándose en "Aquí estoy, envíame". Enfatiza que Dios está más interesado en nuestra disponibilidad que en nuestras habilidades.
3. Describe tus "disponibilidades" y habilidades. ¿En qué momentos y de qué maneras estás disponible? ¿Qué habilidades tienes que son útiles para el servicio?

Disponibilidad	Habilidades

4. Proporciona algunas ideas al miembro del grupo mientras comparten sus listas.
5. Anima a sus alumnos a pedirle a Dios que les muestre cómo pueden hacer una diferencia.

¡Experimentar!

Actividades de aprendizaje

Para evaluar la disponibilidad y disposición de los estudiantes a servir, deles a cada uno asignación para realizar en la próxima semana, como prepararse para el tiempo de adoración de la próxima semana, prepararse para dirigir la discusión, preparar un juego o actividad para este grupo o algún otro ministerio, etc. Las asignaciones pueden ser para ellos hacer de forma individual o con un compañero o grupo pequeño. Bríndeles los materiales que necesiten.

Lección 27: Disponibilidad

Aplicación personal

Discuta la importancia de la disponibilidad en el liderazgo cristiano:

1. ¿Qué le sucede a un grupo con un líder que a menudo no se presenta?
2. Relacionar experiencias en la escuela o en el trabajo cuando un líder del equipo carecía de presencia en reuniones o durante el trabajo grupal. Como miembro, ¿cómo te sientes?
3. ¿Qué sucede cuando el líder es el único que está presente para el trabajo en grupo y los miembros solo aparecen de vez en cuando?
4. ¿Cuál es la importancia de la disponibilidad individual para el éxito del equipo? (Si corresponde, explica estas preguntas a las actividades de este grupo).

Opciones de actividad

El Reino En Acción

Materiales: Revistas, bolígrafos.

Instrucciones:

1. Pídele a cada alumno que piense en una forma en que podría participar en al menos una de las áreas de ministerio de la iglesia, en la Escuela Dominical o en actividades de extensión tales como música, enseñanza, etc., y escríbelo en tu diario.
2. Alienta a los alumnos a pensar en resoluciones específicas para el ministerio basadas en la sesión de hoy, como enseñarles a los niños de la calle, darles de comer a las personas sin hogar, etc. Pídeles que escriban estos pensamientos en sus diarios también.
3. Divide la clase en parejas y que los alumnos compartan dos o tres de sus objetivos con un compañero.
4. Luego, pide a cada compañero que ore por el otro, comprometiéndose con la misión de Cristo.

Referencias: Adaptado de las conexiones de Fe diciembre / enero / febrero (Kansas City: Wordaction, 2002-3), P39.

Adoración En Acción

Instrucciones:

1. Pide a los alumnos que diseñen un servicio de adoración que se centre en un atributo de Dios y que verifique su propia disponibilidad, tal como se analiza en esta lección.
2. Haz que cada alumno seleccione qué parte de la adoración de la próxima semana quiere diseñar, como música, drama, liderazgo de alabanza, artes visuales, etc., luego permítales elegir en qué equipo quieren participar para crear los componentes del servicio mencionado. Por ejemplo:
   - Drama: Haz que este grupo escriba un monólogo o bosquejo sobre un adolescente tratando de entender a Dios.
   - Símbolo Arte simbólico: haga que este grupo cree una imagen de "vitral" resentir un atributo de Dios usando papel de seda de colores y cartulina.
   - Oración: Haz que este grupo escriba una oración. La oración debe tener dos partes. La primera parte debe reconocer el atributo de Dios y alabarlo por ello. La segunda parte debería pedirle a Dios que nos ayude a ser más como Él en esta área.

- ▶ Canciones: Este grupo debería proponer una canción que se centre en atributo elegido de Dios. Una buena forma de hacerlo es buscar el atributo en el índice temático de un himnario, o elegir una de sus canciones de adoración favoritas o coros que se ajuste al tema.
3. Usa este servicio para cerrar esta lección o trabaja con su pastor para desarrollarla en un completo servicio de adoración para toda la congregación.
4. Practica estas cosas durante la semana.

Referencias: Adaptado de conexiones de fe Sep / Oct / Nov (Kansas City: Wordaction, 2002), P76-77.

Asignación

1. Escribe el nombre del personaje de la Biblia estudiado, la calidad de liderazgo del personaje (con tu definición) y el verso clave en tu diario.
2. Logra la tarea que tu maestro te dio para la semana.
3. Lee 2 Crónicas 29-32 en preparación para la lección de la próxima semana.

28 EZEQUÍAS

Devoto:
Comprometido a honrar los mandamientos de Dios a toda costa.

¡Contratar!

Culto
Escrituras sugeridas: Salmo 40:6-10 o Isaías 26:7-10
Canciones sugeridas: Un deseo; Este es mi deseo

Actividad motivacional
- Haz que los estudiantes compartan sobre cómo llevan a cabo su tiempo de silencio personal. Pedir compartir otras formas en que expresan su devoción a Dios.

Opciones de actividad

Manteniendo El Desafío Directo

Materiales: 2 sillas o taburetes

Instrucciones:

1. Arregla 2 taburetes o sillas a 3-4 pies de distancia, dependiendo de la altura del jugador.
2. Diles a los estudiantes que el desafío está abierto a todos. El ganador recibirá un premio.
3. El jugador necesita acostarse con la cabeza u omoplatos en un taburete y los pies en el otro.
4. El jugador debe permanecer quieto y no debe inclinarse hacia abajo ni dejar que su parte inferior se incline hacia abajo. Registre el tiempo de cada jugador desde el punto en que se acuesta hasta que él o ella ceda.
5. El que se queda derecho por más tiempo gana.

- Discute cómo esto ilustra la devoción como algo sinónimo de "aguantar". Ezequías, el líder piadoso de la lección, pasó por desafíos que lo empujaron a rendirse. De hecho, hubo un punto en el que falló. Pero los líderes cristianos deben permanecer quietos y derechos a medida que enfrentan diferentes desafíos en el camino.

Referencia: Adaptado de: http://games4youthgroups.com/contest-games/Lying-between-two-stools.html

¡EXPLORE!

PASAJE(S) DE LA ESCRITURA: 2 Reyes 18-20

VERSO(S) CLAVE: 2 Reyes 18:5-6

ESTUDIO BÍBLICO

1. Haz que el alumno comparta lo que recuerdan sobre el Rey Ezequías de su lectura avanzada. Ahora lee 2 Reyes 18: 1-8. Enfócate en 2 Reyes 18:5-6. Comparar con 2 Crónicas 31:20-21.

    - Según lo que lees en estos versículos, ¿por qué se considera que Ezequías es devoto a Dios?
    - De la definición de devoción de la lección, relaciona la obediencia y la pasión con la devoción.

2. 2 Reyes 18:1-16 (2 Crónicas 29-31): Estos versículos muestran los actos de devoción de Ezequías a Dios.

    - ¿Cuáles son estos actos de devoción?(Enumera y da un breve resumen, como preguntar a varios estudiantes por sus ideas)
    - Habla acerca de sus actos personales de devoción a Dios.
    - ¿Los actos de devoción son limitados dentro de los ministerios de la iglesia? ¿Qué podría ser otras formas de mostrar un compromiso fiel además de los ministerios de la iglesia?

3. 2 Reyes 18:17-19 (2 Crónicas 32:1-23): Una gran amenaza vino a Ezequías y al pueblo de Jerusalén. ¿Cómo actuó Ezequías sobre la situación?

    - Habla sobre "amenazas" personales a su devoción a Dios. Que son comunes ¿Tiene dificultades en su caminar de fe personal que pone a prueba su compromiso de obedecer los mandamientos de Dios? Compartir instancias específicas.
    - ¿Cómo lidias con estas amenazas?
    - En el pasaje de las Escrituras, ¿cómo lidió Ezequías con las intimidaciones de Senaquerib?
    - ¿Qué tan importante es la oración para mantener y expresar nuestra devoción a Dios?

4. 2 Reyes 20:1-11 (2 Crónicas 32: 24-33): la enfermedad de Ezequías puede haber sido uno de los mayores desafíos para su fe. Discute su oración en 2 Reyes 20: 2-3.

    - Concéntrate en 2 Crónicas 32:24-26: Ezequías no era un rey de línea recta perfecto Al igual que David y Salomón, también tuvo sus puntos bajos. Pero teniendo en cuenta la respuesta de Ezequías, ¿a qué rey era más parecido?
    - ¿Cuál fue el resultado del arrepentimiento de Ezequías?

5. Ezequías era un rey a quien todo Jerusalén admiraba. Su devoción y compromiso influyeron en todo Jerusalén para ser obedientes a los mandamientos de Dios. ¿Qué dice esto acerca de la importancia de la devoción al liderazgo cristiano?

LECCIÓN 28: DEVOTO

CRONOLOGÍA HISTÓRICA

El rey Ezequías fue uno de los reyes más sagrados del reino del sur de Judá. Naciones Unidas- Afortunadamente, cometió un desastroso error de juicio al revelar con orgullo la riqueza de su reino a los embajadores de Babilonia. El profeta Isaías lo confrontó y predijo la caída de Judá a los babilonios, que ocurrió cuatro generaciones más tarde.

- Prepara un pequeño símbolo, como un conjunto de escalones, y colóquelo en la línea de tiempo una corta distancia del símbolo de Isaías.
- Debajo de la línea, escriba Disponibilidad y su definición.

¡EXPERIMENTAR!

ACTIVIDADES DE APRENDIZAJE

Discute varias maneras creativas de expresar y mantener nuestra devoción a Dios en nuestras vidas diarias. ¿Cómo pueden ayudarse unos a otros y hacer que los demás rindan cuentas "para honrar los mandamientos de Dios a toda costa"?

APLICACIÓN PERSONAL

Imagina lo que podría pasar en ti y en tu mundo si tú y tu grupo fueran así tan fieles al Señor como lo fue Ezequías. ¿Qué podría cambiar? Escribe un párrafo sobre esto en tu diario titulado, "Solo imagina ..."

OPCIONES DE ACTIVIDAD

DIAGRAMA DE ÁRBOL DEVOCIONAL

Materiales: Tablero y marcador de pizarra o pizarra

Instrucciones:

1. En la parte superior del tablero, escribe "Devoción" y dibuja un cuadro o círculo alrededor de él.
2. Indica a los alumnos que tracen líneas de conexión con la palabra principal y que escriban formas en que sepan cómo dedicarse a los mandamientos de Dios y comprometerse con la vida cristiana. Demuestra algunos ejemplos sobre cómo hacer esto como una guía para los estudiantes.

Diagrama de ejemplo:

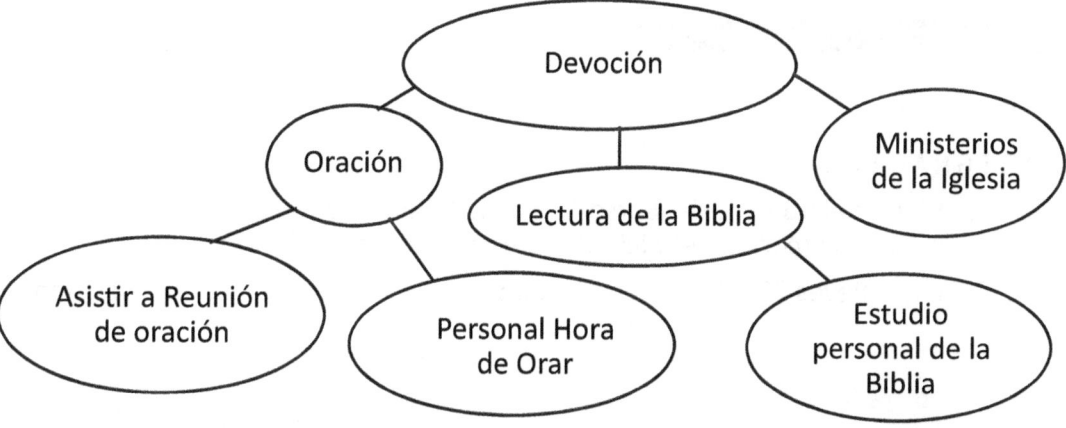

UN LUGAR PARA DIOS: UN ACTO DE DEVOCIÓN

Materiales: Cuaderno Diario, Bolígrafos / Lápices

Instrucciones: Haz que los estudiantes usen sus diarios para esta actividad.

1. Para cada una de las siguientes afirmaciones, haz que los alumnos hagan una lista de lugares diferentes (incluso si pueden relacionarse con Dios de más de una manera en los lugares).
2. En la misma categoría, diles que anoten las razones por las que han enumerado ese lugar en particular.

Categorías para devoción / reflexión (tabla de muestra):

"Orar a Dios" Lugar/es:
"Escuchar a Dios" Lugar/es:
"Hablar con Dios" Lugar/es:
"Esperar a Dios" Lugar/es:

3. Después de que los estudiantes hayan completado los detalles, continúe con la discusión de la actividad. Pídeles a los alumnos que compartan algunas de sus respuestas y luego pregunta lo siguiente:
   - "¿Qué lugares crees que son los mejores para estar con Dios? ¿Por qué?"
   - "¿Por qué es importante encontrar un buen lugar para orar, escuchar, hablar o esperar a Dios?"
   - "¿Funciona un lugar igual de bien para relacionarse con Dios o es bueno encontrar varios puntos para esta relación?"

Referencias: Keller-Scholz Rick y Jeannie Pomanowsk. ¡Manual de actividades de enseñanza para Breakthrough! La Biblia para jóvenes católicos: una introducción a las personas de fe. Winona, Minnesota: Saint Mary's Press, Christian Brothers Publications, 2006. p 95. de http://books.google.com.ph/ books? Id = RKPMJx8VE3kC & pg = PT91 & lpg = PT91 & dq = deborah + biblia + actividad & fuente = bl & ot s = Q849O7Bpex & sig = p9vkkvQJC3-oQ_90vonEsYdyoK0 & hl = tl & ei = azK2SplZhorqA-HYxO8J & sa-= X & oi = book_result & ct = result & resnum = 2 # v = onepage & q = & f = false, accedido el 20 de septiembre de 2009.

ASIGNACIÓN

1. Escribe el nombre del personaje de la Biblia estudiado, la calidad de liderazgo del personaje (con tu definición) y el verso clave en su diario.
2. Lee 2 Reyes 22-23 en preparación para la lección de la próxima semana.

29 JOSÍAS

JUSTICIA:
Hacer lo correcto y alentar a otros a hacer lo mismo

¡CONTRATAR!

CULTO
Escritura sugerida: Proverbios 14:34, 21:21 o 1 Juan 3:7-10
Canciones sugeridas: Toma Mi vida

ACTIVIDAD MOTIVACIONAL
- Intente adquirir un clip de la película "El último emperador de China" para ilustrar al chico-rey. O considera usar clips documentales de National Geographic o Discovery Channel sobre el mismo tema.

¡EXPLORE!

PASAJE(S) DE LA ESCRITURA: 2 Crónicas 34
VERSO(S) CLAVE: 2 Crónicas 34:2

ESTUDIO BÍBLICO

1. 2 Crónicas 34: 1-2: Dios usa personas de todas las formas y tamaños, incluso de todas las edades, para revelar su voluntad
   - ¿Estarías dispuesto a seguir a un líder tan joven?
   - Como persona joven, ¿sientes que tu edad te da una voz pequeña e insignificante? ¿Crees que tus opiniones e ideas están siendo consideradas por la sociedad?

2. 2 Crónicas 34: 3-13: Dios se revela a aquellos que buscan, sin importar qué tan jóvenes comiencen a buscarlo.
   - Habla acerca de cómo Dios desplegó progresivamente su voluntad y le permitió a Josías hacerlo.
   - Comparte tus opiniones sobre la importancia del crecimiento personal y la madurez en el manejo de responsabilidades.

3. 2 Cró. 34: 14-33: ¿Por qué Josías rasgó sus vestiduras (v. 19)? ¿De qué fue eso un signo en esos días? ¿Qué supones que fue leído que causó tanta preocupación al rey? ¿La Palabra de Dios tiene ese tipo de efecto en las personas de hoy? ¿Por qué o por qué no? Dar ejemplos.

4. 2 Cró. 35: 1-19: ¿Por qué fue significativo que se celebrara la Pascua? (Ver vv. 18-19)

5. Josías usó bien su juventud y poder. Discute las cosas que hizo durante su reinado en Jerusalén.
   - Dios colocó a Josías en un asiento de gran poder que ayudó mucho en la reforma de Jerusalén. Pocos jóvenes de hoy reciben tal privilegio. En tu propia vida, ¿qué oportunidades y privilegios simples tienes con los que puedes establecer un ejemplo para hacer lo correcto y alentar a los demás?
   - Permite que los estudiantes compartan entre ellos cómo podrían ser más influyentes para sus propios amigos o familias.

6. Discute además qué lecciones importantes se pueden tomar del ejemplo de Josías. Relaciona las características de celo, devoción y audacia con Josías.

Cronología histórica

Aunque fue un tiempo relativamente corto entre el reinado de Ezequías y el de su bisnieto Josías (57 años), mucho mal había sido hecho por los dos reyes en el medio y el pueblo de Judá una vez más se había alejado del Señor. Aunque se logró mucho bien durante el reinado de Josías, ya era demasiado tarde: el destino de Judá fue sellado (véase 2 Crónicas 36: 15-16).

- Prepara un pequeño símbolo, como un rollo (Libro de la Ley), para representar a Josías. Colócalo en la línea de tiempo cerca de Ezequías.
- Debajo de la línea, escribe Justicia y su definición.

Opciones de actividad

Dados Trivia

Materiales: 30-40 pequeños trozos de dulce

Instrucciones:

Preguntas:

Sección 1 - 34: 1-2

- ¿Qué edad tenía Josías cuando se convirtió en rey? 8 años
- Verdadero o falso. Josías fue un rey desobediente. Falso

Sección 2 - 34: 3-13

- ¿Qué hizo Josías cuando tenía doce años? Él comenzó a destruir los lugares altos en Judá y Jerusalén y los ídolos que estaban en la tierra.
- ¿A quién adoraba Josías? El Dios de David, su padre.
- Enumera 3 formas en que Josías limpió a Judá y Jerusalén? Él derribó ídolos, destruyó lugares altos, derribó altares, esparció su polvo sobre las tumbas de aquellos que los sacrificaron, quemó huesos de sacerdotes en esos altares.
- ¿Qué ordenó Josías después de quitar los ídolos de Judá? La reparación de la casa / templo de Dios.

Sección 3 - 34: 14-33

- ¿Qué se encontró en la casa de Dios? el Libro de la Ley de Moisés
- ¿Por qué Josías rasgó sus vestiduras? Escuchó las palabras de la ley. Él sintió vergüenza y culpa por la desobediencia de su pueblo a Dios.
- ¿Quién le dijo a Josías el significado del Libro de la Ley? Hulda la profetisa.
- ¿Cuál fue la consecuencia de la desobediencia del pueblo? La ira de Dios sería derramada, serían castigados.
- ¿Sería Josías castigado? ¿Por qué o por qué no? No, porque su corazón era tierno, y se humilló rasgando sus ropas y llorando.
- ¿Judá escaparía al castigo? No, sucedería después del tiempo de Josías
- ¿Qué hizo Josías un pacto (una promesa) que hacer? Seguir al Señor, guardar sus mandamientos, estatutos y testimonios con todo su corazón y toda su alma, y obedecer la palabra del Señor que está escrita en el libro.
- ¿El liderazgo de Josías mantuvo al pueblo de Israel obediente a Dios? Sí.

LECCIÓN 29: JUSTICIA

¡Experimentar!

Actividades de aprendizaje

Discute las situaciones en la comunidad que necesitan una reforma. Elige uno y planifica medios para abordar el problema como un grupo. ¿Cómo se puede aplicar la Palabra de Dios a esta situación? ¿Cómo podría Dios usar un grupo de jóvenes que están dedicados a Él? Oren juntos, pidiendo a Dios sabiduría y dirección sobre cómo proceder, luego decidir qué pasos se deben tomar y cuándo. (Maestro: insista en que los alumnos cubran cada paso del proceso en oración. No confrontamos la oscuridad solos. Necesitan el poder y la protección del Espíritu Santo).

Aplicación personal

Piensa en un momento en que, debido a su corta edad, sentiste que no podías abordar o enfrentar un problema en particular. ¿Cómo te hizo sentir? Si hubieras podido vencer tus inhibiciones, ¿qué hubieras podido hacer de forma diferente? ¿Cuál pudo haber sido el resultado? Escribe sobre eso en tu diario.

Opción de actividad

Canción / Poema De La Justicia

Materiales: Papel y utensilio de escritura para cada estudiante, guitarras o instrumentos musicales que los estudiantes tocan (si está disponible). Pizarra, marcador de pizarra.

Instrucciones: Esta lección se hará mejor si los estudiantes saben de antemano traer guitarras o instrumentos musicales que tocan para la lección. También podría requerir que la lección se realice en un lugar donde estén estos instrumentos (como el piano / teclado en un santuario) y eso no será una distribución a otras actividades que ocurren alrededor de la clase.

En la pizarra, escribe algunas posibles sugerencias para sus canciones:

- ▶ Muchas canciones pop o coros tienen de 2 a 3 versos, un estribillo que se repite después de cada verso, y un puente que ocurre después del último estribillo y que se repite al coro. Esto es típico pero no necesario. Anímalos a usar su creatividad.

- ▶ La rima es útil (pero no siempre necesaria) para tener una canción que fluya. Las letras no tienen que rimar todas las líneas, pero pueden rimar a cada dos líneas.

- ▶ Fomentar el uso del lenguaje visual. Las imágenes de palabras a menudo se hacen bien mediante el uso de metáforas (una comparación sin el uso de cómo o como: Eres agua a mi alma) y símiles (una comparación que utiliza como o como: Te necesito como si una planta necesitara lluvia). El uso de metáforas nos ayuda a expresar sentimientos o pensamientos con los que no estamos familiarizados a través de conceptos / sentimientos / experiencias con los que estamos familiarizados.

Entrega a cada alumno una hoja de papel y un utensilio para escribir. Pídeles que comiencen a trabajar individualmente o en grupos para escribir un poema que pueda convertirse en una canción. La canción debe ser sobre las elecciones de Josías y el carácter de justicia. Anima a los alumnos a que también hagan aplicaciones personales en el poema, tanto en las experiencias y sentimientos que tienen en la vida como en la elección de cómo actuarán.

Lluvia De Ideas De Acción Comunitaria

Materiales: Pizarra blanca, marcador de pizarra, utensilios de escritura y papel / diarios para estudiantes, reproductor de video, copia del video "Mil preguntas"

Instrucciones: Josías era joven pero que podía hacer grandes cambios en su sociedad a través de la confianza en Dios. Tienen la capacidad de ayudar a crear un cambio positivo donde viven.

Pídeles a los estudiantes que identifiquen lugares en su comunidad donde reconocen problemas conflictivos. Pídeles que compartan cómo ven que estos problemas afectan la vida de las personas, la forma en que estos temas causan preocupación o dolor para las personas. Escribe las respuestas a bordo o en una hoja de papel.

Si es posible, muestra una sección del video "Mil preguntas" a la clase (comenzando con la línea "Cuántas oraciones están subiendo en este momento" hasta el final del video. Puedes encontrarla en www.youtube.com. Finaliza preguntando: "¿Estarías dispuesto a ayudar a traer el cambio de Dios a esta comunidad?". Brinda a los alumnos la oportunidad de responder poniéndose de pie u otro medio apropiado.

Pídeles a los estudiantes que hagan una lluvia de ideas sobre formas específicas en que puedan comenzar a entender mejor las heridas de las personas en su comunidad y cómo pueden alentarlos, sanarlos, debatirlos y / o solucionar los problemas que afectan las vidas de las personas en la comunidad. Escribe ideas a bordo y haz que los estudiantes escriban notas y pensamientos en un diario.

Haz que un estudiante termine el tiempo en oración.

Busca maneras de hacer un seguimiento con los estudiantes que están cumpliendo con este tipo de problemas intencionalmente. Busca maneras de hablar con ellos, ora con ellos, anímalos a continuar y aprende de lo que están aprendiendo. Busca maneras de ayudar a conectar a estos estudiantes a organizaciones o grupos que ya están trabajando con problemas o grupos similares.

Referencias: "Mil preguntas" (consultadas el 15 de septiembre de 2009), disponibles en www.youtube. com. Internet.

Respondiendo A Nuestro Vecino

Instrucciones:

Haz que el grupo se divida en parejas (o grupos de tres si es más seguro o más apropiado). Diles que el propósito de esta lección es escuchar a los que los rodean con un corazón cristiano y buscar una respuesta cristiana.

Aquí hay algunas preguntas y consejos para ayudar a guiar sus interacciones con las personas que conocen.

Nota: El propósito de hacer preguntas es no solo obtener una respuesta, sino comprender realmente lo que esa persona está experimentando, pensando y sintiendo. Mantén contacto visual cuando una persona está hablando para que sepan que lo que están compartiendo contigo es importante. Deja que la persona hable, no interrumpas. Busca maneras de alentar o apoyar a las personas que conoces.

Consejos para guiar la conversación: preséntate.

Pregúntales en qué cosas piensan o qué cosas les preocupan. Pregunta si puedes orar por ellos.

Consejos para tu actitud:

- Salir con fe de que Dios ya está trabajando en las vidas de las personas con las que te encontrarás y te acercarás a sus hogares con confianza.
- Ora continuamente sobre la marcha. ¡Dios va delante de ti!
- Esperar lo inesperado.
- Esperar que las personas quieran compartir sobre sus vidas.

Está bien si la gente no quiere hablar. Respeta a una persona si no quiere responder o si no es amable. Si las personas quieren hablar, estén dispuestos a escuchar. ¡Deja que sus palabras sean lo más importante!

Cuando los grupos regresen, pídeles que compartan sus experiencias, cómo se sintieron y lo que aprendieron. Oren juntos por un corazón humilde que se preocupa por las personas.

Referencias: http://www1.salvationarmy.org/ihq/www_sa.nsf/766d2187c97e6bf180256cf400 5d2284 / fdb5578e5e1a3c9280256f0e004aed0e / $ FILE / mission_in_community-lr.pdf

Asignación

1. Escribe el nombre del personaje de la Biblia estudiado, la calidad de liderazgo del personaje (con tu definición) y el versículo clave en tu diario.
2. Lograr el proyecto de reforma de la comunidad. Comparte un informe con tu iglesia.
3. Lee Daniel 1-3 en preparación para la lección de la próxima semana.

30 Daniel-Parte 1

Pureza:
No contaminarse por influencias mundanas

¡Contratar!

Culto
Escritura sugerida: Salmo 119:9-11 o 1 Timoteo 4:12

Actividad motivacional

Opciones de actividad

Cassie Bernall: Mártir Moderno

Materiales: Artículos de noticias sobre la Masacre de Columbine High School del 20 de abril de 1999

Instrucciones:

A continuación hay dos artículos escritos sobre Cassie Bernall, una de las víctimas del tiroteo de Columbine High School que ocurrió en abril de 1999. Muchos más artículos de periódicos están disponibles en el mismo sitio web, http: // www. geocities.com/ CassieBernall/ o visite http: //www.christianhistorytimeline. com / DAILYF / 2002/04 / daily-04-20-2002.shtml o http://www.geocities.com/

CassieReneBernall / para resúmenes más concisos de los eventos, incluyendo el relato de Rachel Scott, otra niña que profesó fe en Dios antes de ser baleada el mismo día.

Comparta los artículos o su propio resumen de los eventos con los estudiantes. Permite que respondan con sus reacciones iniciales. En este punto, puede ser mejor dividirlos en grupos de discusión más pequeños. Pídales que bajen la cabeza, cierren los ojos y se imaginen en el lugar de Cassie, o en una situación similar en su propia escuela. Después de un minuto o dos, pídales que le digan a su grupo, con la honestidad que su imaginación les permita, cómo habrían respondido en esas circunstancias.

Noticias de Denver Rocky Mountain

por Carla Crowder, 1999

Un asesino de Columbine apuntó con su arma a Cassie Bernall y le hizo una pregunta sobre la vida o la muerte: "¿Crees en Dios?". Hizo una pausa. El arma todavía estaba allí. "Sí, Yo creo en Dios ", dijo ella. (Alan Keyes en el Worldnet Daily dijo: "Varios de los estudiantes de Columbine High han hablado de estar con una chica cuando un pistolero le preguntó al grupo si alguno de ellos creía en Jesucristo. La niña dudó un momento y luego dijo: "Sí". El pistolero dijo "¿por qué?" Y la mató ". Eso fue lo último que dijo esta cristiana de 17 años. El pistolero le preguntó "¿Por qué?" No tuvo tiempo de responder antes de que la mataran a tiros. Cassie ingresó a la biblioteca de Columbine High School para estudiar durante el almuerzo. Se fue como un mártir.

Aunque muchos de sus compañeros estudiantes de Columbine ya eran fuertes, cristianos, la confesión de Bernall frente a la muerte los ha inspirado a mantener la fe sin importar lo malo que sea. Ella hizo algo que uno de los ladrones hizo cuando Jesús estaba en la cruz. Ella admitió que creía en Jesucristo antes de morir ", dijo Joshua Lapp, un estudiante de segundo año de Columbine de 16 años y miembro de la Iglesia Luterana St. Philip. Agachado en la biblioteca, escondiéndose de los hombres armados, escuchó mientras Bernall era asesinado a balazos después de su confesión. ¿Cómo habría reaccionado? "Habría hecho lo mismo que ella", dijo Lapp. Solo sabía que Bernall no podía pasar por los pasillos de la escuela. Pero su voz aún se detenía mientras hablaba de ella. Fue solo ... ella es ... después de decir eso, sabes que ahora está en un lugar mejor ", dijo Lapp. "Ella murió por su fe".

Por eso murió y así vivió toda su vida.

Ella fue una mártir de Jesús ", dijo Crystal Woodman, un joven de Columbine y miembro del grupo juvenil de Bernall en West Bowles Community Church. Las chicas solían ofrecerse como voluntarias juntas, llegando a las personas sin hogar en el centro de la ciudad. Woodman también escapó de la biblioteca y solo después de pedirle a Dios que "envía a tus ángeles". Adolescentes como Lapp y Woodman no culpan a Dios por la violencia del martes.

"Todos los que lo lograron, saben que lo lograron por alguna razón, o que alguien los estaba cuidando", dijo Lapp. Las iglesias donde estos estudiantes adoran han tenido innumerables vigilias, homenajes y sesiones de consejería esta semana. El jueves, otra sesión de oración surgió del barro y el barro en el parque frente a Columbine. Al principio era solo un pequeño círculo.

El equipo de soccer Fe de Faith Christian School de Arvada había venido en su sudadera marrón para orar en el sitio. Cientos de personas zumbaban a su alrededor: amigos, estudiantes y extraños arrastrando carteles, flores y cartas a los monumentos gigantes que crecían en el parque. Las chicas oraron y el círculo creció. Veinte niños, luego 50. Sosteniendo las manos, cantando himnos. Voces jóvenes rezando en voz alta bajo un frío cielo gris pizarra. Mat Baker, un chico de aspecto duro con jeans holgados, una sudadera Tommy Hilfiger y la gorra de béisbol bajada hacia atrás, oró: "Si nos inclinamos hacia ti, Dios, sabemos que te vas a inclinar hacia nosotros". El círculo se hacía cada vez más grande, desplazando a los equipos de televisión luchando por salir a la luz.

Cien niños. Tal vez 120. Finalmente, todos callaron, capturados por una voz dulce y aguda. "La única forma en que superarás esto es a través de Jesús. Si no tienes a Jesús, busca a Jesús ", dijo ella. "No sabes si lo tendrás mañana". Era la voz de Sam Matherne, un estudiante de Cherry Creek High School y miembro del Orchard Road Christian Center. Ella también era amiga de Rachel Scott. "Mi mejor amigo murió allí, no dejes que sea en vano", dijo Matherne. Cerca de allí, gotas de lluvia repicaban en los monumentos, borrando carteles y cartas. Una carta a Bernall y a Dios, escrita en papel de cuaderno blanco, se mantuvo seca bajo una carpa. "Esta chica dulce e inocente (es) una de tus criaturas más preciadas y el mundo ha sufrido una gran pérdida". Pero, como lo ven estos adolescentes, según Woodman, amigo de Bernall, "ahora ella está en el cielo". Está mucho mejor que cualquiera de nosotros ".

Seminario de Phoenix

por Kent DelHousaye, 1999

Cuando Cassie Bernall proclamó tan audazmente su fe en Jesucristo, su Dios no la salvó. Las palabras que salieron de su boca le costaron la vida, y la gente se pregunta por qué una joven se pondría en peligro por una creencia religiosa. Incluso si ella creía en Jesús,

¿por qué no mintió al respecto? Todo lo que tenía que hacer era cerrar la boca y ella podría haberse alejado aun respirando. ¿No pensaba ella en su familia, en sus amigos, en ella misma? Muchos de nosotros nos alejamos de esta tragedia en Columbine High School en Littleton, Colorado, con muchas preguntas sin contestar. Sin embargo, una cosa está clara: los dos jóvenes asesinos tenían mucho para elegir con algunos de sus compañeros de clase, es decir, atletas, minorías y cristianos. Sí, cristianos.

Las autoridades en Colorado han establecido claramente que los dos asesinos eran anti-jock y anti-minoritarios, pero solo en los últimos días la nación realmente consideró que eran anti-cristianos, incluso anti-fe. Sin lugar a dudas, muchos han muerto debido a su profesión de fe, pero rara vez se muestra el martirio tan claramente como lo fue en Columbine High School. Presionados con preguntas, muchos cristianos dirían que morirían por su fe, pero pocos son atacados al respecto.

El 20 de abril, Cassie Bernall fue tomada. Cuando el pistolero le preguntó si ella creía en Jesús, ella sin dudarlo respondió que sí. Al pistolero no le gustó su respuesta, por lo que disparó y la mató. Nos avergonzamos porque no comprendemos esta predicción. ¿No debería Dios proteger a aquellos que han puesto su fe en él? Si Dios realmente existe, ¿por qué permitiría que su hijo sufriera así?

Esta es una pregunta legítima. Para encontrar una respuesta, deberíamos preguntarle a la familia y amigos en duelo de Cassie. Te dirán que Cassie ahora está en los brazos de su padre celestial porque la quiere allí. La tarea que Él le asignó a la Tierra para su realización fue completa, aunque desde nuestra perspectiva creemos que fue incompleta. Si a Cassie se le daba otra oportunidad de responderle al pistolero, ella no cambiaría su respuesta porque ahora comprende que Dios la está reteniendo más en el cielo porque se mantuvo tan cerca de Él en la Tierra. Su acto de coraje no fue en vano porque el mundo vio la belleza de su fe y la gloria de su Dios.

Referencias: Denver Rocky Mountain News, por Carla Crowder, 1999 (título del artículo no proporcionado) y Phoenix Seminary, por Kent DelHousaye, 1999 (título del artículo no proporcionado) al que se accede a través del sitio web http:// www.geocities.com/CassieBernall/ el 19 de septiembre de 2009.

Explorar!

Pasaje(s) de la Escritura: Daniel 1 y 3

Verso(s) clave: Daniel 3:17-18

Estudio Bíblico

1. Dan. 1: 1-8: Lee el pasaje y analiza la resolución de Daniel. (Maestro: da una idea en las leyes hebreas con respecto a la comida).
    - ¿Por qué era importante evitar la comida y el vino reales?
    - ¿Qué atracciones mundanas influyen en sus pares hoy? ¿Cómo evitas ser influenciado también?

2. Dan. 1: 9-16: ¿Cómo honró Dios la determinación de Daniel de mantener su pureza y la de sus compañeros? ¿Qué consecuencias positivas has visto para mantener la pureza?

3. Dan. 1: 17-21: ¡Guau! ¡Su sabiduría fue increíble! ¿De dónde vino? ¿Crees que Dios también podría darte sabiduría?

Lección 30: Pureza

4. Dan. 3: 8-18: Discute la actitud de los tres amigos acerca de inclinarse ante la imagen.
   - ¿Qué era más valioso para ellos, sus vidas o su pureza?
   - ¿Qué significa la palabra "pureza" para ti? (Elije una palabra filipina y por qué elegiste esa palabra.)
5. Dan. 3: 19-27: comenta lo que sucedió en este pasaje. Esta es una historia asombrosa de la presencia de Dios así como de su liberación: ¡un ángel, o tal vez Jesús mismo, estaba en el horno con ellos! Qué impacto tuvieron estos 3 porque eligieron mantener su pureza, incluso frente a la muerte. Nuevamente, Dios honró su compromiso. Dios puede elegir usarte de la misma manera. ¿Mantendrás tu testimonio fuerte y puro?
6. Dan. 3: 28-30: El rey Nabucodonosor elogió el nombre de Dios como resultado de esta demostración de integridad y del poder de Dios. ¿Cuáles fueron los otros resultados de este evento? ¿De qué manera el mantener su integridad puede influenciar a las personas a su alrededor? ¿Cómo puedes estar seguro de que Dios obtuvo la gloria?

Cronología histórica

Daniel y sus tres amigos Hananías (Sadrac), Mishael (Mesac) y Azazriah (Abed-nego) fueron capturados por el rey Nabucodonosor y llevados a Babilonia durante el reinado de Joacim, uno de los últimos reyes de Judá.

▶ Prepara un pequeño símbolo, como un horno de fuego, para representar a los tres amigos de Daniel. Adjúntalo a la línea de tiempo a una corta distancia del Rey Josías.

▶ Debajo de la línea escriba Pureza y su definición.

¡Experimentar!

Actividades de aprendizaje

Considera usar la historia de Rachel Scott, otra de las víctimas de Columbine. (Ver http://en.wikipedia.org/wiki/Rachel_Scott y siga el enlace a "Rachel's Tears: The Spiritual Journey of Columbine Martyr Rachel Scott") Pide a los alumnos que consideren los efectos de largo alcance de la vida y la muerte de Rachel debido a su posición por su fe

Aplicación personal

Es posible que algún día tu fe te ponga en una situación de vida o muerte donde tendrás que elegir entre mantener tu integridad y pureza ante Dios o ceder a la presión. Imagina cómo hubieras respondido si hubieras estado en la situación de Shadrach, Meshach y Abednego, o Cassie Bernall y Rachel Scott. ¿Qué habrías hecho? Escribe tus pensamientos en tu diario.

Asignación

1. Escribe el nombre del personaje de la Biblia estudiada, la calidad de liderazgo del personaje (con tu definición) y el verso clave en tu diario.
2. Lee Daniel 6 antes de la reunión de la próxima semana.

31 DANIEL - PARTE 2

ORACIÓN:
Reconociendo mi necesidad de comunicación con Dios en todo momento

¡CONTRATAR!

CULTO

Escritura sugerida: Salmo 5:1-8

Canciones sugeridas: Hambriento; Respirar

ACTIVIDAD MOTIVACIONAL

- Haz que los estudiantes compartan lo que creen que es el verdadero propósito de la oración. Haz que enumeren o describan los diferentes tipos o partes de la oración (como alabanza, acción de gracias, confesión, hacer solicitudes, interceder por otros). ¿Cuáles son más importantes? ¿Cuáles practicamos más? ¿Cuáles a menudo descuidamos?

¡EXPLORAR!

PASAJE(S) DE LA ESCRITURA: Daniel 6

VERSO(S) CLAVE: Daniel 6:10

ESTUDIO BÍBLICO

1. Dan. 6: 1-3: ¿Qué aprendemos acerca de Daniel en este pasaje? ¿Por qué el Rey Darío lo toma como un administrador?

2. Dan. 6: 4-5: ¿Cuál fue la queja de los otros administradores y sátrapas? ¿Qué crees que los motivó a buscar cargos contra Daniel?

3. Dan. 6: 6-15: ¿Qué podemos aprender de la respuesta de Daniel al decreto del rey? ¿Por qué continuó haciendo lo que había hecho antes, a pesar de la nueva ley en contra? Discute la importancia de la vida de oración de Daniel para su trabajo y ministerio como un exiliado en Babilonia.

    - ¿Cómo sabes que su vida de oración fue importante para Daniel?
    - ¿Qué tan importante para ti es tu vida de oración? ¿Tienes un hábito regular de la oración?
    - ¿Por qué la oración es tan importante en la vida de un líder cristiano?

4. Dan. 6: 16-18: Podemos ver por la reacción del rey que Daniel era especial para él. Desafortunadamente, debido a la naturaleza de sus leyes, no pudo salvar a Daniel. Sin embargo, el Rey Darío parecía tener alguna esperanza en el Dios de Daniel. ¿Alguna vez has estado en una situación que parecía desesperada a menos que Dios interviniera?

5. Dan. 6: 19-23: Aquí vemos el poder de la oración. ¿Cómo fue Daniel rescatado de los leones hambrientos? Si Dios es lo suficientemente poderoso como para rescatar a alguien de los leones, ¿hay alguna amenaza que no puedas vencer?

Lección 31: Oración

6. Dan. 6: 24-27: ¿Cuáles fueron los resultados de la oración contestada?
   - ¿Se han sorprendido tus amigos y vecinos cuando Dios te ha respondido una oración?
   - ¿Te acuerdas de darle a Dios la gloria por la oración contestada?
7. Dan. 6:28: ¿Qué evidencia tenemos de que Daniel continuó su vida de oración?

Opciones de actividad

Actuar Oración

Materiales: Pedazos de papel

Instrucciones: Da a los alumnos una hoja de papel y permítales hacer una oración personal utilizando "ACAS" como guía para incluir los siguientes elementos: Adoración, Confesión, Acción de Gracias y Súplica. Explica los términos si es necesario, mencionando que la súplica puede incluir la intercesión por las necesidades de los demás, no solo las suyas.

Orando Diario Como Daniel

Materiales: Cuadernos / diarios propios de los estudiantes

Instrucciones: Dé a los estudiantes un cuaderno o pídeles que designen una parte de sus diarios como su "Diario de oración como Daniel". Después de discutir con los estudiantes la vida de oración de Daniel y cómo movió el corazón de Dios a intervenir en su situación realizando un milagro solo para salvar su vida de los leones, anima a los jóvenes a hacer de su estilo de vida la oración. Comienza con un compromiso de orar como Daniel (en la mañana, a las 3:00 p.m. y antes de acostarse). Luego, deberían escribir en su diario la hora exacta, las circunstancias y la ubicación cuando oraron y sobre lo que oraron. Diles que hagan esto a partir del día siguiente y que el diario se verificará durante su próxima reunión. Después de consultarlo la semana siguiente, anímeles a que continúen escribiendo en su diario y orando, incluso si no lo revisan. Aliéntalos a que se comprometan a hablar con Dios regularmente.

Cronología histórica

Daniel ocupó un alto cargo en un gobierno extranjero durante el reinado de tres diferentes reyes. Obviamente tenía mucha influencia, y sus convicciones espirituales, incluido su hábito de orar al único Dios verdadero, era conocido e influía incluso en los reyes a los que servía.

▶ Si lo deseas, puedes preparar otro pequeño símbolo, como un león, para representar el ministerio en curso de Daniel y agregarlo a la línea de tiempo.

▶ Debajo de la línea, escriba Oración y su definición.

¡Experimentar!

Actividades de aprendizaje

Pase tiempo discutiendo sobre la oración y las experiencias de los alumnos con la oración - respondió o sin respuesta. Discute por qué Dios algunas veces contesta nuestras oraciones y otras veces no. Haz que los estudiantes se dividan en grupos de 2 o 3 y luego pídales que discutan lo siguiente:

- ¿Cuáles son sus preocupaciones de oración en este momento?
- ¿Realmente confías en que Dios tiene el poder de responder a tus oraciones?
- ¿Crees que es la voluntad de Dios responder a su pedido particular?

Deles a los grupos tiempo para orar juntos con respecto a sus preocupaciones específicas de oración.

Aplicación personal

Encuentra versículos sobre la oración, como Colosenses 4: 2, en el Nuevo Testamento. Reflexiona sobre la importancia de la vida de oración individual y escribe una respuesta en tu diario. Tal vez te gustaría establecer un hábito de oración 3x / día como Daniel.

Opciones de actividad

Oraciones Contestadas

Materiales: Pedazos de papel

Instrucciones: Dales a los estudiantes una hoja de papel o pídeles que creen la siguiente tabla en sus diarios. Anímalos a enumerar al menos 10 oraciones que hayan visto respondidas en su vida.

Solicitud de oración	Cuando se responde	Cómo se responde	Persona Instrumento

Asignación

1. Escribe el nombre del personaje bíblico estudiado, la calidad de liderazgo del personaje (con tu definición) y el versículo clave en su diario.
2. Lee Jeremías 1 y 2 en preparación para la próxima semana.

32 JEREMÍAS

APASIONADO:
Incapaz de ocultar la verdad, incluso ante la persecución

¡CONTRATAR!

CULTO
Escrituras sugeridas: Salmo 25:4-10
Canciones sugeridas: Grita tu fama; Días de Elías

ACTIVIDAD MOTIVACIONAL
Divide a los alumnos en grupos de 3 o 4. Proporciona a cada grupo una hoja grande de papel y lápices de colores o rotuladores. Pídeles que lean y analicen cómo ilustrar el Salmo 115: 2-8. Anímalos a que sea relevante para la cultura actual. Dales tiempo para completar sus dibujos. Si hay tiempo, permítales compartir comentarios sobre su ilustración con los otros grupos.

OPCIONES DE ACTIVIDAD

AEROPUERTO

Materiales: Papeles de diferentes colores y texturas

Instrucciones: Explica que vas a tener un concurso de vuelo de aviones de papel. Diles que pueden usar cualquier diseño de avión de papel que quieran y que se otorgarán premios a los mejores aviones.

Haz que elijan socios. Después de que los pares elijan su papel, deles aproximadamente 10 minutos para diseñar y crear sus planos. Luego, llama a concursos de tiempo y contenido para ver cosas tales como la distancia, la acrobacia, la cantidad de tiempo en el aire y la singularidad del diseño. Además, otorga premios por los aviones que volaron la distancia más corta, permanecieron en el aire el tiempo más corto y fueron más peligrosos para los transeúntes inocentes. Haz de esto un momento divertido y optimista para los jóvenes.

Después de los premios, combina 2 o 3 equipos de diseño para formar grupos pequeños. Haz que los niños se turnen para responder y explorar las siguientes preguntas de discusión:

- Si recibieras un premio por tu relación con Dios, ¿cómo se titularía el premio?
- ¿Qué puedes ver desde tu ubicación actual en vuelo? ¿Cuáles son los grandes problemas para ti ahora mismo en tu relación con Dios?
- ¿Cuáles son tus planes de vuelo? ¿A dónde te gustaría ir en tu relación con Dios?
- ¿Qué cosas específicas puedes hacer para alcanzar esos objetivos en tu relación con Dios?
- ¿Cómo puede este grupo hacerte responsable cuando ejecutas tu nuevo plan de vuelo?

FUENTE: Rydberg, Denny. "TrustBuilders" Group Publishing Inc., Loveland, Colorado 1993 p. 116

¡Explorar!

Pasaje(s) de la Escritura: Varios pasajes de Jeremías (ver abajo).
Verso(s) clave: Jeremías 20:8-9

Estudio Bíblico

1. Jer. 1: 4-10: lee el pasaje y comparte pensamientos sobre el llamado que Dios planeó para cada uno de nosotros antes de que naciéramos
   - ¿Cómo te hace sentir eso? ¿Cómo crees que se sintió Jeremías?
   - ¿Qué promesa puedes reclamar de este pasaje?
2. Jer. 2: 9-13: los israelitas habían "cambiado su gloria" por ídolos sin valor. ¿Qué significa esto?
   - ¿Filipinas ha hecho lo mismo? ¿Si es así, cómo?
   - ¿Qué le diría Dios a nuestro país hoy?
3. Jer. 2:20, 26-28: Hay muchos ídolos que pueden llevar a las personas por el camino equivocado. Reflexiona personalmente sobre estos versículos: ¿cuáles son los ídolos en tu vida?
4. Jer. 4: 19-22: ¿Qué causó tal angustia a Jeremías? ¿Qué podría hacer que un cristiano se sintiera angustiado así hoy? ¿Alguna vez has sentido ese tipo de angustia por la gente de tu propio país? ¿Qué podría motivarte a hacer?
5. Jer. 15: 15-21: Reflexiona sobre la oración de Jeremías y la respuesta del Señor. ¿Cuál fue la promesa de Dios a Jeremías?
6. Jer. 17: 5-8: Compara las consecuencias para el que confía en el hombre, que depende de sí mismo para su fortaleza y cuyo corazón se aleja del Señor con el que confía en el Señor, cuya confianza está en él.
7. Jer. 20: 7-13: En este pasaje, Jeremías pasa de una queja amarga a una alabanza.
   - ¿Alguna vez has tenido una queja contra Dios? ¿Te sentiste libre de expresar tu queja a Dios?
   - Jeremías estaba cansado de la oposición que recibió a su mensaje. Él quería abandonar. Pero, ¿cómo se sintió cuando trató de retener su mensaje?
   - Esa sensación de ardor fue un signo de pasión. ¿Alguna vez has experimentado algo así? ¿Cómo te sentiste?
8. Jer. 26: 1-19: Jeremías fue fiel en proclamar la palabra del Señor aun frente a la muerte. Sabía que no podía ocultar la verdad, sin importar lo que sucediera. ¿Cómo finalmente respondió la gente?

Opciones de actividad

Afirmaciones De Globos

Materiales: Globos

Instrucciones: Distribuye lápices, dos hojas de papel y dos globos desinflados a cada persona. Pídeles a los niños que escriban su nombre en dos hojas de papel. Recoge las hojas de papel y mézclalas en un sombrero. Pídeles a los niños que dibujen dos nombres del sombrero y que escriban afirmaciones sobre las personas que están al otro lado de las hojas de papel. (Si un joven saca su propio nombre, pídele que dibuje nuevamente).

Lección 32: Apasionado

Recuérdale a los jóvenes que digan cosas positivas. Haz que los niños inserten las afirmaciones en sus globos, exploten los globos y los aten. Haz que los jóvenes formen un círculo y golpeen los globos por varios minutos. Luego pídeles a los miembros que agarren dos globos cada uno. Uno por uno, haz que el joven revele los globos con un alfiler y lea en voz alta las afirmaciones y los nombres.

PREGUNTAS DE DISCUSIÓN:

- ¿Qué sientes cuando eres el que da las afirmaciones? ¿Cómo crees que se sintió la otra persona cuando recibió la afirmación?
- ¿Cómo te sentiste cuando alguien te dio una afirmación?
- ¿Qué diferente sentirías si, como el Profeta Jeremías, Dios te dijera que dieras un mensaje a las personas a las que no les gustará lo que dirás?

Procede con la discusión de la historia de Jeremías.

FUENTE: Rydberg, Denny. "TrustBuilders" Group Publishing Inc., Loveland, Colorado 1993 p. 85

Lanzar Esa Bola

Instrucciones: Haz que los jóvenes se sienten en círculo para que todos puedan ver las caras del otro. El maestro arrojará una pelota primero a un joven que desee contestar la primera pregunta. Entonces ese joven será quien arroje la pelota a otra persona a la que desee responder la siguiente pregunta.

Cronología Histórica

Jeremías comenzó su ministerio como profeta desde el tiempo del reinado del rey Josías a través del cautiverio del pueblo de Judá. A través de él, Dios continuó advirtiendo a su pueblo hasta el momento de su merecido juicio.

- Prepara un pequeño símbolo, como una ventana con barras de hierro, y conéctalo a la línea de tiempo al lado de Daniel. Debajo del símbolo, escribe 600 B.C.
- Debajo de la línea, escribe Apasionado y su definición.

¡Experimentar!

Actividades de aprendizaje

Discutan lo siguiente:

Imagina un profeta como Jeremías viniendo a las Filipinas. ¿Qué preocupaciones abordaría? ¿Que podría suceder? Divide en 2 grupos y dramatiza sus ideas, o permanece como un grupo y prepara una obra de teatro para la iglesia o la Escuela Dominical u otro lugar.

Aplicación personal

¿Cómo puedes ser un Jeremías para tu comunidad? Tu mensaje no será el mismo que el de Jeremías, pero ¿qué mensaje te ha dado Dios? Escribe sobre eso en tu diario. Piensa en cuándo y dónde debes compartir su mensaje. Ora por eso.

Opciones de actividad

Cómo Decirlo: Tips

Materiales: Papel manila, materiales de escritura

Instrucciones: Divide a los jóvenes en dos grupos. Entrega a cada grupo un papel manila y algunos materiales de escritura. Diles que formulen pautas o consejos para enfrentar eficazmente a un amigo o a alguien que creen que está haciendo algo mal (por ejemplo, un amigo que habla de alguien). Diles a los jóvenes que piensen juntos y propongan no menos de 3 pautas. Luego deben elegir a alguien para compartir lo que han escrito.

Asignación

1. Escribe el nombre del personaje de la Biblia estudiado, la calidad de liderazgo del personaje enfocado (con tu definición) y el versículo clave en tu diario.
2. Lee Ester 1-8 en preparación para la lección de la próxima semana. Esta es una tarea larga, pero es una historia fascinante.

33 ESTER

DISCRECIÓN:
Capacidad de evitar palabras o acciones que pueden tener consecuencias indeseables

¡Contratar!

Culto
Escrituras sugeridas: Proverbios 16:20-23

Canciones sugeridas: Señor, reina en mí

Actividad motivacional
Preparar una serie de estudios de casos, ya sea de situaciones de la vida real o imaginarias, pero escenarios realistas, que requieren confrontación o mediación. Haz que los estudiantes actúen o discutan cómo manejarían normalmente ese tipo de situaciones. (Después de la lección, tendrán la oportunidad de revisar su enfoque en función de lo que hayan aprendido).

Opciones de actividad

Búsqueda De Noticias

Materiales: Recursos de Internet (artículos impresos) o Periódicos

Instrucciones:

1. Proporciona periódicos recientes o imprime la página de titulares de sitios web relacionados con noticias.

2. Distribuye esto a los estudiantes y pídeles que busquen ejemplos de personas que salvó, rescataron u oraron por su sociedad o país.

3. Haz que los estudiantes compartan sus hallazgos. Pídeles que hablen particularmente sobre el "héroe" en el artículo de noticias elegido.

    - ¿Cómo surgió el "héroe" en la historia con una forma de ayudar o contribuir a la solución del problema? ¿Era audaz? ¿agresivo? ¿cauteloso? ¿Hizo mucha preparación y pensamiento antes y durante el proceso de ayudar?

4. Pregúntale a cada estudiante qué harían si estuvieran en la situación de su "héroe" elegido.

    - ¿Qué tan bien manejas situaciones desesperadas o confrontaciones delicadas con personas difíciles?

Referencias: Conexiones de fe diciembre / enero / febrero (Kansas City: Wordaction, 2006-7), P36

Guarda Espaldas

Materiales: Bolas pequeñas y suaves

Instrucciones:

1. Los jugadores se paran en un círculo y dos voluntarios, el cliente y el guardaespaldas, entran en el medio.
2. El guardaespaldas debe tratar de proteger a su cliente de las bolas que están siendo arrojadas por aquellos que forman el círculo.
3. Si el cliente recibe un golpe, los dos voluntarios cambian los roles. Una vez que el nuevo Cliente ha sido golpeado, selecciona dos nuevos voluntarios.
4. Dales tiempo para compartir comentarios sobre lo difícil que fue sacar al cliente de las bolas.
5. Comienza el estudio de la Biblia y relaciona la actividad con la historia de Ester.

Referencias: http://www.games4youthgroups.com/contest-games/Bodyguard.html

¡Explorar!

Pasaje(s) de la Escritura: Ester 4-7

Verso(s) clave: Ester 4:16

Estudio Bíblico

1. Ester 4: Ester reconoció cuán crítica era la situación para su gente y buscó la ayuda de Dios para eso. Discute cómo Ester se preparó para la confrontación necesaria.

   - Versículos 12-14: Mardoqueo le dijo a Ester que ella era la única esperanza de los israelitas para sobrevivir, lo que implica que ella no estaba en esa posición por accidente. Habla sobre situaciones en las que uno se encuentra "atrapado en el medio" de una situación crítica que puede tener riesgos involucrados. Comparte el contexto de la situación y cómo te sentiste en ese momento.
   - Versículo 15-16: ¿Por qué Ester estaba tan preocupada? Las cuentas históricas muestran que Asuero era un rey peligrosamente impulsivo e impredecible. A pesar de su alta posición, la vida de Ester estaba en riesgo. ¿Cómo respondió Ester a las palabras de Mardoqueo?
   - ¿Cómo respondes habitualmente cuando la gente te pide que medies algo o confrontes a alguien para arreglar un conflicto?
   - Nota las valientes palabras de Ester en el versículo 16. ¿Alguna vez pensaste de la misma manera cuando acordaste mediar en un conflicto? ("Bahala na, patay kung patay!")
   - ¿Qué riesgos están involucrados en hacer tal mediación?

2. Ester 5: 1-8: Discute la manera en que Ester se acerca y habla con el rey.

   - Nota las palabras que Ester usó cuando habló con el rey. ¿Cuál es la importancia de nuestra forma de hablar al enfrentar a alguien para resolver un conflicto? Comparte información personal sobre la forma correcta de hacerlo.
   - Habla sobre cómo las palabras precipitadas e insensibles pueden causar más conflictos.

LECCIÓN 33: DISCRECIÓN

3. Ester 5:9-capítulo 6: la audacia y la discreción de Ester condujeron a la honra de Mardoqueo y la ejecución de Amán. En definitiva, los judíos fueron salvados.

   - Permite que los estudiantes compartan experiencias personales de las bendiciones que siguieron a una mediación y confrontación exitosas.
   - En contraste, ¿qué sucede cuando una confrontación se maneja incorrectamente?

4. Relacionar la discreción con la sabiduría, la audacia y la gentileza.

   - Dios nos urge a hacer todo en amor (ver 1 Corintios 16:14 y Efesios 4: 2). Tener discreción es una forma de mostrar amor en nuestras relaciones con las personas. De todo lo que se ha discutido para esta lección, revisa qué es la discreción y cuán importante es para los cristianos practicar esto.

CRONOLOGÍA HISTÓRICA

- No mucho después del reinado de Josías, Jerusalén fue conquistada por el rey Nabucodonosor de Babilonia. Las personas, incluido el primo de Ester, Mardoqueo, fueron llevadas al cautiverio. Aproximadamente 50 años después de eso, Babilonia fue conquistada por Ciro, rey de Persia. Su reinado fue seguido por Darío y luego por Asuero, el rey de Ester.

- Prepara un pequeño símbolo, como un cetro, para representar a Ester. Colócalo en la línea de tiempo cerca de Jeremías. En la línea entre Jeremías y Ester, escriba el año 500 aC (Ester se convirtió en reina alrededor del 478 aC)

- Debajo de la línea, escribe Discreción y su definición.

OPCIONES DE ACTIVIDAD

FABRICACIÓN DE PERIÓDICOS

Materiales: Papel de tamaño A4, lápices de colores y otros instrumentos de escritura.

Instrucciones:

1. Divide la clase en dos o tres grupos y pídeles que informen sobre la situación de los judíos en ese punto de la historia.

2. Anima a los estudiantes a revisar y resumir la historia o permitirles reconstruir una versión contemporánea de la historia.

3. Aliéntalos a agregar sus reflexiones sobre la discreción de Ester (por ejemplo, una entrevista creativa con Ester para el periódico).

4. Cada grupo debe presentar su trabajo a la clase, compartiendo sus diferentes perspectivas entre sí.

¡Experimentar!

Actividades de aprendizaje

Refiérete a los estudios de casos discutidos anteriormente. ¿Qué aprendiste de la lección sobre Ester que podría ayudarte a manejar las situaciones de manera diferente? Considera la importancia del tiempo en el ejercicio de la discreción. ¿Cómo puede aplicar discreción a su enfoque de estos estudios de casos?

Aplicación personal

¿Eres una persona discreta o usualmente "no lo entiendes" hasta que sea demasiado tarde? Santiago da algunos sabios consejos. Lee Santiago 1:18. ¿Qué tiene esto que ver con la discreción? Escribe sobre ello en tu diario y pídele a Dios que te ayude a desarrollar esta importante cualidad.

Opciones de actividad

Bombas De Oración

Materiales: Lista de oraciones, silla, pañuelos de papel

Instrucciones:

1. Pídeles a los alumnos que compartan si necesitan una oración urgente o seria.
2. Cuando un alumno comparte algo, todos los demás miembros deben escucharlo con atención.
3. Ora por quien comparte rodeándolo y colocando sus manos sobre el hombro o la espalda de la persona.

Asignación

1. Escribe el nombre de la persona de la Biblia estudiada, la calidad del personaje de liderazgo enfocado (con tu definición) y el versículo clave en tu diario.
2. Lee Esdras 7:1-10, 27, 28 en preparación para la lección de la próxima semana.

34 ESDRAS

CONSCIENTE:
guiado por un fuerte sentido de lo correcto y lo incorrecto

¡CONTRATAR!

CULTO

Escrituras sugeridas: Salmo 119:9-16

Canciones sugeridas: Refiner's Fire; Sana nuestra tierra

ACTIVIDAD MOTIVACIONAL

¡Planifica un viaje! Imagina que ha habido algún tipo de crisis y necesitas mover a la gente de tu baranggay a otra ubicación a más de 200 km de distancia a un lugar donde nunca has estado. ¿Qué factores necesitarás considerar? ¿Cómo los convencerás de que vayan contigo? ¿Qué planes necesitarás hacer para su bienestar? ¿Cuáles son los elementos esenciales que deberás tomar? ¿Cómo los prepararás para la vida en la nueva ubicación?

OPCIONES DE ACTIVIDAD

JUEGO DE PALABRAS Y VIDA

Materiales: Trozos de papel, de color si lo desea.

Instrucciones:

1. Prepara una lista de versículos de la Biblia que generalmente se usan como base moral para situaciones prácticas como "ora sin cesar", "se fuerte y valiente …". Haz dos copias de la lista de referencias de las Escrituras.

2. Prepara una lista de situaciones prácticas o contemporáneas o problemas que enfrentan las personas. Estas situaciones deben coincidir con los pasajes bíblicos elegidos.

3. Para el juego real, divide a los estudiantes en dos grupos y dale a cada grupo una copia de la lista de versículos (esto solo debería indicar la referencia, no el pasaje en sí).

4. El maestro o facilitador se parará al frente mientras los dos grupos estarán en el extremo opuesto de la habitación. Debe haber cierta distancia entre los estudiantes y el maestro.

   - El docente elige y lee una situación en voz alta dos veces solamente. Los estudiantes luego mirarán su lista y, con sus Biblias, tratarán de encontrar el versículo más apropiado para la situación de lectura. Cuando un grupo ha decidido, un representante correrá hacia el maestro para mostrar el versículo elegido.

5. El maestro juzgará si el versículo es relevante para la situación que se leyó. Si es así, el grupo obtiene un punto. Este podría ser el mejor de cinco juegos, o el equipo que tenga la mayoría de las respuestas correctas.

Nota: el grupo puede defender su respuesta al maestro o al otro grupo. El profesor decidirá si el punto del grupo es realmente relevante.

¡Explorar!

Pasaje(s) de la Escritura: Esdras 8:15-23; 9:1-10:17
Verso(s) clave: Esdras 7:10

Estudio Bíblico

1. Esdras 8: 15-23: Esdras era un hombre de acción y oración. Observa cómo hizo preparativos y organizó a las personas para su viaje. Prestó atención a los detalles, como pedir a los sacerdotes que se unieran a su viaje.
   - En los versículos 18 y 21-23, Esdras reconoció la importancia de la presencia de Dios y gracia en pasar por un desafío. Comparte reflexiones sobre cuánto deberíamos pedir y permite la guía de Dios en todo lo que hacemos.
   - Permite que los estudiantes compartan instancias personales donde generalmente piden orientación (ya sea en el trabajo, o en la escuela, o en ciertas responsabilidades).

2. Esdras 9: ¿Cómo reaccionó Esdras ante la injusticia que descubrió entre su pueblo?
   - Piensa en los ejemplos comunes de injusticia en el mundo de hoy. Qué hacer. ¿Sientes cuando lees y miras u observas en la vida diaria?
   - Discute cómo Esdras oró sobre la situación. ¿Qué haces o cómo oras por la injusticia que ves?
   - Comparte reflexiones sobre el papel de los cristianos en la curación de los males sociales. ¿Cuál debería ser tu parte como joven cristiano? ¿Crees que los cristianos tienen una influencia positiva adecuada en el mundo de hoy? ¿Por qué las injusticias y el pecado siguen siendo desenfrenados?

3. Esdras 10: Discute cómo los israelitas respondieron o reaccionaron al escuchar la oración de Esdras. Esta es la respuesta ideal que Dios desea de personas que viven en pecado.
   - Comparte historias personales de haber sido condenado por el pecado y arrepentirse a causa de ver-el acto de arrepentimiento de otra persona. También podrían ser situaciones en las que el mensaje de un pastor, una lectura de la Biblia o el testimonio de una persona lo condenaron a arrepentirse.

4. Habla sobre cómo la guía de Dios en la vida puede influenciar a otros a seguir el mismo camino.

5. Conecta la fidelidad, la rectitud y la influencia a la conciencia.

Opción de actividad

MIL PREGUNTAS *para la pregunta número 2 del estudio de la Biblia.*

Materiales: TV y reproductor de CD o Computadora de escritorio / laptop

Instrucciones:

1. Reproduce el video y haz que todos lo miren.
2. Discute en general lo que sintieron durante y después de mirarlo.
3. Explora los problemas presentados en el video (usa las preguntas del Estudio de la Biblia como guía).

LECCIÓN 34: CONSCIENTE

4. Pregunta a los alumnos qué presenta el video como la respuesta cristiana a los problemas presentados.
5. Discute lo que los estudiantes ven como problemas similares en sus contextos o comunidad y permite que cada uno identifique una forma práctica de abordarlo a la luz de la Palabra de Dios y su amor.
6. Haz que cada uno se comprometa con sus respuestas identificadas y designe a un compañero de rendición de cuentas para los estudiantes o permítales elegir a sus parejas.
7. Permite que los estudiantes escriban sobre sus ideas en sus diarios.

Mil preguntas Cumbre de liderazgo de Willow Creek. De http://www.youtube.com/ watch? V = YiNBmNl88Pk; accedido el 21 de septiembre de 2009.

CRONOLOGÍA HISTÓRICA

- El libro de Esdras comienza durante el reinado de Ciro, rey de Persia, que permitió a los judíos para volver a Jerusalén para reconstruir el templo. Sin embargo, este regreso ocurrió probablemente incluso antes de que el mismo Esdras naciera. Esdras condujo a su grupo a Jerusalén en la segunda vuelta, casi 80 años más tarde, durante el reinado de Asuero, el sucesor de Asuero, el rey de Ester. Israel ya no era una nación independiente. A pesar de que se les permitió regresar a su tierra natal, fueron súbditos del Imperio Persa.
- Prepara un pequeño símbolo, como un desplazamiento, para representar a Esdras. Colócalo en la línea de tiempo al lado de Ester.
- Debajo de la línea, escribe Consciente y su definición.

¡EXPERIMENTAR!

ACTIVIDADES DE APRENDIZAJE

Ser consciente requiere prestar atención a los detalles y conocer así la Palabra de Dios. Juegue algún tipo de simulacro bíblico o juego de combinación que requiera que los alumnos encuentren escrituras que se apliquen a situaciones determinadas.

OPCIONES DE ACTIVIDAD

EL MAESTRO JUEGA AL ESCÉPTICO

Materiales: Lista de oraciones, silla, pañuelos de papel

Instrucciones: El maestro actuará como un escéptico incrédulo y les preguntará a los estudiantes sobre algunas materias moralmente inclinadas, ya que los estudiantes tratan de convencer al profesor escéptico sobre sus opiniones. Esto examina las convicciones de los estudiantes sobre ciertos temas prácticos.

1. Prepara una lista de asuntos morales "controvertidos" que usualmente dejan a los cristianos divididos en su posición. Los siguientes son ejemplos:
   - ¿Está bien que los cristianos beban vino o bebidas alcohólicas mientras no se emborrachen?
   - ¿Está bien tener intimidad física con el novio o novia de uno siempre y cuando no tengan relaciones sexuales reales?
   - ¿Está bien que los cristianos toleren la homosexualidad entre sus amigos?

158 DISCIPULADO A TRAVÉS DE LA BIBLIA

2. El maestro hará una pregunta y dejará que los estudiantes expresen sus pensamientos sobre el tema. El profesor hará preguntas adicionales, presionando para obtener pruebas, interpretación razonable y apoyo convincente de declaración. Sería importante preguntar si sus opiniones son bíblicas haciendo eco de la pregunta de la serpiente en Génesis: "¿Realmente dice la Biblia eso?"
3. Básicamente, el propósito es presionar a los miembros del grupo para que examinen sus razones para pensar y para encontrar las razones de sus conclusiones.

Morrison, Eleanor Shelton y Virgil E. Foster. Enseñanza creativa en la iglesia. Nueva Jersey: Prentice-Hall, Inc., 1963.

Aplicación personal

- Antes de que podamos guiar a otros con respecto a lo correcto y lo incorrecto, debemos asegurarnos de que nuestra propia "brújula moral" se establece en el "verdadero norte": la verdad de la Palabra de Dios. Confiesa cualquier área en tu vida que no coincida con las expectativas de Dios.
- Esdras era un experto en la ley de Dios. ¿Qué necesitas hacer ahora que ayudará a que te vuelvas un experto en la Palabra de Dios? Escribe tu compromiso en tu diario.

Opciones de actividad

Escuchando A Dios

Materiales: Varias hojas de papel bond corto (puede reciclar papel de desecho que tiene una página en blanco en un lado). El uso de papel de periódico también puede ser una opción, Plumas, Venda de los ojos (pañuelo o cualquier tela)

Instrucciones:

Preparación:
1. Escribe varios problemas o pecados que tu grupo juvenil enfrenta mucho. Escribe un pecado por papel. Puedes dejar los documentos en blanco, solo señalar después del juego que los documentos representan pecados o problemas que los jóvenes cristianos comúnmente enfrentan. Algunos ejemplos son: sexo prematrimonial, trampa, mentira, bebida, odio, apatía, etc.
2. Ponlos en el piso, pero asegúrate de que haya áreas claras en las que los estudiantes puedan pisar para llegar al otro lado de la sala.

Juego real:
1. Elige una persona que pueda ser la "voz del Espíritu Santo". No permitas que el resto del grupo sepa quién es esa persona. Esa persona elegida será la que guíe a los jugadores con los ojos vendados hacia las direcciones correctas.
2. Designa algunas "voces extraviadas" que confundirían a los jugadores con los ojos vendados y los llevarían a pisar los papeles. El resto de los estudiantes tendrán los ojos vendados para jugar el juego.
3. Una persona jugaría a la vez. Haz que aquellos que están esperando su turno esperen fuera de la habitación. Haz que se alineen para estar más organizados.
4. "Con los ojos vendados al participante y diles que su objetivo es alcanzar el otro lado de la" vida "sin tocar las hojas de papel".

Lección 34: Consciente

5. Pon al resto del grupo a lo largo de las dos paredes laterales de la habitación
   - No pueden acercarse a la persona con los ojos vendados y no pueden tocarlos. Tampoco pueden moverse de sus posiciones iniciales. Solo la persona que juega el "Espíritu Santo" puede moverse a lo largo de las paredes ".

Pregúnteles en qué cosas piensan o qué cosas les preocupan. Pregunta si puedes orar por ellos.

Consejos para tu actitud:
- Salir con fe de que Dios ya está trabajando en las vidas de las personas con las que te encontrarás y acercarse a las personas y hogares con confianza.
- Ora continuamente sobre la marcha. ¡Dios va delante de ti!
- Esperar lo inesperado.
- Esperar que las personas quieran compartir sobre sus vidas.

Está bien si la gente no quiere hablar. Respeta a una persona si no quiere responder o si no es amable. Si las personas quieren hablar, estén dispuestos a escuchar. ¡Deja que sus palabras sean lo más importante!

Cuando los grupos regresen, pídeles que compartan sus experiencias, cómo se sintieron y lo que aprendieron. Oren juntos por un corazón humilde que se preocupa por las personas.

Referencias: http://www1.salvationarmy.org/ihq/www_sa.nsf/766d2187c97e6bf180256cf400 5d2284 / fdb5578e5e1a3c9280256f0e004aed0e / $ FILE / mission_in_community-lr.pdf

Asignación

1. Escribe el nombre de la persona bíblica estudiada, la calidad del carácter de liderazgo (con tu definición) y el versículo clave en tu diario.
2. Lee Nehemías 1 y 2 en preparación para la lección de la próxima semana.

35 NEHEMÍAS

DETERMINACIÓN:
Lograr los objetivos dados por Dios sin importar la oposición

¡CONTRATAR!

CULTO

Escrituras sugeridas: 1 Tesalonicenses 2:1-9 *(se relacionan con la determinación)*
Canciones sugeridas: A tu lado

ACTIVIDAD MOTIVACIONAL

Divide la clase en 2 o 3 grupos. Proporcionar algún tipo de bloques de construcción de juguetes u otros juguetes de construcción o material de construcción y haz que los grupos compitan para ver qué grupo puede crear la estructura estable más alta.

OPCIONES DE ACTIVIDAD

PIRÁMIDE HUMANA

Instrucciones:
- Desafía a los alumnos a formar una pirámide humana utilizando todo el grupo. Haz esto haciendo que las personas sigan en sus manos y rodillas. Pídeles que continúen uno encima del otro sobre sus manos y rodillas para seguir formando la forma de una pirámide. Puede cronometrar este evento si el grupo es pequeño para que lo haga en un cierto período de tiempo.
- Más adelante en la lección, usa esto como ejemplo. Así como tenían que enfocarse, seguir intentándolo y motivarse unos a otros para construir la pirámide, Nehemías tuvo que mostrar las mismas características al construir el muro de Jerusalén.

RESPONDIENDO A NUESTROS VECINOS

Instrucciones:

Haz que el grupo se divida en parejas (o grupos de tres si es más seguro o más apropiado). Diles que el propósito de esta lección es escuchar a los que los rodean con un corazón cristiano y buscar una respuesta cristiana.

Aquí hay algunas preguntas y consejos para ayudar a guiar sus interacciones con las personas que conocen:

Consejos para ser un buen oyente:
- El propósito de hacer preguntas no es solo para obtener una respuesta sino para comprender realmente lo que esa persona está experimentando, pensando y sintiendo.
- Mantén contacto visual cuando una persona hable para que sepan que lo que están compartiendo contigo es importante.
- Deja que la gente hable, no interrumpas.
- Busca maneras de alentar o apoyar a las personas que conozca.

Lección 35: Determinación

Consejos para guiar la conversación:

- Presentarte.
- Preguntar en qué cosas piensan, o qué cosas les preocupan.
- Pregunta si puedes orar por ellos.

Consejos para tu actitud:

- Salir con fe de que Dios ya está trabajando en las vidas de las personas con las que se encontrarán y acercarse a las personas y hogares con confianza.
- Ora continuamente sobre la marcha. ¡Dios va delante de ti!
- Esperar lo inesperado.
- Esperar que las personas quieran compartir sobre sus vidas.

Está bien si la gente no quiere hablar. Respeta a una persona si no quiere responder o si no es amable. Si la gente quiere hablar, está dispuesto a escuchar. ¡Deja que sus palabras sean lo más importante!

Cuando los grupos regresen, pídeles que compartan sus experiencias, cómo se sintieron y lo que aprendieron. Oren juntos por un corazón humilde que se preocupa por las personas. También discute si hay formas tangibles en que su clase también pueda abordar algunos de los problemas que las personas compartieron.

Sigue diciendo que Nehemías necesitaba coraje y determinación para lograr lo que Dios le pedía que hiciera. Haz que el grupo mire el pasaje de la escritura de la lección.

Referencias: http://www1.salvationarmy.org/ihq/www_sa.nsf/766d2187c97e6bf180256cf400 5d2284 / fdb5578e5e1a3c9280256f0e004aed0e / $ FILE / mission_in_community-lr.pdf

¡Explorar!

Pasaje(s) de la Escritura: Nehemías 4:1-6:16

Verso(s) clave: Nehemías 2:4-5

Estudio Bíblico

1. Haz que los estudiantes compartan lo que aprendieron sobre Nehemías y su búsqueda de su lectura avanzada en los capítulos 1 y 2. ¿Qué tipo de persona parece ser? (Asegúrate de que los alumnos reconozcan la oración de Nehemías).

2. Neh. 4: 1-6: ¿A qué clase de oposición se enfrentaban Nehemías y la gente? ¿Cuál fue la respuesta inicial de Nehemías? ¿Cuál fue la respuesta de la gente?

3. Neh. 4: 7-23: Nehemías fue un excelente organizador y estratega. Pero sus planes requerían un fuerte compromiso por parte de la gente.

    - ¿Por qué crees que estaban tan dispuestos a cumplir con las instrucciones de Nehemías? (Nehemías no les pedía que hicieran algo que él mismo no estaba haciendo; él estaba dando un ejemplo de determinación).

    - Ver el versículo 9. ¿Qué indica esto sobre el acercamiento de Nehemías al desafío? (Era un hombre de oración y acción.) ¿Qué nos dice esto?

4. Neh. 5: 1-13: ¿Cuál fue el problema en este pasaje? Ver Levítico 25: 35-43. (Asegúrate de que los estudiantes entiendan los abusos que estaban teniendo lugar. A los israelitas se les había ordenado que no se aprovecharan el uno del otro financieramente cobrando interés en préstamos, etc. y ciertamente no debían esclavizarse mutuamente).
   - ¿Cómo se compara esta situación con asuntos similares de injusticia social que has observado en tu comunidad?
   - ¿Estaba bien que Nehemías se enojara tanto? Discute el significado de "indignación justa". ¿Es apropiado para los cristianos? ¿Cuando?
5. Neh. 5: 14-19: Estos versículos dan otro ejemplo del compromiso de Nehemías con la justicia. ¿Cuáles fueron sus estándares personales para el liderazgo? ¿Qué tipo de ejemplo les da a aquellos en cargos públicos?
6. Neh. 6: 1-14: dos veces en este pasaje Nehemías ejerció un gran discernimiento. Sus enemigos intentaron distraerlo, intimidarlo y engañarlo para que detuviera el trabajo. ¿Cuál crees que era el secreto del discernimiento de Nehemías?
7. Neh. 6: 15-16: la determinación de Nehemías dio sus frutos; ¡el trabajo se hizo en 52 días! ¿A quién dijo Nehemías que sus enemigos dieron crédito por este logro? ¿Por qué las naciones circundantes perdieron su confianza en sí mismas?

Cronología histórica

- Nehemías llegó a Jerusalén varios años después de las reformas de Esdras. El resto del libro de Nehemías describe cómo Nehemías y Esdras trabajaron juntos para traer avivamiento y reforma entre la gente una vez más. Este es el último episodio en nuestro estudio de la historia del Antiguo Testamento.
- Prepara un pequeño símbolo, como una puerta o parte de una pared de piedra, para representar a Nehemías. Colócalo en la línea de tiempo al lado de Esdras.
- Debajo de la línea, escribe Determinación y su definición.

Opciones de actividad

Muro de Nehemías

Materiales: Papel y utensilio de escritura para cada estudiante, o la actividad se puede hacer en una pizarra o pizarra (marcador de pizarra, tiza, borrador), Biblias.

Instrucciones:

▶ Después de revisar el pasaje, el instructor entregará una hoja de papel y un utensilio de escritura a cada alumno. El instructor les pedirá a los estudiantes que dibujen una pared con rocas muy grandes. Dentro de cada roca, el alumno escribirá una emoción o sentimiento que Nehemías y la gente sintieron a lo largo de la historia. Los estudiantes pueden mirar a través del pasaje durante el ejercicio.

▶ Después de 6 minutos, solicite a los alumnos que compartan lo que escribieron con la clase publicando sus imágenes en la pared.

¡Experimentar!

Actividades de aprendizaje

Discutan lo siguiente:

Maestro: Encuentra un ejemplo moderno (quizás un video o artículo) de liderazgo similar a Nehemías, alguien que no abusó de la posición de liderazgo sino que se sacrificó por el bien de su gente, o alguien que pasó su vida hasta el final de algunos tipos de injusticia social. Haz que los estudiantes respondan y debatan sobre las necesidades de su propia comunidad y cómo pueden abordarse.

Aplicación personal

Nehemías era un hombre de determinación, pero confiaba mucho en Dios. Su libro se intercala con breves oraciones pidiendo la ayuda de Dios y reconociendo el trabajo de Dios en su nombre. Pídale a Dios que lo ayude a convertirse en una persona devota. Determine comenzar a desarrollar un hábito de conciencia de Dios a lo largo del día.

Asignación

1. Escribe el nombre de la persona de la Biblia estudiada, la calidad del liderazgo del personaje dirigido (con tu definición) y el verso clave en tu diario.

2. Lee Job 1-3 en preparación para la lección de la próxima semana.

36 JOB

PACIENCIA:
Sufrimiento silencioso y duradero en vista de la soberanía de Dios.

¡CONTRATAR!

CULTO
Escrituras sugeridas: Juan 5:7-11
Canciones sugeridas: Mi vida está en ti, Señor; Dios hará una manera

ACTIVIDAD MOTIVACIONAL
Haz que los estudiantes piensen en las personas buenas que conocen que han sufrido mucho. ¿Cómo lidió cada persona con su dolor y / o pérdida? ¿Confiaron pacientemente en Dios, o se enojaron y se indignaron por la injusticia de todo esto?

OPCIONES DE ACTIVIDAD

VIDA DE JOB, PROMULGACIÓN MODERNA
Instrucciones: Identifica y discute los diversos personajes que se encuentran en la cuenta de Job. Anímalos a hablar sobre cómo probablemente se sintieron cada uno de los personajes. Pídeles que creen una versión moderna de la historia. ¿Cómo podría ser la historia si sucediera en nuestra vida? Permite que los estudiantes sean voluntarios para varios roles. Puede tener tantos mensajeros o "amigos de Job" como sea necesario para acomodar a la clase. No hay necesidad de un guion. Pide a los alumnos que se tomen un tiempo para imaginar lo que ellos mismos harían si estuvieran realmente involucrados en tal incidente. Pídeles que cumplan sus roles basándose en lo que creen que realmente dirían y harían en esa situación.

¡EXPLORAR!

PASAJE(S) DE LA ESCRITURA: Job 1-2, 19, 42
VERSO(S) CLAVE: Job 1:21-22

ESTUDIO BÍBLICO
1. De tu tarea de lectura (Trabajo 1), describe a Job y su vida antes de los ataques de Satanás.
2. Describe la escena en que Satanás se presentó ante el Señor. Es difícil imaginar por qué Dios incluso toleraría la presencia de Satanás. ¿Qué podemos aprender de los capítulos 1 y 2 sobre las capacidades y limitaciones de Satanás? ¿Qué esperaba lograr Satanás?

3. Job 1: 20-22, 2: 9-10: Describe la respuesta inicial de Job a las tragedias que le impactaron. ¿Pasó las pruebas de Satanás? Después de una semana de sufrimiento, ¿qué maldijo finalmente Job? (Ver Job 3: 1)

4. En los siguientes 30 capítulos del libro, Job y sus tres amigos se turnan para pronunciar discursos mientras exploran las posibles razones por las que Dios permitió que cosas tan maravillosas le sucedieran a Job. Basados en su conocimiento de Dios y del mundo, los amigos están seguros de que Job debe haber hecho algo para merecer este tipo de tratamiento. Lo acusan de pecado oculto y le aconsejan que se arrepienta. Job, provocado por la ira por sus palabras insensibles, insiste en su inocencia y comienza a desafiar a Dios para que se explique.

   - Job 19: 1-24: Describe la actitud de Job en este punto.
   - Job 19: 25-27: A pesar de todo lo que ha sucedido, Job aún tiene esperanza. Explica. (Ver también 13:15)

5. Muchas de las cosas que los amigos de Job le dijeron eran correctas y verdaderas, pero no fueron útiles porque fueron dichas en el momento equivocado o de manera incorrecta. ¿Cuáles son algunas cosas importantes para recordar al consolar a los que sufren? (Maestro: es posible que tengas que sugerir algunas de las siguientes pautas: No hables demasiado, presta atención al escuchar; asegúrate de entender la situación de la persona; no juzgues; no intentes responder a la pregunta). Sin respuesta, usa los versículos de la Biblia con cuidado y amor, ora por él y con él.)

6. En los capítulos 38-41, Job obtiene lo que pidió: Dios le responde. Pero la respuesta es abrumadora. Dios revela su grandeza a Job y Job reconoce su propia pequeñez en comparación.

   - Job 42: 1-6: Describe la respuesta de Job. ¿Qué estaba sintiendo en este punto?
   - Job 42: 7-17: a pesar de su represión, ¿Qué nos muestran estos versículos acerca de la actitud de Job hacia y en relación con Dios?

7. ¿Cómo describirías el resultado de esta historia? ¿Fue Dios glorificado? ¿Qué crees que Job y sus amigos aprendieron de la situación? ¿Qué podemos aprender acerca de Dios? ¿Cómo afecta esta historia a tu fe?

Opciones de actividad

El Muro De Nehemías

Materiales: Una copia de la hoja de actividades para cada estudiante o pareja. (Ver la página siguiente).

Instrucciones: Asigna a los estudiantes que numeren los elementos en orden cronológico. Esto se puede hacer como una tarea abierta de la Biblia en parejas antes de la lección, o como una actividad de revisión de tipo cuestionario individual después de la lección. Las respuestas están al comienzo de cada oración. Remueve (corta) las respuestas antes de dárselas a los estudiantes.

Cronología de la vida de Job

(1) __ Job era un hombre rico con 7 hijos, 3 hijas, 7000 ovejas, 3000 camellos, 500 yugos de bueyes, 500 burros y una gran cantidad de sirvientes. (1)

(6) __ La casa donde todos sus hijos e hijas festejaban se derrumbó, matándolos a todos.

(2) __ Satanás se presentó ante Dios para solicitar permiso para probar a Job.

(5) __ Los caldeos formaron asaltos, robaron todos sus camellos y mataron a sus sirvientes.

(17) __ Job era un anciano rico con 7 hijos, 3 hijas, 14,000 ovejas, 6000 Camellos, 1000 yugos de bueyes, 1000 burros y muchos nietos y bisnietos.

(3) __ Los sabeos atacaron, mataron a los sirvientes de Job y se llevaron todos sus bueyes y burros.

(4) __ El fuego vino del cielo y quemó las ovejas de Job y a sus sirvientes con ellos.

(14) __ Job se declaró inocente, diciendo que Dios lo había ofendido, pero que aún tenía esperanza en Dios.

(11) __ Los amigos de Job vinieron y se sentaron con él durante una semana antes de que alguien le dijera algo.

(15) __ Dios le respondió a Job.

(7) __ Job rasgó su túnica, se afeitó la cabeza y cayó al suelo en adoración.

(8) __ Satanás se presentó ante Dios por segunda vez para solicitar permiso para torturar a Job físicamente.

(9) __ Job se cubrió de llagas dolorosas que raspó con la cerámica rota.

(10) __ La esposa de Job le dijo que maldijera a Dios y muriera.

(16) __ Job está abrumado, avergonzado y se arrepintió de cuestionar a Dios.

(12) __ Job maldijo el día de su nacimiento.

(13) __ Los amigos de Job se turnaron para razonar con él y lo instaron a que se arrepintiera.

¡Experimentar!

Actividades de aprendizaje

Como grupo, discute la paciencia y su definición, y lo que significa que Dios es "soberano". Una de las principales lecciones de Job es que la sabiduría y el poder de Dios están mucho más allá de lo que podemos imaginar, y si no fuera por el hecho de que Dios elige preocuparse por la humanidad, las personas son muy insignificantes en comparación. Nunca debemos suponer que sabemos cómo manejar las cosas mejor que Dios. (Maestro: usa un ejemplo de costura, como un punto de cruz. Muestra a los estudiantes solo el lado trasero. Desde allí se ve desordenado y es difícil entender el diseño. Explica: "Algunas veces nuestra visión de la vida es como mirar el parte posterior. Puede que no sea hasta que lleguemos al cielo que realmente entendamos lo que Dios estaba haciendo". Muestra la parte frontal." Pero Dios ve el producto terminado incluso antes de que comience, y sabe exactamente lo que está haciendo".

Aplicación personal

Las lecciones del libro de Job son difíciles de entender y aceptar. Escribe en tu diario lo que has aprendido y cómo te sientes hacia Dios. ¿Qué razón podría tener él para tu sufrimiento o el sufrimiento de alguien que conoces? Ten en cuenta que, pase lo que pase, continuarás confiando en Él y glorificándolo. ¡No dejes que Satanás gane la batalla!

Opciones de actividad

Confort Tranquilo

Instrucciones: Pídeles a los estudiantes que demuestren todas las formas posibles para consolar a alguien sin hablar (cantar es aceptable). Pueden trabajar en parejas para crear diversos escenarios en los que uno necesita consuelo y el otro brinda el cuidado adecuado sin palabras.

Poema Para Un Amigo Sufridor

Materiales: Una superficie en la que registrar resultados de lluvia de ideas, papel, bolígrafos

Instrucciones: Siguiendo el Estudio de la Biblia sobre Job, pídeles a los alumnos que piensen en alguien que saben que está sufriendo de alguna manera. ¿Cómo se aplican las cosas que han aprendido de la historia de Job al sufrimiento de esa persona? Pídeles que hagan una lluvia de ideas sobre lo que podrían decirle a esa persona que realmente sería un estímulo, ¡evite los errores de los amigos de Job! Luego, pídeles que escriban sus pensamientos en forma de un poema para la persona que están pensando.

Asignación

1. Escribe el nombre de la persona bíblica estudiada, la calidad del personaje de liderazgo que se seleccionó (con tu definición) y el versículo clave en tu diario.
2. Lee Mateo 1: 18-2: 23 en preparación para la lección de la próxima semana.

37 MARÍA, LA MADRE DE JESÚS

OBEDIENCIA:
Someterse a Dios y a aquellos que Él ha puesto en autoridad sobre mí.

¡CONTRATAR!

CULTO
Escrituras sugeridas: Lucas 1:46-55
Canciones sugeridas: La mano de Potter

ACTIVIDAD MOTIVACIONAL

Comienza haciendo las siguientes preguntas:

1. ¿Cuántos líderes mundiales se te ocurren quiénes son las mujeres? (Heart Aquino, Gloria M. Arroyo, Hillary Clinton, etc.)
2. ¿Qué piensas acerca de tener a las mujeres como líderes en nuestra sociedad hoy?
3. ¿Fue María, la madre de Jesús, una líder? ¿De qué manera podría ser considerada una líder?

(Las Escrituras hablan de varias mujeres que se convirtieron en líderes en la sociedad y en la iglesia. Hoy aprenderemos de una mujer muy importante en la Biblia que se convirtió en una líder en justicia a través de su obediencia a la voluntad de Dios).

OPCIONES DE ACTIVIDAD

LA MANO DE CERÁMICA

Materiales: Arcilla, Cámara, MP3 o reproductor de cassette, etc.
Instrucciones:

1. Los estudiantes escucharán a The Potter's Hand (En Manos del Alfarero)(Hillsong).
2. Da un poco de arcilla a cada uno de los estudiantes. Permíteles hacer cualquier forma de ello.
3. Dale a los estudiantes instrucciones sobre cómo hacer la forma de una olla o un frasco.
4. Explica que la obediencia es someterse a Dios y a aquellos que Él ha puesto en autoridad sobre nosotros, permitiéndole que se abra camino en la formación de nuestras vidas.
5. Toma una foto de cada producto individual con su fabricante.

LECCIÓN 37: OBEDIENCIA

¡Explorar!

Pasaje(s) de la Escritura: Lucas 1:26-56, 2:1-19

Verso(s) clave: Lucas 1:38

Estudio Bíblico

1. Lucas 1: 26-37: Estos versos anuncian que lo milagroso y lo imposible ocurrirían en la vida de María. ¿Cuáles son las palabras de Gabriel que le explican a María cómo sucedería esto?

2. Repasa Lucas 1: 11-20. ¿Cómo se compararon las palabras de Dios a María con las que se les dieron a Elisabet y Zacarías?

3. Lucas 1:34, 38: ¿Cuál fue la respuesta de María?
   - ¿Qué cosas le fueron reveladas a María? ¿Por qué crees que estas cosas eran reveladas a ella? ¿Cómo afectarían estas cosas a su vida?
   - ¿Qué sentimientos pudo haber tenido al escuchar estas cosas? ¿Qué miedos dudas y expectativas ella puede tener?
   - ¿Cómo crees que se sintió María al dar a luz al Mesías prometido?
   - Considerando el tiempo y la cultura en que vivió María, ¿crees que María sintió que era lo suficientemente especial como para ser usada por Dios?
   - ¿Crees que ella realmente entendió todo?

4. Lucas 1:38: Su respuesta fue desde la posición de que ella era la sierva de Dios. ¿Qué te está pidiendo Dios? Si respondes a Dios de la misma manera que lo hizo María, ¿qué vas a decir? "Soy siervo del Señor. Por lo tanto, yo..."

5. ¿Por qué crees que Dios eligió a María?

6. Lucas 1: 42-45: ¿Cómo crees que se sintió María al escuchar el saludo de Elisabet?

7. Lucas 1: 46-55: ¿Cuáles son algunas cosas que la canción de María revela sobre ella y su actitud?
   - ¿Cuáles son algunos de los temas de su canción?
   - ¿Qué dice acerca de su visión de Dios?
   - ¿Qué dice acerca de los planes de Dios?
   - ¿Cómo se compara esta canción con la de Zacarías en los versículos 67-79?

Opciones de actividad

Adolescentes en la historia

Materiales: Biblias, plumas

Instrucciones:

1. Pídeles a los estudiantes que encuentren referencias de las Escrituras para los personajes de la Biblia para adolescentes.
   - Por ejemplo, José, David, Daniel, Ester y María

2. Pídeles que encuentren algunos de los rasgos de carácter de estos adolescentes (honestidad, integridad, etc.) y escríbelos en el papel.

3. Luego pregunta:
   - ¿Qué les llamó Dios a hacer?
   - ¿Qué obstáculos enfrentaron?
   - ¿Cómo los superaron?
   - ¿Cuál fue el resultado de su obediencia a Dios?
4. Discute la obediencia de María con más detalle usando la siguiente tabla.

	Rasgo de carácter	Don	Habilidades	Recursos
María				
Yo mismo				

5. Cuando completen la tabla, pídeles que comparen sus dones, habilidades y recursos con los de María.
   - ¿Sientes que tienes más o menos que ofrecer?
   - Sabiendo lo que hacemos sobre el papel de María en el plan de salvación de Dios, ¿cómo te sientes acerca de la posibilidad de tu impacto en el mundo para Dios?
   - ¿Crees que Dios puede tomar lo que tienes para ofrecer, por pequeño que parezca, y usarte para su reino?
6. Anímalos a seguir el ejemplo de los adolescentes de la Biblia que Dios usó. No olvides que eran personas como nosotros, solo personas comunes y corrientes.

Referencias: Conexiones de fe diciembre / enero / febrero (Kansas City: Wordaction, 2006-7), P18

Campana de Oro

Materiales: Pizarras blancas individuales (tamaño pequeño) o papel, marcadores o bolígrafos.

Instrucciones:

▶ Después del estudio bíblico, pide a los alumnos que se sienten solos en su silla o en el piso.

▶ Aliéntalos a escribir sus respuestas a las preguntas de opción múltiple en el papel de la pizarra cuando el instructor les dé una señal.

▶ Si su respuesta es correcta, solo deben permanecer en sus asientos y continuar para continuar el juego. Si responden incorrectamente, tienen que abandonar sus asientos e ir a un "bolígrafo de espera" donde deben quedarse hasta que obtengan una pregunta de "segunda oportunidad". Después de 5 preguntas, haz una pregunta de "segunda oportunidad" a los que están en el bolígrafo en espera solamente.)

▶ Después de 10 preguntas, da un premio apropiado a los pocos "sobrevivientes". Ejemplo de pregunta: ¿Quién decidió el nombre "Jesús" para el bebé?
   A. María   B. José   C. Gabriel   D. Dios.

¡Experimentar!

Actividades de aprendizaje

Discute: ¿Cuáles son algunas lecciones, verdades, actitudes y respuestas que podemos aprender de María? ¿Hay alguna de esas situaciones en las que no debamos someternos? (Recuerda a Daniel y sus 3 amigos.)

Aplicación personal

Durante la semana, escribe sobre las oportunidades que tienes para ejercer la obediencia. ¿En qué situaciones será difícil la obediencia?

Opciones de actividad

Mi Lugar en Su Mundo

Materiales: Hoja de Mi lugar en su mundo para cada alumno, bolígrafos.
Instrucciones:

Los estudiantes deben entender que Dios todavía está buscando personas que traerán Su mensaje al mundo.

1. Entrega a los alumnos el folleto de Mi lugar en el mundo de Dios.
2. Pídeles que llenen cada área respondiendo a la pregunta en la parte inferior.

Mi Lugar En Este Mundo	
Familia	Amigos
Iglesia	Escuela

3. Cómo puede Dios usarme en cada área de mi vida para hacer una diferencia?
   - Puedes tocar la canción de Michael W. Smith, "My Place in This World", (Mi Lugar en este Mundo) mientras hacen la actividad.

Referencias: Conexiones de fe diciembre / enero / febrero (Kansas City: Wordaction, 2006-7), P21

Asignación

1. Escribe el nombre de la persona bíblica estudiada, el personaje de liderazgo calificado apuntado (con tu definición) y el verso clave en tu diario.
2. Lee Mateo 3 y Juan 1: 19-34 en preparación para la lección de la próxima semana.

38 | Juan el Bautista

Desinterés:
Tener la única meta de cumplir el propósito de Dios para mi vida

¡Contratar!

Culto
Escritura sugerida: Filipenses 3:12-14
Canciones sugeridas: Un Camino (One Way)

Actividad motivacional
Al comenzar la lección, pregúntales a los alumnos cuáles son sus ideas de lo que significa ser desinteresado en el ministerio. ¿Cómo se ve eso? Fomenta la participación de cada uno de los alumnos.

¡Explorar!

Pasaje(s) de la Escritura: Lucas 1:5-24; Lucas 3:1-20
Verso(s) clave: Lucas 1:17
Estudio Bíblico

1. Lucas 1: 15-17 ¿Cuál debía ser el propósito de Juan en la vida?
   - ¿Cómo iba a vivir su vida? (Presente este tema a los estudiantes: pregúntales acerca de su idea de intentar vivir una vida libre de todas las comodidades).
   - ¿Cómo vivió realmente Juan su vida justo antes de salir a predicar y bautizar a la gente en público? (Véase también Mateo 3: 5)

2. Lucas 3: 1-3: ¿Dónde y cuándo comenzó Juan su ministerio?

3. Lucas 3: 4-14: En relación con su propósito en la vida como se indica en Lucas 1: 15-17, ¿sobre qué predicó?
   - Observa cómo Juan le habló a la multitud (en relación con que él era audaz en su testigo).

4. Lucas 3:21: ¿Qué fue lo que le hizo a Jesús en este pasaje? ¿Cuál crees que es el significado de este acto?

5. Juan 3:27-30: ¿Qué nos dice este pasaje acerca de Juan? ¿De qué manera podemos ser como Juan? Cronología histórica
   - Juan el Bautista vino como un nuevo tipo de profeta, anunciando la llegada del cordero de Dios. Nació solo unos meses antes de Jesús, y comenzó su ministerio público poco antes de que Jesús comenzara el suyo.
   - Prepara un pequeño símbolo, como una langosta, para representar a Juan el Bautista. Colócalo en la línea de tiempo a aproximadamente 5 a. C., cerca del símbolo de María.
   - Debajo de la línea, escribe Desinterés y su definición.

Cronología histórica

Juan vino como un nuevo tipo de profeta, anunciando la llegada del Cordero de Dios. Nació unos meses antes de Jesús, y comenzó su ministerio público un poco tiempo antes de que Jesús comenzó suyo.

▶ Prepare un pequeño símbolo, como una langosta, para representar a Juan. Colóquelo en la Cronología histórica a las 5 a. C., cerca del símbolo de María.

▶ Debajo de la línea, escriba desinterés y su definición.

Opciones de actividad

¿Quién Quiere Ser Millonario?

Materiales: 30-40 caramelos pequeños

Instrucciones:

Instrucciones: Este es un juego individual. Cada alumno dibujará su número de prioridad para la oportunidad de elegir una pregunta. El maestro preparará al menos 10 preguntas para cada categoría o nivel (con el valor de peso correspondiente: P300, P200 y P100). Cada alumno tendrá al menos 3 oportunidades para elegir una pregunta. Si obtiene una respuesta correcta en su pregunta elegida, ganará el valor en pesos correspondiente, pero si obtiene la respuesta incorrecta, la misma cantidad se contará como deméritos (deducidos de sus puntos). Después de al menos 3 rondas, el que tenga el mayor número de puntos será el que responda la "pregunta del premio mayor". El maestro debe preparar preguntas para romper el empate en caso de que algunos tengan la misma cantidad de puntos.

¡Experimentar!

Actividades de aprendizaje

Haz que los estudiantes respondan las siguientes preguntas como parte de una discusión de grupo:

1. ¿Cómo crees que Dios usará tu vida de joven? (Considera las avenidas de la escuela, el hogar y la iglesia.)

2. ¿Qué significa tener una sola mente con respecto a su propósito en la vida?

3. ¿Cuáles son las formas prácticas en las que puedes pensar en las que puedes mostrar o ejercitar tu abnegación?

Aplicación personal

Piensa en las formas prácticas en las que puedas ejercer el desinterés en su ministerio y Responsabilidades de liderazgo esta semana. Escribe tus ideas en tu diario.

Asignación

1. Escribe el nombre del personaje bíblico estudiado, la calidad del personaje de liderazgo (con tu definición) y el verso clave en tu diario.

2. Lee Isaías 52: 13-53: 12 y Juan 13: 1-17 en preparación para la lección de la próxima semana.

39 JESÚS

LIDERAZGO DE SERVICIO:
Amar a los que dirijo a través del servicio abnegado

¡CONTRATAR!

CULTO
Escrituras sugeridas: Filipenses 2:1-11
Canciones sugeridas: Hazme un Sirviente

ACTIVIDAD MOTIVACIONAL
Piensa en una forma práctica e inesperada en la que podrías servir humildemente a los estudiantes en tu clase. Si no puedes pensar en nada, considera algo similar a lo que hizo Cristo cuando lavó los pies de los discípulos. Cuando hayas terminado, haz que los estudiantes expresen sus sentimientos y reacciones con respecto a lo que hizo.

OPCIONES DE ACTIVIDAD

BÚSQUEDA DE CANCIÓN
Materiales: Cancioneros cristianos, servicio de búsqueda de internet.
Instrucciones:
1. Introduce algunos himnarios y deja que los alumnos elijan qué canción parece resumir mejor el mensaje de la lección de hoy.
2. Diles que lean las palabras de estas canciones. Deja que varios compartan las palabras de uno o dos versos de sus canciones.
3. Canten una o dos de las canciones juntas ahora o durante el tiempo de adoración en clase.

JESÚS DICE
Instrucciones:
- Juega el juego como dice Simón, reemplazando el nombre de Simón con Jesús.
- Juega tantas rondas como puedas en cuatro o cinco minutos (las clases grandes pueden obtener solo una ronda).
- En el juego de Jesús dice, cuando una persona comete un error, esa persona está fuera del juego. Afortunadamente, lo mismo no es cierto en nuestro viaje espiritual, como veremos en nuestro estudio bíblico.

LECCIÓN 39: LIDERAZGO DE SERVICIO 175

¡Explorar!

PASAJE(S) DE LA ESCRITURA : MATEO 20:20-28; JUAN 13:1-16
VERSO(S) CLAVE: MATEO 20:26-28

Estudio Bíblico

1. Mateo 20:20-23: ¿Qué pensaron los padres de la madre de (Santiago y Juan) acerca de sus hijos? Lee Marcos 10:35-40. ¿Qué pensaron Santiago y Juan de sí mismos?

2. vv. 24-28: ¿Cuál fue la reacción del resto de los discípulos a esta solicitud?
   - Jesús usó esta ocasión como una oportunidad de enseñanza. En lugar de regañar a Santiago y Juan por su audacia, ¿qué les enseñó a los discípulos?
   - ¿A quién usó él como ejemplo?
   - ¿Crees que realmente entendieron de qué estaba hablando en este momento?

3. Juan 13:1-7: Imagina a Dios Todopoderoso, el Creador del universo, el Rey de reyes y el Señor de señores lavándote los pies. ¿Cómo crees que se sintieron los discípulos? ¿Crees que ya entendieron lo que él estaba tratando de enseñarles?

4. vv. 12-17: ¿Qué está tratando de decirles Jesús aquí? ¿Qué ejemplo de liderazgo les estaba dando a los discípulos? ¿Qué podemos aprender del ejemplo de Jesús?

5. Refiérete a su tarea de lectura en Isaías 52 y 53. Isaías estaba profetizando acerca del Mesías venidero. Es representado como un sirviente sufriente. De acuerdo con esta profecía, ¿cuál era el servicio principal que Jesús prestaría?

6. Lee Juan 6: 37-40. Si Jesús era un Siervo, ¿quién era su Maestro? Según el versículo 40, ¿cuál fue la voluntad de ese Maestro?

7. Si somos cristianos, ¿quién es nuestro Maestro? ¿Cuál es la voluntad de ese Maestro para nuestras vidas? (Consulte los pasajes anteriores y Fil. 2: 1-11.)

Cronología histórica

- El rey Herodes, quien estaba gobernando en el momento en que nació Jesús, murió en 4 a. C. mientras María, José y Jesús estaban viviendo en Egipto. Una vez muerto Herodes, era seguro que regresaran a Israel. Para entonces, Jesús tenía al menos 2 años, por lo que debe haber nacido durante o antes del 6 a. C. Su crucifixión fue probablemente alrededor del 27 d. C. La vida, muerte y resurrección de Jesús fue el cumplimiento de la promesa de Dios a Abraham tantos años antes de que Él bendijera a todas las naciones del mundo a través de la separación de Abraham. Esa bendición continúa mientras la Buena Nueva de Cristo llega a los lugares remotos del mundo.

- Prepara una gran cruz como símbolo para representar a Jesucristo, el perfecto Siervo Líder. Colócala en la línea de tiempo y escriba 0 debajo para indicar el punto de división entre A.C. y D.C.

- Debajo de la línea, escriba Siervo-Liderazgo y su definición.

Opciones de actividad

Palabras Clave

Materiales: Biblia y tiza o pizarra y rotulador.

Instrucciones:

1. Pídele a alguien en la clase que lea Mateo 20: 20-28. Luego, pide a los alumnos que encuentren lo que creen que son las palabras clave del pasaje, particularmente los versículos 26-28.
2. Haz que los enumeren en la tiza o pizarra blanca.
3. Haz un seguimiento preguntando por qué creen que estas palabras son importantes.

▶ Opcional: Suministra materiales de manualidades y pide a los estudiantes que creen decoraciones para el aula con estas palabras clave.

Referencias: Conexiones de fe diciembre / enero / febrero (Kansas City: Wordaction, 2002-3), P35

¡Experimentar!

Actividades de aprendizaje

Durante su vida en la tierra, Jesús se enfocó principalmente en servir a los pobres y necesitados. Discute sobre los pobres y necesitados en tu comunidad. Elige un individuo o grupo necesitado y planifica cómo podría atenderlos esta semana. ¿Qué bienes materiales o servicio podrías proporcionar? Pasa tiempo en oración, pidiéndole a Dios que guíe tus planes. Realiza tus planes en oración. Si es posible, ora con aquellos a quienes sirves.

Aplicación personal

Mira de nuevo a Fil. 2:3-5 y responde las siguientes preguntas en tu diario.

- ¿Es tu propia actitud como la de Cristo Jesús?
- ¿Dónde te quedas corto de su ejemplo? ¿Qué necesita cambiar?
- ¿De qué manera específica puedes poner en práctica los versículos 3-4?

Asignación

1. Escribe el nombre de la persona bíblica estudiada, la calidad del personaje de liderazgo que se seleccionó (con tu definición) y el versículo clave en tu diario.
2. Lee Marcos 1:14-20 y Lucas 9:46-56 en preparación para la lección de la próxima semana.

40 JUAN (DISCÍPULO DE JESÚS)

RELACIONAL:
Tener un vínculo de amor con otros en Dios.

¡CONTRATAR!

CULTO
Escrituras sugeridas: Juan 15:1-17

Canciones sugeridas: Somos uno en el vínculo del amor; Nos pondremos de pie

ACTIVIDAD MOTIVACIONAL
Despierta una discusión para presentar la lección:

- Pídele a cada estudiante que nombre un tipo de relación que existe. (por ejemplo, madre-hija, amigos, jefe-subordinado, novio-novia, etc.)
- Pregunta a algunos alumnos cómo han sido sus relaciones con las personas últimamente. ¿Va todo bien? ¿Hay algunos conflictos?
- Discute la lectura de fondo para familiarizar a los estudiantes con el apóstol Juan (vea la lectura asignada al final de la Lección 39: De estos pasajes, ¿qué se puede decir sobre la personalidad o el carácter de Juan cuando aún era un apóstol?

OPCIONES DE ACTIVIDAD

EL AMOR SUCEDE TODAS LAS COSAS JUNTOS

Materiales:

Hoja grande de cartulina, papel de manila o cartulina. Marcadores / crayones / bolígrafos.

Revistas antiguas, periódicos y otras fuentes de imágenes. Tijeras

Pegamento o cinta transparente

Instrucciones:

1. Escribe las palabras "El amor es…" en la pizarra en negrita.
2. Pide a los alumnos que terminen la frase.
3. Deja que los estudiantes compartan por qué definen el amor de esa manera.

Variación

1. Romper en pequeños grupos alrededor de la habitación.
2. Proporcionar revistas viejas, periódicos y tijeras.

Doctor Quack Quack

Instrucciones:

1. Elige un estudiante para ser el Doctor Quack Quack. Envíalo fuera de la sala o fuera del resto del grupo donde no vea lo que los demás están haciendo.
2. Haz que todos los demás formen un círculo, mirando hacia adentro, y se tomen de las manos.
3. Indícales que mantengan las manos juntas e intenten torcer la formación. Algunos pueden deslizarse debajo y entre dos personas, cruzarse entre las manos de dos personas, etc. La idea es convertirse en un círculo enredado para que el Doctor Quack Quack lo arregle. Solo asegúrate de que no se desvinculen las manos mientras haces todo el giro.
4. Cuando hayan terminado de enredarse, llame a Doctor Quack Quack. Dale tiempo para ver el problema. Los otros deben cooperar con el médico mientras trata de resolverlo. Después de un intento razonable, está bien si el médico se da por vencido.
5. Después de la actividad, deja que los estudiantes descansen un rato (sus brazos pueden doler) y discute de manera casual cómo se sintió mantener sus manos unidas mientras se enredaban. Relaciona la actividad con el tipo de conexión que Juan, el Amado, quería comunicar. Este vínculo se debe encontrar entre todos los creyentes, enraizados en su relación con Dios.

¡Explorar!

Pasaje(s) de la Escritura: 1 Juan 2:9-11; 4:7-12, 19-21

Verso(s) clave: 1 Juan 4:12

Estudio Bíblico

1. De la lectura de fondo, podemos notar que Juan parece estar lejos de ser relacional. Pregunta a los estudiantes sobre su evaluación de sí mismos.
   - ¿Qué tan relacional eres? ¿Te acercas fácilmente a la gente?
   - Diferenciar entre ser "sociable" y ser "relacional".
2. Juan 2: 9-11: Discute el pasaje:
   - ¿Qué significó el pasaje sobre "estar en la luz"?
   - ¿Qué dice el pasaje sobre el carácter de un verdadero cristiano?
   - ¿Cómo se relaciona ser cristiano con ser relacional?
   - Recuerda los dos mandamientos más grandes que Jesús le dijo al joven rico.
   - ¿Cuál es entonces el papel del amor en el cristianismo? ¿Qué tan importante es esto en caminar como Jesús?
3. Juan 4: 7-12: ¿Cuál es la fuente del amor cristiano y qué tiene que ver el sacrificio de Jesús con eso?
   - ¿Cuál debería ser la fuente de nuestro amor a los demás según el versículo 7?
   - Habla sobre lo que te motiva a amar a alguien. Piensa en una relación que aprecias últimamente. ¿Qué te hace amar a la persona y hacer el esfuerzo de mantener una buena relación con ella?
   - 4: 9-11: Nuestro amor por Dios debe ser lo primero y esto revela nuestro amor por el prójimo. En el pasaje, ¿cómo mostró Dios su amor por nosotros? ¿Cuál es entonces la respuesta apropiada a su acto de amor?
   - 4:12: ¿Qué implica el pasaje acerca de la semejanza a Cristo?

LECCIÓN 40: RELACIONAL

4. Juan 4: 19-21: vincula este pasaje con Juan 2: 9-11. Permite que los estudiantes compartan libremente sus pensamientos sobre el pasaje. Permite que los estudiantes reflexionen sobre estas preguntas:

- ¿Hay alguien que sienta que no ha sido bien tratado últimamente?
- ¿Cómo muestras amor a los demás?
- ¿Eliges a la gente que amas?
- ¿Crees que la mayoría de los cristianos de hoy están haciendo lo que dice el pasaje?

CRONOLOGÍA HISTÓRICA

- Juan y su hermano Santiago eran conocidos como los "Hijos del Trueno". En su vida temprana como discípulo, hubo casos en los que Juan no parecía demasiado amoroso. Su experiencia con Cristo aparentemente tuvo un profundo impacto en él. Más adelante en la vida, escribió mucho sobre el amor, como hemos estudiado hoy. Juan sobrevivió a los otros discípulos. Posiblemente fue el único que no murió en la muerte de un mártir, aunque experimentó un exilio a largo plazo en la isla de Patmos.
- Prepara un pequeño símbolo, como un corazón rojo, para representar a Juan. Colócalo en la línea de tiempo al lado del símbolo de Jesús.
- Debajo de la línea, escribe Relacional y su definición.

OPCIONES DE ACTIVIDAD

Cosas Que Significa Tanto
(actividad sugerida para la pregunta # 3)

Instrucciones:

Preparación:

* Es recomendable que los estudiantes se preparen para ello como una tarea.

1. Pida a los alumnos que traigan un objeto que tenga un "valor sentimental". El objeto debe tener alguna historia inolvidable o emocional adjunta a él.
2. Al hablar de la pregunta 3 en el Estudio de la Biblia, permite que cada alumno muestre el objeto que trajeron y comparte la historia detrás de él.
3. Para los temas de discusión, haz que los estudiantes compartan la salud de su relación con la persona con la que está conectado el objeto (¿Siguen en buenas condiciones? ¿Qué contribuyó la persona a sus vidas?). Sin embargo, no obligues a los estudiantes a compartir si realmente no lo desean. Respeta los asuntos confidenciales.
4. Otro punto de discusión es sobre la complejidad de las relaciones. Las cosas no siempre son fáciles de navegar en cualquier relación. Estaría bien señalar si hay estudiantes que trajeron objetos que representan un punto de inflexión en sus relaciones, ya sean buenas o malas.
5. Mientras escucha a los alumnos, dirija la discusión sobre cómo Dios valora nuestra relación con Él (consulta las preguntas secundarias / temas).

¡Experimentar!

Actividades de aprendizaje

1. Muestra un videoclip de un problema social actual que sea nacional o mundial (por ejemplo, guerra, luchas políticas, injusticias, etc.) Discute qué podría hacer el amor cristiano en una situación así.
2. Pídeles a los estudiantes que compartan sobre un jefe, maestro, etc. amigable que ellos conozcan. ¿Qué se siente al tener una buena relación con una persona que está por encima de ti en la autoridad? ¿Cómo puedes aplicar eso a las personas que te admiran?

Aplicación personal

¿Qué tiene que ver ser relacional con el liderazgo cristiano? ¿Qué se siente ser un líder cristiano amoroso? Escribe sobre ello en tu diario.

Opción de actividad

Amor Aplicado

Materiales: Pequeños trozos de papel, Una canasta, un tazón o cualquier cosa que pueda contener los pedazos de papel.

Instrucciones:

1. En hojas de papel, el maestro debe escribir ejemplos de situaciones que los alumnos puedan considerar. El punto principal sería para ellos expliquen cómo mostrarían el amor cristiano en la situación dada.

Situaciones de muestra:

- A mi amigo que aún no conoce a Cristo.
- A mis padres
- A mis hermanos
- Como estudiante u oficinista
- Como novio / novia
- A un extraño
- A los pobres de mi comunidad.

2. Dobla los papeles y colócalos en una canasta o tazón y deje que cada alumno elija uno. Una vez que todos hayan elegido una declaración, haz que se turnen, primero lee la declaración y luego explica cómo se puede demostrar el amor cristiano.

Asignación

1. Escribe el nombre de la persona bíblica estudiada, la calidad del personaje de liderazgo que se seleccionó (con tu definición) y el versículo clave en tu diario.
2. Elige una persona con la que necesites mejorar tu relación. Escribe el nombre de esa persona en tu diario. Haz un compromiso para buscar una manera de mejorar su relación con esa persona esta semana. Escribe sobre lo que hiciste y los resultados en tu diario y prepárate para compartirlo en clase la próxima semana.
3. Lee Lucas 5: 1-11 como fondo para la lección de la próxima semana.

LECCIÓN 41:
APRENDIZAJE DE POR VIDA

41 PEDRO

APRENDIZAJE DE POR VIDA:
Permitiendo continuamente que Dios me enseñe a través de mis experiencias.

¡CONTRATAR!

CULTO

Escrituras sugeridas: Juan 15:1-17

Canciones sugeridas: Me estás cambiando; Binabago Mo Ako Araw-Araw

ACTIVIDAD MOTIVACIONAL

- Muestra a los estudiantes una foto de las personas mayores que están estudiando y otra foto de un adulto que comete algún error. Luego, pregúntales por qué las personas deben continuar aprendiendo a lo largo de sus vidas.

- Pídeles a los estudiantes que definan las palabras "Aprendizaje de por vida" y luego defínelo para ellos. Haz que los estudiantes compartan pensamientos diferentes sobre cómo se ve eso en la vida real.

- Comparte historias de personas que han sido aprendices de por vida, espiritual, emocional e intelectualmente.

OPCIONES DE ACTIVIDAD

AGUJEROS

Materiales: Alguna forma de marcar el campo de juego con una cuadrícula de 100 (10x10) cuadrados (cinta, trozos de papel, etc.)

Instrucciones:

Agujeros es un juego de memoria en el que la clase debe trabajar en conjunto para superar una cuadrícula recordando qué cuadrados son hoyos y qué cuadrados los dejan pasar.

Antes de la sesión de clase, el instructor creará una cuadrícula de 10x10. El cuadrado inferior derecho de la cuadrícula será la entrada y la parte superior izquierda de la cuadrícula será la salida. (Los instructores pueden variar el tamaño y la complejidad de la cuadrícula según el tamaño de la clase y la cantidad de tiempo disponible). Dile a la clase: "Hay un dicho que dice: 'Si al principio no tienes éxito, intenta, ¡Inténtalo de nuevo! "Buscaremos formas de poner eso en práctica durante este juego".

Explica a la clase que este es un campo a través del cual deben pasar, sin embargo, hay agujeros ocultos en todas partes. Los estudiantes pueden moverse solo una casilla a la vez vertical, horizontal o diagonalmente y luego esperar a que tu les informe si están a salvo o en un agujero. Si un estudiante cae en un hoyo, debe ir al final de la fila y el siguiente estudiante tendrá un turno. Deben observar cuidadosamente y trabajar juntos para pasar de manera segura al otro lado de la cuadrícula.

Leyenda de la cuadrícula (ejemplo): X = agujero

Salida

			X				X	X
	X	X		X	X		X	
	X						X	
X		X				X		
X		X			X			
		X	X				X	X
		X			X		X	
			X	X			X	

ENTRADA

Pregunta a los estudiantes: "¿Qué tenías que hacer para atravesar el laberinto?" Muchas veces en la vida tenemos que aprender de nuestros errores para poder continuar con nuestra meta. Esto es especialmente cierto en nuestras vidas con Cristo. Veamos al discípulo Pedro y su viaje a través de los agujeros de la vida y las elecciones.

Oops! ¡Cometí Un Error!

Materiales: Imágenes (incluidas en la lección)

Instrucciones:

1. Muestra a los alumnos imágenes de personas que cometen varios errores (encuentra a otras personas si éstas no son efectivas para su contexto. Saca las fotos de muestra en la página siguiente. Puedes encontrar imágenes similares)

2. Pídeles a los estudiantes que compartan un error divertido o contundente que hayan cometido y lo que hayan aprendido de él.

3. Di: "Todos hemos cometido errores en la vida. Algunos son divertidos, mientras que otros son más serios y dolorosos. Vamos a ver a Pedro, el discípulo de Jesús, los errores que cometió y lo que aprendió de ellos".

LECCIÓN 41: APRENDIZAJE DE POR VIDA

¡Explorar!

PASAJES DE LAS ESCRITURAS: Mateo 4:18-20; Lucas 5:1-11 (el llamado de Pedro); Mateo 14:22-33 (Pedro camina sobre el agua); Mateo 16:13-20 (la confesión de Pedro); Marcos 14:29, 66-72 (la negación de Pedro de Cristo); Hechos 2:14-41, 8:15-17, 10:25-48 (testimonio); Gálatas 2:11-14

VERSO(S) CLAVE: 2 Pedro 1:1

ESTUDIO BÍBLICO

1. Mateo 4:18-20: Describe el llamado de Pedro: ¿Cuál fue su ocupación? ¿Para qué lo llamó Jesús a hacer? ¿Cómo respondió él?

2. Lucas 5:1-11: Este incidente es probablemente un relato más detallado del que nos dio Mateo. Aquí Pedro parece un poco escéptico al principio. ¿Qué lo convenció de que Jesús era más que un simple maestro? ¿Qué aprendió Pedro acerca de Jesús?

3. Mateo 14:22-33: ¿Qué piensas acerca de Pedro caminando sobre el agua? ¿Fue un fracaso o éxito en su fe? (verso 31)

   - Parece que la fe de Pedro en Jesús había crecido un poco o ni siquiera habría intentado caminar sobre el agua. Poco a poco, Pedro estaba aprendiendo.
   - Imagina que eres Pedro en esta situación. ¿Cómo crees que se sintió Pedro cuando vio a Jesús caminando sobre el agua? ¿Qué habrías hecho si hubieras estado allí? ¿Qué aprendió Pedro sobre Jesús de esta experiencia? ¿Qué aprendió sobre sí mismo?

4. Mat. 16:13-20: ¿Cómo respondió Pedro a Jesús? ¿Cuál fue la bendición de Jesús para la respuesta de Pedro?

   - Nota que Jesús dijo que fue Dios quien reveló la verdad acerca de Jesús a Pedro. ¿Cuál es tu respuesta a la pregunta de Jesús: "Quién dices que soy?"
   - ¿Qué podemos aprender sobre Pedro de la respuesta de Jesús?
   - Ve Juan 1:12-13. ¿Cómo se relaciona esto con la confesión de Pedro? ¿Cuál es el resultado de recibir y creer en Cristo?

5. Marcos 14:29, 66-72: ¿Alguna vez te has sentido inseguro acerca de mencionar tu relación con Cristo a los demás? ¿Cómo te sientes acerca de la negación de Pedro? ¿Qué les dices a tus amigos no creyentes cuando te preguntan quién es Jesús?

6. Hechos 2:14-41, 3: 6, 12, 4:8,13: ¿Cómo crees que Pedro había cambiado en su carácter?

   - De acuerdo con estas escrituras, ¿quién le enseñó a Pedro a hablar audazmente y con sabiduría?
   - ¿Qué dice Hechos 3:12 que fue la respuesta de Pedro a los espectadores? ¿A quién le dio crédito?
   - Vemos que Pedro había cambiado su discurso y actitud a través de la obra del Espíritu Santo. (Vea Hechos 2:1-4)

7. Gálatas 2:11-14: a pesar de que Pedro era un líder de la iglesia principal, cometió un error en su discriminación contra los gentiles. ¿Qué puedes decir acerca de la gracia de Dios hacia aquellos que reconocen sus errores?

   - Consulta 1 Pedro y 2 Pedro. ¿Qué evidencia puedes encontrar de que Pedro se convirtió en la roca de la Iglesia?

Cronología histórica

- Probablemente Pedro tenía casi la misma edad que Jesús. Después de la muerte y resurrección de Cristo, Pedro dedicó el resto de su vida a difundir el Evangelio y murió en Roma en un tiempo entre 66 y 68 d. C.
- Prepara un pequeño símbolo, como una roca, para representar a Pedro. Colócalo en la línea de tiempo al lado del símbolo de Juan el discípulo.
- Debajo de la línea de tiempo, escribe Aprendizaje de por vida y su definición.

¡Experimentar!

Actividades de aprendizaje

Entrevistar algunas personas mayores. Pídeles que compartan sobre los errores que cometieron y cómo aprendieron de sus experiencias.

Aplicación personal

1. Lee una biografía de una gran persona y observa las formas en que aprendieron y crecieron con el tiempo.
2. Piensa y describe y escribe en tu diario sobre tus propias experiencias de aprendizaje de tus errores. Si aún experimentas sentimientos de culpa relacionados con esos errores, confiésalos al Señor y reclama su perdón. Pídele a Él que te ayude a aprender de ello.

Opción de actividad

La Creación De La Lección De Los Niños De Pedro

Materiales: Utensilios de escritura y papel.

Instrucciones:

Haz que los estudiantes desarrollen una lección para niños sobre lo que aprendieron de Pedro que luego enseñarán en una fecha futura.

Algunas sugerencias para ayudar a los jóvenes a ser eficaces en la enseñanza de los niños:

- ▶ Canciones con movimientos, juegos y actividad general son buenas maneras de ayudar a involucrar a los niños.
- ▶ Las lecciones deben ser simples y centrarse en un tema o una idea.
- ▶ Usa ayudas visuales y otros objetos concretos para ayudar a enseñar a los niños.
- ▶ Haz preguntas para ayudar a asegurar que los niños estén pensando, comprendiendo y aplicando lo que están aprendiendo.
- ▶ ¡Prepárate para que Dios use a los niños para enseñarte! Como dijo Jesús: "El Reino de los cielos pertenece a este tipo de personas". Hay muchas cosas que los niños saben y dicen que son palabras que los adolescentes, maestros y adultos necesitan escuchar.
- ▶ Sugiere algunos elementos generales para usar en la lección. La clase puede trabajar junta sobre qué incorporar dado el tiempo permitido.
- ▶ Un verso de memoria.

- ▶ Una canción con acciones.
- ▶ Un juego / actividad.
- ▶ Una lección objetiva (que usa algo físico para ayudar a explicar algo no físico: es decir, dejar caer una pelota puede ayudar a explicar cómo hay consecuencias naturales cuando no confiamos en Dios y hacemos lo que él dice).
- ▶ Una artesania.

Trabaja junto con la clase para determinar el tema y el esquema de la lección. Divide a los estudiantes en grupos pequeños para cada trabajo en una sección diferente que se vincule con el tema principal. Planifica que los alumnos enseñen la lección a los niños, ya sea en la comunidad o en la iglesia, dentro de la semana siguiente.

Asignación

1. Escribe el nombre de la persona bíblica estudiada, la calidad del personaje de liderazgo que se seleccionó (con tu definición) y el versículo clave en tu diario.
2. Lee Juan 1 en preparación para la lección de la próxima semana.

42 ANDRÉS

INGENIOSO:
Aprovechar al máximo lo que Dios me ha confiado

¡CONTRATAR!

CULTO
Escrituras sugeridas: Mateo 11:25
Canciones sugeridas: La mano del alfarero.

ACTIVIDAD MOTIVACIONAL
Actividad: Construyendo una iglesia santa, grande y limpia

Materiales necesarios: Palos, cinta adhesiva, papel de color, papel blanco, crayones

Instrucciones:

1. Escribe las palabras Iglesia santa, Iglesia grande e Iglesia limpia en pequeños pedazos de papel.
2. Divide al grupo en grupos más pequeños con 3 miembros cada uno para que coincidan con las 3 descripciones de qué tipo de iglesia construirán.
3. Cada miembro del grupo elegirá uno de los 3 sin decirle a sus compañeros de grupo lo que eligió.
4. Cada miembro del grupo comienza a construir una iglesia de acuerdo con la descripción que eligieron, sin hablarle al resto del grupo.
5. Decide un límite de tiempo y haz que todos comiencen y se detengan al mismo tiempo.
6. Después de la actividad, haz preguntas a los alumnos sobre cómo se sentían trabajando solos en su propia clase de iglesia sin saber qué estaban haciendo sus compañeros de grupo y qué tan importante es saber quiénes somos dentro del cuerpo de creyentes. Habla sobre el ingenio con respecto al uso de lo que se ha proporcionado y lo relacionó con el Reino de Dios.

OPCIONES DE ACTIVIDAD

RECURSOS PRÁCTICOS

Materiales: Cualquier recurso que el profesor pueda poner a disposición.

Sugerencias: Vasos desechables, palitos de barbacoa, pajitas, papel de varios tamaños, cartulina de varios colores, tijeras, cinta adhesiva, pegamento, trozos de madera o bambú, clavos, martillos, cuencos, cucharas, abrelatas, leche condensada, cóctel de frutas o frutas frescas Crema Nestlé, galletas Graham, gomas, alambres, cortadores de alambre, bolsas de plástico de diversos tipos, sacos de arroz, sacos de harina, agujas e hilos, restos de telas o ropa vieja, etc.

Lección 42: Ingenioso

Instrucciones:
Coloca una variedad de suministros en una mesa en el centro de la habitación. Divide al grupo en equipos de 3 o 4. Diles que hagan algo útil a partir de la selección de los suministros provistos. Dales tiempo para hablar sobre lo que harán antes de que se le permita a alguien sacar materiales de la mesa. Solo un representante de cada grupo debe tener permiso para buscar materiales. Es posible que desees que dibujen números para determinar qué grupo recogerá los suministros primero. Deja suficiente tiempo para completar los proyectos, luego permíteles admirar el ingenio de cada uno.

Huele Y Dice

Materiales: Bolsa grande de dulce pandesal u otra golosina aromática. Asegúrate de que sea más que suficiente para la clase.

Instrucciones:
Coloca una bolsa grande de pandesal fresco en algún lugar de la sala de reuniones. Estate atento a las reacciones de los alumnos ante el aroma. Responde a las preguntas al respecto, pero no inicies ninguna conversación sobre el pandesal. Son libres de comerlo si lo desean. Son libres de compartirlo con quien quieran.

Aplica esto a la lección preguntándoles cómo se sintieron cuando olieron el pandesal. Pregunta cómo les hizo sentir cuando se les permitió comer el pandesal. ¿Era bueno? ¿Cuántos habían ofrecido pandesal a otros? ¿Cuántos habían guardado una pieza para llevar a otra persona?

La lección de hoy es sobre un hombre que encontró algo bueno, realmente bueno. Tan pronto como estuvo seguro de haber encontrado algo realmente bueno, quiso compartirlo con su hermano.

¡Explorar!

Pasaje(s) de la Escritura: Mateo 4:18-22, Juan 1:35-42, Juan 6:8-9

Verso(s) clave: Juan 1:41

Estudio Bíblico

1. Mat. 4:18: ¿Quién era Andrés? ¿Quién era su hermano? ¿Cuál fue su ocupación?

2. Juan 1:35-40: ¿Cuál fue la relación de Andrés con Juan el Bautista? ¿Cuál fue su respuesta a la proclamación de Juan acerca de Jesús?

3. Juan 1:41: ¿Cómo demostró Andrés su entusiasmo y sinceridad acerca de ser un seguidor de Cristo? ¿Qué hizo que fuera un gran impacto en la difusión del evangelio? (Maestro: Señala que aunque no sabíamos que Andrés era un gran evangelista, él fue quien trajo a Pedro a Cristo, y Pedro fue un gran evangelista como hemos visto en Hechos).

4. Mat. 4:20: ¿Qué tan rápido respondió Andrés al llamado de Dios en su vida?

5. Juan 6:8-9: Durante la alimentación de los cinco mil, fue Andrés quien encontró al niño con los cinco panes y dos pescados y le llevó la comida a Jesús. ¿Qué se puede decir acerca de Andrés de este incidente? (Maestro: trata de poner de manifiesto el ingenio de Andrés.) Pudo ver lo que otros no vieron, y tuvo la fe para creer que Jesús podía hacer algo con eso.)

Cronología histórica

- Como hemos visto, Andrés fue uno de los primeros en responder al llamado de Jesús. Aunque la Biblia no tenía mucho que decir sobre Andrés, nos convertimos en sembradores de iglesias y morimos de muerte agonizante como mártir de Cristo.
- Prepara un símbolo pequeño, como 5 panes y 2 peces, para representar a Andrés. Colócalo en la línea de tiempo al lado del símbolo de Pedro.
- Debajo de la línea, escribe Ingenioso y su definición.

Opciones de actividad

Juego Verdadero-Falso: Hechos Sobre Andrés

Materiales: Un timbre, timbre u otro generador de ruido para cada uno de los dos equipos; mesa pequeña o podio

Instrucciones:
Divide el grupo en dos equipos. Un representante de cada equipo llega al "stand" (una mesa entre los dos equipos) para cada pregunta. El "host" lee la pregunta que debe responderse como verdadera o falsa. El primero que tenga la respuesta golpea al generador de ruido y puede responder a la pregunta. Una respuesta correcta obtiene un punto para su equipo. Si es incorrecta, el punto pasa automáticamente al otro equipo. El equipo con más puntos tenga al final del juego gana.

Preguntas sugeridas:

1. Andrés fue uno de los hijos de Zebedeo. (F)
2. Andrés era el hermano de Simón Pedro. (V)
3. Andrés fue originalmente un discípulo de Juan el Bautista. (V)
4. Andrés era un recaudador de impuestos. (F)
5. Andrés tenía muchas dudas de seguir a Jesús. (F)
6. Andrés estaba ansioso por presentar a su hermano a Jesús. (V)
7. Andrés fue el que presentó al apóstol Pablo a Cristo. (F)
8. Andrés no creía que Jesús era el Mesías. (F)
9. Andrés se convirtió en uno de los 12 discípulos de Jesús. (V)
10. Andrés fue el discípulo que encontró al niño con los panes y el pescado. (V)

Referencias: este juego está ligeramente modelado después de programas de juegos de televisión como Family Feud

¡Experimentar!

Actividades de aprendizaje

Discute con el grupo un proyecto de servicio que puedan tener en la iglesia o comunidad que les brinde la oportunidad de trabajar juntos (por ejemplo, trabajo voluntario para la iglesia, campaña de limpieza en un vecindario, incluso misiones a corto plazo). Ayúdalos a planear lo que necesitarán en preparación. Resalta la importancia de ser ingenioso para encontrar las cosas que necesitarán y hacer las asignaciones de acuerdo con las fortalezas de cada persona.

Lección 42: Ingenioso

Aplicación Personal

Andrés estaba muy cerca de Pedro, Santiago y Juan, pero nunca se lo menciona como uno de los "círculos internos" de Jesús como lo fueron esos tres. Aunque podría haberse sentido amargado y envidioso, la Biblia no lo representa de esta manera. En cambio, lo vemos como generoso, relacional e ingenioso. Pude encontrar oportunidades mediante las cuales podría traer honor y gloria a Dios. Lee las siguientes preguntas y escribe tus respuestas en tu diario.

- ¿Qué buenas actitudes o cualidades ven en la vida de Andrés que podrían aplicarse a nuestras vidas hoy?
- ¿Alguna vez has sentido que eras un don nadie, solo una persona insignificante y sin importancia? ¿Qué te ayudó a superar ese sentimiento? ¿Qué has aprendido en esta clase que te ayuda a verte a ti mismo como una parte importante de la familia de Dios?

Opciones de Actividad

Servicio De Planificación De Proyectos Y Defensa

Materiales: Pizarra, pizarrón o papel manila, instrumento de escritura.

Instrucciones:

- Comienza con una lluvia de ideas sobre qué tipo de proyectos de servicio se necesitan en la iglesia y / o comunidad. Escriba las respuestas en la pizarra.
- A través de la discusión, determine qué opciones parecen ser más necesarias y / o más favorecidas por el grupo y enciérralas en un círculo.
- Haz que los estudiantes se agrupen según la idea del proyecto que más les guste. Cada grupo debe tener al menos 3 y no más de 5 personas. Estos serán sus grupos de planificación y defensa.
- Durante el tiempo restante de la clase, si los hay, los grupos deben desarrollar planes más detallados sobre cómo llevar a cabo sus proyectos. Ayúdalos a formular preguntas para criticar los planes. (Por ejemplo, ¿cuántas personas se necesitarán? ¿Quién se beneficiará? ¿Qué materiales se necesitarán? ¿Qué recursos están disponibles? ¿Cuánto costarán? Etc.)
- Durante la semana, los estudiantes deben planificar los detalles del proyecto y encontrar la información necesaria para defender su plan.
- La próxima semana, dales unos minutos para recopilar y organizar su material y designar responsabilidades para los miembros del grupo. Los grupos se turnarán para presentar y defender sus propuestas de proyectos.
- Ya sea por votación o discusión que conduzca a un consenso, ayúdales a reducir su elección en función de su evaluación de los proyectos propuestos. Si el número de estudiantes y otros recursos lo permiten, se puede elegir más de un proyecto.

Documentación Del Proyecto

Materiales: Cámara o videocámara, computadora

Instrucciones:

Crea un Power Point o un video para presentar su proyecto de servicio a la iglesia. Muestra cómo tu proyecto se relaciona con lo que has estado aprendiendo en clase, lo que hiciste, los resultados y lo que aprendiste de él.

Asignación

1. Siguiendo el proyecto de servicio descrito anteriormente, haz que el grupo decida la manera de compartir un informe a la congregación (por ejemplo, testimonio, presentación corta en video, etc.).
2. Escribe el nombre de la persona bíblica estudiada, la calidad del personaje de liderazgo que se seleccionó (con tu definición) y el versículo clave de tu diario.
3. Lee Juan 11:1-12: 8 en preparación para la lección de la próxima semana.

43 MARÍA Y MARTA

ATENCIÓN:
Honrar a una persona al escuchar cuidadosamente sus palabras.

¡CONTRATAR!

CULTO
Escrituras sugeridas: Proverbios 4:1-4, 20-23
Canciones sugeridas: Eres digno de mi alabanza

ACTIVIDAD MOTIVACIONAL
Haz que los estudiantes discutan la diferencia entre estar orientado hacia las tareas y orientarse hacia la persona. Explica cada uno y da ejemplos sin indicar que uno es mejor que el otro. Habla sobre situaciones en las que una u otra orientación es más importante o útil. Pídeles que digan lo que perciben como más natural.

OPCIONES DE ACTIVIDAD

MEMORIAS DE LA ESCUELA DEL DOMINGO

Instrucciones: Prepara preguntas sobre las historias bíblicas que se enseñan comúnmente en la escuela dominical para niños. Puede referirse al currículo o libros de cuentos para niños. También hay folletos de preguntas bíblicas disponibles en las librerías cristianas que puedes usar.

Las siguientes son preguntas de muestra:

- ¿Cuántas piedras recogió David en preparación para luchar contra Goliat?
- ¿Quién es conocido por tener el pelo muy largo?
- ¿A dónde pretendía ir Jonás en lugar de Nínive?
- ¿Quiénes eran los hijos de Noé?
- ¿Quiénes eran los tres amigos de Daniel?
- ¿Cuántos hombres hacen un agujero en el techo de una casa para que su amigo sea sanado por Jesús?
- ¿A dónde iba Pablo cuando Jesús se le apareció y fue cegado?
- ¿Cuántos hermanos tuvo el soñador José?
- ¿Quién fue la madre de Juan el Bautista?
- ¿Quién fue el hombre a quien un burro le enseñó una lección?
- ¿Cuántos eran los espías que Rahab escondía en su casa?
- ¿Quién fue el profeta que no murió sino que fue llevado al cielo en un carro de fuego?
- Según Génesis, ¿qué creó Dios en el quinto día?

LECCIÓN 43: ATENCIÓN

Puedes agrupar a los estudiantes y convertirlo en un concurso o simplemente dejar que cualquiera conteste. Si alguien responde correctamente, pregúntele cómo la recordó y si puede recordar una actividad particular de la escuela dominical que le ayudó a recordar la respuesta. Si una persona ha respondido incorrectamente o nadie pudo responder, pregunta por qué ese detalle no se quedó en sus mentes.

Después del juego, pregúntales a los alumnos si recuerdan a un maestro de escuela dominical en su infancia, a quien consideran muy atractivo y que les hizo interesantes las lecciones. También pregunta cuáles fueron las principales distracciones que causaron que no se enfocaran en la lección de la escuela dominical.

Después de compartir, sigue la lección diciendo que Jesús debe haber sido un profesor atractivo ya que alguien con el nombre de María estaba muy atento a él. Sin embargo, la hermana de María estaba preocupada por otras cosas y no prestaba atención inmediata a Jesús.

"SHAGGIDY"

Instrucciones: Este juego pone a prueba la atención o el estado de alerta de los estudiantes. Es un juego divertido que requiere concentración.

- ▶ Asigna un "líder de acción" que liderará la acción para ser imitado por el resto de los estudiantes.
- ▶ Enseñar el canto que acompaña a las acciones: "Shaggidy, shaggidy, sha-po-po". El ritmo es como 1,2 - 1,2 - 1-2-3. La acción que la acompaña puede ser cualquier cosa. Los movimientos deben incluir más de una parte del cuerpo, como ambos brazos, brazos con el pie o con la cabeza, etc.
- ▶ Cada juego de canto (una línea de "shaggidy") tendrá un movimiento de acompañamiento. El líder seguirá haciendo acciones para cada canto subsiguiente, por lo que el líder debe ser muy creativo.

1. Haz que todos formen un círculo, uno frente al otro. El líder se para con los demás. Decide si la imitación irá hacia la derecha o hacia la izquierda.
2. Comienza haciendo que todos canten juntos. Después de algunos conteos, deja que el líder comience el primer movimiento.
3. La persona al lado del líder (ya sea derecha o izquierda, dependiendo de la dirección con la que hayan decidido ir) imitará al líder después de que termine una línea del canto con la acción que lo acompaña.
4. Los demás no deben seguirlos todos al mismo tiempo. Después de que la segunda persona termine la acción, ese sería el momento en que la siguiente persona haga la imitación. (ESTO NO ES ESPEJO-IMITACIÓN). Esto continúa hasta que la acción llega a la última persona. Sería como un efecto dominó.
5. El líder sigue haciendo acciones (pero todos deben estar cantando el canto al mismo tiempo) y el resto lo seguirá hasta que la persona se confunda demasiado y la secuencia de acciones se confunda.

¡Explorar!

Pasaje(s) de la Escritura: Lucas 10:38-42; Juan 11:17-44, 12:1-8

Versos clave(s): Lucas 10:38-39

Estudio Bíblico

1. ¿Qué aprendiste sobre María y Marta en tu tarea de lectura? ¿Cuál fue su relación con Jesús? (Maestro: Señala que Betania era una ciudad cerca de Jerusalén. Jesús se quedó en la casa de María, Marta y su hermano, Lázaro, más de una vez, quizás varias veces, cuando estaba en esa área).
   - Juan 11: 21-27: ¿Qué dijo Marta que expresaba la profundidad de su fe?
   - Juan 12: 1-8: ¿Cómo honró María a Jesús? ¿Qué estaba haciendo Marta en ese momento?

2. Lucas 10: 38-40: Marta y María estaban atentas a Jesús.
   - ¿A qué asistía Marta? ¿Cuál fue su principal preocupación? (Las necesidades físicas de Jesús para comer y un lugar para quedarse)
   - ¿A qué asistía María?

3. Lucas 10:41-42 ¿Qué hermana afirmó Jesús? ¿Por qué? ¿Marta estaba haciendo algo mal? (Maestra: Trata de resaltar que la atención de Marta a sus responsabilidades como anfitriona era importante, pero su actitud era incorrecta cuando criticaba a María. Marta estaba excesivamente orientada hacia las tareas cuando, según Jesús, eso era menos importante que lo que María estaba haciendo. El hecho de que Marta estaba "preocupada y enojada" indica que estaba enfocada en sí misma en lugar de disfrutar la oportunidad de servir a Jesús.
   - ¿Qué fue mejor acerca de lo que María estaba haciendo?
   - Cuando escuchas atentamente a alguien, ¿qué indica eso sobre tu relación con él? ¿Cómo los beneficia? ¿Cómo te beneficia?
   - ¿Cómo te sientes cuando estás tratando de comunicarte y la persona o personas con las que estás hablando no te prestan atención?

Cronología histórica

- La Biblia indica que María, Marta y su hermano Lázaro eran amigos de Jesús. Probablemente estaban alrededor de la edad de Jesús. Es probable que Marta fuera la mayor, la cabeza de familia, ya que invitó a Jesús a "su hogar", como se dice en Lucas.
- Prepara un pequeño símbolo, como una oreja, para representar a María y Marta y colócala en la línea de tiempo junto a Andrés.
- Debajo de la línea, escribe Atención y su definición.

¡Experimentar!

Actividades de aprendizaje

- Divide a los alumnos en parejas. Los compañeros se turnarán para hablar y escuchar. El uno al otro. Durante 1 minuto, el Socio 1 intentará hablar con el Socio 2 sobre un tema, mientras que el Socio 2 no le presta atención (ignora al Socio 1 o actúa ocupado haciendo otra cosa). Durante el próximo minuto, cambiarán de roles. Para la siguiente parte, el Socio 1 volverá a hablar y el Socio 2 escuchará con atención, haciendo contacto visual y respondiendo. Nuevamente, cambiarán los roles y el Socio 2 hablará mientras el Socio 1 escucha.
- Reúnelos de nuevo y permítales compartir lo que experimentaron y como se sintieron. Pídeles que piensen en situaciones en las que podrían ser mejores oyentes.

LECCIÓN 43: ATENCIÓN

APLICACIÓN PERSONAL

¿Quiénes son las personas que realmente escuchas? ¿Quiénes son las personas que debes escuchar más atentamente? ¿De qué manera puedes "sentarte a los pies de Jesús" esta semana? Escribe sobre ello en tu diario.

OPCIONES DE ACTIVIDAD

TRIBUNAL DE CARA: MARTA LEE A MARÍA

Materiales: *Apoyos sugeridos:* (opcional) Toga y martillo para el juez, Atril o púlpito de los jueces para los abogados, Sillas para el montaje del tribunal.

Instrucciones:

1. Establecer la escena:
   - Imagina a Marta como una cristiana "activa" que siempre está ocupada alimentando a los pobres y haciendo todo tipo de ministerios. De hecho, está tan ocupada que apenas reza. Su razón es que hay demasiado que hacer. María, por otro lado, comenzó un convento donde las mujeres oran y adoran todo el tiempo. Marta se enoja con la falta de preocupación de María por los pobres y decide emprender acciones legales contra María por no hacer lo que los cristianos deberían hacer.
   - ¿Qué pasaría si Marta decidiera demandar a María por "mala práctica cristiana"?
2. Elige a los estudiantes para que actúen de la siguiente manera:
   - María
   - Marta
   - Juez
   - 2 o 3 abogados cada uno para representar a las 2 mujeres.
   - El resto podría actuar como jurado.
3. Permite que cada lado discuta sus argumentos antes de comenzar el juicio.
4. Conduce el juicio:
   - Hacer que los abogados se turnen para presentar su caso, con el argumento de Marta primero.
   - Permite que cada lado presente sus argumentos.
   - El jurado puede hacer preguntas y decidir quién presenta el argumento más convincente.

Referencias: Taylor, Dean. "Mala práctica de María y Marta" en reuniones creativas, lecciones bíblicas e ideas de adoración. De http://books.google.com.ph/books?id=sBCkYqb7XZoC&pg=PA67&lpg= Pa67 Consultado el 19 de octubre de 2009.

PASAR EL MENSAJE + RELEVO

Materiales: Vasos de plástico, según la cantidad de equipos: 10 vasos de plástico por equipo

Instrucciones:

Preparación:
- ▶ Apilar 10 vasos de plástico uno encima del otro, formando una pirámide. Demuestre esto para el grupo.
- ▶ Preparen la declaración que los jugadores deben memorizar. Puede ser cualquier declaración, pero para mantenerla más relevante para la lección, use un versículo bíblico o el versículo clave de la lección en sí.

Juego real:

1. Divide a los estudiantes en grupos de igual tamaño con un mínimo de 5 por grupo.
2. Haz que cada equipo forme una línea, manteniendo unos pocos pies de distancia de la pila de vasos de plástico.
3. Instrúyelos a continuación:
   a. Cuando comience el juego, el primer jugador correrá a los vasos de plástico y pondrá todos los vasos en el piso, luego los volverá a apilar en una forma de pirámide media.
   b. Inmediatamente después de volver a apilar, el jugador irá al profesor y el profesor le susurrará la declaración al jugador.
   c. El jugador regresa a la línea y marca al siguiente jugador susurrándole la declaración. Es posible que el jugador repita la afirmación hasta que lo comprenda bien, pero recuerde que es una carrera, por lo que la línea debe seguir avanzando.
   d. Luego, el siguiente jugador corre a los vasos de plástico y los desapila, los vuelve a apilar, regresa a la línea y etiqueta al siguiente susurrándole la declaración. Esto continúa hasta que el último jugador complete el relevo y él o ella tendrá que decir lo que recuerda de la declaración. El grupo que primero termine la realidad y dé la declaración más precisa gana.
   e. Los ganadores pueden ser recompensados, aunque esto es opcional.
4. Discute lo que sintieron los jugadores:
   a. ¿Qué fue lo más difícil de hacer en el relevo? ¿Para apilar y volver a empacar los vasos de plástico o para recordar lo que era la declaración? ¿Por qué fue difícil esa tarea?
   b. Si fue difícil recordar la declaración, ¿por qué fue así?
   c. ¿Cómo se sentía estar haciendo algo y recordar algo al mismo tiempo?
   d. Comparte las dificultades de la multitarea en cualquier situación que haya experimentado.

▶ Marta podría haber tratado de escuchar a Jesús en medio de toda la preparación que está haciendo, pero está claro lo que él eligió para priorizar. María, por otro lado, le prestó toda su atención a Jesús, por lo que fue elogiada. Es difícil procesar y entender realmente un determinado mensaje cuando estás distraído o si tu atención está dividida.

▶ Las personas a veces intentan realizar múltiples tareas combinando tareas físicas con sus vidas espirituales. Hay quienes hacen su lectura de la Biblia mientras viajan diariamente, o tienen su reflexión de las Escrituras en el trabajo, tratando de poner sus pensamientos sobre asuntos espirituales con el resto de sus sentidos en una tarea. Esto puede impedir que el Espíritu Santo hable claramente; por lo tanto, es posible que la persona no esté recibiendo lo que necesita para escuchar del Señor. A través de María y Marta, Jesús nos está enseñando a aprender una verdadera atención a su voz para que podamos recibir su sabiduría al máximo: sin distracciones ni compromisos.

Asignación

1. Escribe el nombre de la persona bíblica estudiada, la calidad del personaje de liderazgo que se seleccionó (con tu definición) y el versículo clave de tu diario.
2. Lee Marcos 15:33-16:20 en preparación para la lección de la próxima semana.

44 MARÍA MAGDALENA

TESTIGO FIEL:
Decir la verdad sobre lo que he visto y oído

¡CONTRATAR!

CULTO
Escritura sugerida: Lucas 24:45-49 o Hechos 1:6-8
Canciones sugeridas: Mi Redentor Vive

ACTIVIDAD MOTIVACIONAL
Comienza haciendo las siguientes preguntas:

1. ¿Alguna vez has tratado de compartir tu fe con otros?
2. ¿Cómo te sentiste bien antes de compartir con ellos? ¿Justo después de?
3. ¿Qué te hizo compartir tu fe con ellos?
4. ¿Cuál fue el resultado de lo que compartiste?

¡EXPLORAR!

PASAJE(S) DE LA ESCRITURA: Lucas 8:1-3
VERSO(S) CLAVE: Lucas 8:2

ESTUDIO BÍBLICO

1. Lucas 8:1-2: ¿Quién fue María Magdalena? ¿Cuál fue el evento de su encuentro con el Señor? Maestra: Señala a los alumnos que Magdalena no era el apellido de María. Más bien ella era de la ciudad de Magdala. Ella era "María la Magdalena" de la misma manera que Jesús de Nazaret era "el Nazareno". En el Evangelio se menciona a esta María 14 veces: una vez como "María (llamada Magdalena)" para distinguirla de otras María (Lucas 8: 2); dos veces simplemente como "María", pero el contexto deja claro que Juan se está refiriendo a ella (Juan 20:11, 16); y once veces como "María la Magdalena". [1]

2. Lucas 8:3: ¿Cómo ministró María Magdalena (y otras mujeres) al Señor y a los discípulos? Maestro: Lucas escribe que estas mujeres contribuían a las necesidades materiales de Jesús y sus discípulos mientras viajaban y ministraban. Debido a esto, podemos asumir que eran bastante ricos o al menos financieramente independientes. Aun así, antes de que Jesús expulsara a los demonios de María, probablemente ella estaba socialmente excluida. Puede que no haya podido regresar a su familia y comunidad, pero ahora era miembro de una nueva comunidad basada en la graciosa aceptación de Dios.[2]

---

[1]Gary C. Burger, *Lo que dice la Biblia sobre María Magdalena* (New Media Ministries, 2005, consultado el 15 de marzo de 2009); disponible en http://www.newmediaministries.org/DaVinciCode/MaryBible_S.html; Internet.

[2]Gary C. Burger, *Lo que dice la Biblia sobre María Magdalena*

3. Veamos otros pasajes de la Biblia que hablan sobre María Magdalena. Lea el pasaje y diga por qué la mencionaron allí. Maestro: asigna uno o más pasajes a cada estudiante.
   - Mat. 27: 55-57
   - Mat. 27: 60-62
   - Mat. 28: 1-3
   - Marcos 15: 39-41
   - Marcos 15: 46-47
   - Marcos 16: 1-3
   - Marcos 16: 8-10
   - Lucas 24: 9-11
   - Juan 19: 24-26
   - Juan 20: 1-3
   - Juan 20: 9-11
   - Juan 20: 17-19
4. ¿Qué podemos aprender de la vida de María Magdalena de estos pasajes? (Ver Actividades de aprendizaje.)

- Como has aprendido de la lección, María de Magdala también vivió en el momento del ministerio de Cristo en la tierra.
- Preparar un pequeño símbolo para representar a María Magdalena. Adjúntalo a la línea de tiempo al lado del símbolo de María y Marta.
- Debajo de la línea escribe Testigo fiel y su definición.

¡Experimentar!

Actividades de aprendizaje

Divide la clase en 2 grupos y haga que respondan estas preguntas en grupo.

Después, haz que compartan sus ideas con todo el grupo.

- Grupo 1: Mirando la experiencia que María Magdalena tuvo junto con las otras mujeres que atendieron al Señor, ¿en qué formas puedes pensar y hacer en su situación actual para ser como ella, un testigo fiel?
- Grupo 2: notando la autoestima que María mostró debido a lo que Jesús había hecho en su vida, ¿cuál crees que es la importancia de la autoestima en nuestro caminar diario con el Señor, especialmente en lo que se refiere a ser testigos de Dios? ¿Líderes cristianos?

LECCIÓN 44: TESTIGO FIEL

OPCIONES DE ACTIVIDAD

SOY UN TESTIGO: UNA EVALUACIÓN

Materiales: Bolígrafos y revistas estudiantiles

Instrucciones: Escribe las siguientes preguntas en la pizarra y pídeles a los estudiantes que escriban las preguntas y respuestas en sus diarios:

1. ¿Qué imagen verbal te describe mejor en el área de testificar de Cristo? (Por ejemplo: un bote pequeño en un mar pesado, corriendo por un prado de montaña, escalando una montaña alta, montando un león, etc.) Explica por qué eligió esa imagen.
2. Escribe la fecha en que aceptaste a Cristo como tu Salvador personal. Luego anota los nombres de las personas que has presenciado desde entonces.
3. ¿Cómo calificarías los "logros de testimonio" de María Magdalena en una escala del 1 al 10, siendo 10 el más alto? ¿Cómo te calificarías en comparación con ella?

APLICACIÓN PERSONAL

Se consciente esta semana de tu papel como testigo fiel de tus compañeros de clase, amigos y familiares. Encuentra maneras de ministrar al Señor a través de tus encuentros con ellos. Escribe tus planes y los resultados en tu diario.

OPCIONES DE ACTIVIDAD

LIBRO DE COLOR (SIN PALABRAS)

Materiales: Libro de colores, brazalete, etc. para presentar el evangelio.

Instrucciones: El maestro demuestra el uso del "Libro sin palabras" al presentar el plan de salvación.

- Página negra - el corazón pecaminoso (Romanos 3:23)
- Rojo: la sangre de Jesucristo que lava nuestro pecado (Efesios 1:7)
- Blanco - un corazón limpio (1 Juan 1:7)
- Verde - nueva vida en Cristo (2 Pedro 3:18)
- Amarillo (oro): vida eterna con Cristo en el cielo (Juan 14:2)

Después de la demostración, el maestro pedirá a los voluntarios que intenten presentar el Evangelio usando el libro de colores.

¡EVANGELIO EN EL IR!

Materiales: Libro sin palabras

Instrucciones: Después de discutir con el grupo la vida de María Magdalena, divídelos en equipos de cuatro miembros cada uno. Asigna una tarea de extensión que dure por un mes: cada grupo debe salir de las cercanías de la iglesia y encontrar un adolescente o un grupo de jóvenes con quienes puedan compartir el evangelio a través del Libro sin palabras y su propio testimonio personal de lo que Jesús ha hecho En su vida. Cada miembro del equipo debe tener la oportunidad de compartir cada semana. Deben anotar los nombres, números de contacto y respuestas (positivas o negativas) de aquellos a quienes comparten para referencia y la evaluación del maestro.

La Pared Fea

Materiales: Cuadrados de cartulina gris o marrón, Recortes de papel de una persona joven y una multitud de marcadores de personas, cinta

Instrucciones: Después de discutir con la juventud la vida de María Magdalena, fija al tablero o la pared el recorte de papel de una persona joven y, muy lejos al otro lado del tablero, el recorte de una multitud. Luego dale a cada joven un cuadrado de cartulina y un marcador. Pídeles que escriban en su papel un obstáculo que impida que una persona joven pueda testificar fácilmente de Cristo. Uno a la vez, debe venir a la pizarra para grabar sus papeles entre el joven y la multitud, una casilla sobre la otra, para crear un muro.

Preguntas de discusión:

1. ¿Te sientes como esta persona, con este muro enfrente de él que le impide testificar de Cristo?
2. ¿Qué podrías hacer para derribar este muro?
3. Cierra con una oración para que Dios los ayude a poner en acción sus ideas para superar los obstáculos para testificar.

Asignación

1. Escribe el nombre de la persona bíblica estudiada, la calidad del personaje de liderazgo que se seleccionó (con tu definición) y el versículo clave en tu diario.
2. Lee Hechos 8:26-40 en preparación para la lección de la próxima semana.

LECCIÓN 45: EVANGELISMO

45 FELIPE

EVANGELISMO:
Compartir compasivamente la Palabra de Dios

¡CONTRATAR!

CULTO

Escrituras sugeridas: Efesios 4:1-16

Canciones sugeridas: Poderoso para salvar

ACTIVIDAD MOTIVACIONAL

- Pregunta a los estudiantes si hay alguno de ellos que haya experimentado la "evangelización" de alguien. Pregúntales cómo fue y qué pasó. (Esta sería una oportunidad para que informen sobre los resultados de su tarea de divulgación de la Lección 45).
- Pregunta al resto si alguna vez han tratado de compartir la Palabra de Dios con los incrédulos. ¿Qué pasó con tus intentos?
- ¿De quién es el verdadero trabajo de evangelizar?

OPCIONES DE ACTIVIDAD

HAMBRIENTO

Materiales: Papel o cartulina, marcadores, cinta adhesiva, notas adhesivas, bolígrafos

Instrucciones:

1. Antes de que comiences la clase, coloca un cartel que diga "Hambre" en la pizarra o en la pared del aula.
2. En clase, di: "La mayoría de las veces, cuando decimos hambre, nos referimos al hambre física por la comida. Pero también hay otros tipos de hambre. Por ejemplo, podríamos decir que alguien está "hambriento de amor". (Otros ejemplos: Hambre de atención, dinero, poder, etc.)
3. Entrega a cada uno de los estudiantes algunas notas Post-it. En estos deben anotar tantos tipos diferentes de hambre como puedan pensar, y luego publicarlos en la pizarra o en la pared debajo del signo Hambre.
4. Después de que los alumnos hayan tenido tiempo de hacer esta actividad, habla sobre los cazadores que identificaron.
5. Di: "En nuestro estudio bíblico de hoy, analizaremos particularmente el hambre espiritual a través de la historia de Felipe y el eunuco etíope. Descubriremos cómo Dios usa a sus siervos para llenar el hambre espiritual a través del poder del Espíritu Santo.

Referencia: conexiones de fe, preadolescente, junio / julio / agosto (Kansas City: Wordaction, 2002), pág.44.

¡Explorar!

PASAJE(S) DE LA ESCRITURA: Hechos 8:26-39
VERSO(S) CLAVE: Hechos 8:34-35
ESTUDIO BÍBLICO

1. Hechos 8: 26-29: Felipe fue "guiado" o el Espíritu Santo lo impulsó a evangelizar. Discute la importancia de la sensibilidad espiritual al evangelismo.
   - ¿Hubo ocasiones en que sentiste que alguien cerca de ti necesitaba algún consejo o algún estímulo espiritual? Cuando un amigo o ser querido te habla de un problema, a veces sientes que necesitas hablar sobre el amor de Dios.
   - ¿Has intentado distribuir tratados al azar a personas? ¿La tarea te hace sentir que estás haciendo un evangelismo efectivo?
   - En el pasaje, ¿qué hizo y le dijo el Espíritu Santo a Felipe?

2. Hechos 30-31: Felipe notó lo que estaba haciendo el eunuco y se acercó a él para ayudarlo. ¿Qué tiene que ver este acto con ser compasivo?
   - Permite que los alumnos hablen sobre las ocasiones en que un compañero pidió ayuda para comprender mejor una lección. Pregúntales si alguna vez hubo ocasiones en que se acercaron a alguien y le ofrecieron ayuda a sus compañeros de clase.
   - Ver y ser sensible a las necesidades de los demás y hacer algo para ayudar a la persona es compasión. ¿Cómo se conecta esto con el evangelismo? ¿Cuál debería ser entonces nuestra motivación para evangelizar? ¿Es solo por "ser cristiano" o debe ser un acto de compasión voluntaria?

3. V. 32-34: El eunuco solicitó la interpretación de Felipe de las Escrituras que estaba leyendo. Esto mostró el interés genuino del eunuco y el deseo de saber acerca de Dios.
   - Cuando un amigo o ser querido te pide consejos sobre un problema, ¿cómo los ayudas? ¿Has intentado relacionar tu respuesta con la palabra de Dios?
   - ¿Te le has acercado para hablar sobre tu fe o le has preguntado sobre una pregunta relacionada con la fe y la religión? ¿Cómo respondiste a tal oportunidad?
   - ¿Te abstienes de hablar de "cosas cristianas"? ¿Por qué?

4. ¿Qué es el "evangelismo" para ti?
   - ¿Significa la simple persuasión para convertir a alguien?
   - ¿Puede ser un proceso progresivo que puede llevar mucho tiempo?
   - ¿Cuáles pueden ser otras formas de evangelizar otras que los métodos comunes que conocen?

5. V. 35-39: El hecho de que Felipe compartiera la Buena Nueva fue efectivo. Se puede ver en el entusiasmo del eunuco por ser bautizado y regocijarse después de que Felipe lo abandonó. En tu opinión, ¿cuándo puede decir que alguien ha sido efectivamente evangelizado?
   - Habla sobre la evidencia principal de que una persona ha recibido la salvación. ¿Crees que los cristianos que conoces muestran esta evidencia?
   - Habla acerca de sus propias experiencias de aceptar a Cristo. ¿Cómo estuvo? Comparte toda la historia.

LECCIÓN 45: EVANGELISMO

CRONOLOGÍA HISTÓRICA

- Felipe fue elegido para ser uno de los siete hombres "conocidos por estar llenos del Espíritu y la sabiduría" (Hechos 6: 3) que cuidaran de las necesidades de las viudas en la iglesia de Jerusalén que se está formando y está creciendo rápidamente. Más adelante, en Hechos (21: 8, 9), nos enteramos de que se le conocía como "Felipe el evangelista" y que tenía cuatro hijas solteras que eran profetisas.
- Prepara un pequeño símbolo, como un rollo o carro, para representar a Felipe. Colócalo en la línea de tiempo al lado del símbolo de María Magdalena.
- Debajo de la línea, escriba evangelismo y su definición.

OPCIONES DE ACTIVIDAD

COMPARTIENDO MI HISTORIA DE LA FE

Materiales: Revistas, papel para escribir cartas, bolígrafos.

Instrucciones:

1. Recuerda a los alumnos que la participación de Felipe se produjo cuando él fue abierto y obediente a Dios. Simplemente hizo una pregunta y tuvo una conversación con el etíope. Quizás la mejor manera de compartir nuestra fe es ser natural al contar la historia de nuestra propia salvación, pero debemos conocer bien el Evangelio.
2. Anímalos a escribir su propia historia de fe en sus diarios.
3. Luego, pídeles que escriban, en sus propias palabras, cómo compartirían el evangelio con un amigo. ¿Qué incluye "el evangelio"?
4. Haz que los voluntarios compartan sus respuestas con el resto de la clase.
5. Cierra con una oración pidiéndole a Dios que los ayude a estar abiertos a aquellos con quienes Él quiere que compartan su fe.
6. Asigna a los estudiantes que vuelvan a escribir el contenido de esta actividad en papel de carta para enviarlo a un amigo o familiar esta semana.

Referencias: Conexiones de fe, marzo / abril / mayo (Kansas City: Wordaction, 2004), P27.

VOLAR UNA COMETA

Materiales: Materiales para volar una cometa.

Instrucciones:

1. Si el clima lo permite, considera la lección de esta semana volando algunas cometas con tu clase.
2. Prepara al menos dos cometas. Si no tiene cometas en casa, pregunta si alguien donará unas usadas o compra nuevas en una tienda local. Si el tiempo lo permite, puedes considerar hacer cometas en clase.
3. Pide a tus alumnos que junten las cometas y luego sácalos y vueles. Asegúrate de que todos tengan la oportunidad de volar una cometa por unos pocos minutos. (Aviso: advierte a tus estudiantes que eviten las líneas eléctricas que puedan estar cerca).
4. Lee Juan 3:8 en voz alta a la clase. Como nos dice este pasaje de Juan, el Espíritu Santo dentro de nosotros es como el viento; No podemos verlo, pero sentimos sus efectos.
5. Después, dedica unos momentos a la oración, y permite que los alumnos reflexionen y oren sobre lo que han aprendido en la lección.
6. Di: "Hoy hemos visto que cuando una persona se siente muy bien al saber sobre Jesús, el Espíritu Santo está trabajando. Él crea el hambre en nosotros por una relación más profunda con Él, y puede guiarnos y darnos fuerzas para vivir para Dios. Con el Espíritu Santo en nuestras vidas, podemos volar tan alto como estas cometas en nuestra relación con Dios".

Referencias: Conexiones de fe marzo / abril / mayo (Kansas City: Wordaction, 2004), P14

¡Experimentar!

Actividades de aprendizaje

Explicar o demostrar al menos tres formas creativas o ideas sobre el evangelismo práctico. Por ejemplo, el estudiante puede crear el suyo propio de lo siguiente:

- ▶ Haz libros o brazaletes sin palabras y explica cómo se pueden usar.
- ▶ Muestra una lista de buenas películas cristianas o imágenes de camisetas con mensajes cristianos que se venden en las tiendas locales.
- ▶ Permite que los estudiantes hagan una lluvia de ideas sobre sus propios enfoques del evangelismo.

Aplicación personal

Conecta esta lección con las lecciones anteriores. Deja que los estudiantes discutan los puntos necesarios involucrados en el evangelismo. ¿Cómo se relaciona el evangelismo con el liderazgo cristiano? ¿Cómo puede un líder cristiano ser un evangelista a su manera?

Opciones de actividad

Oración Guiada

Materiales: Muestra de oración

Instrucciones:

1. Si es apropiado para tu grupo, da a tus alumnos la oportunidad de orar una oración de salvación.
2. Esta actividad les dará la oportunidad de hablar con Dios acerca de sus vidas.
3. Pídeles a los alumnos que inclinen la cabeza y guíalos en la siguiente oración para que oren a Dios frase por frase.

Ejemplo:

Señor Jesús, confieso que soy un pecador. Lamento haber pecado contra ti. Por favor perdóname. Quiero que seas mi Señor y mi Salvador. Toma el control del trono de mi vida. Hazme el tipo de persona que quieres que sea. Le pido a tu Espíritu Santo que guíe mis palabras, pensamientos y acciones. En el nombre de Jesús, yo oro. Amén.

4. Asegura a tus alumnos que Dios escucha su oración y los ha perdonado. Luego, lee en voz alta 1 Juan 1: 9 del Mensaje: "Si admitimos nuestros pecados, no nos defraudará; él será fiel a sí mismo. Él perdonará nuestros pecados y nos librará de todo mal hecho".
5. Concluye haciendo una oración de alabanza y agradecimiento a Dios por su amor y perdón.

Referencias: Conexiones de fe diciembre / enero / febrero (Kansas City: Wordaction, 2004-5), P8

Asignación

1. Escribe el nombre de la persona bíblica estudiada, la calidad del personaje de liderazgo que se seleccionó (con tu definición) y el versículo clave de tu diario.
2. Elige una de las herramientas de evangelismo creativo discutidas en la Actividad de aprendizaje. Úsalo esta semana y escribe sobre los resultados en tu diario.
3. Antes de la lección de la próxima semana, lee Hechos 4.

46 BERNABÉ

LECCIÓN 46: ALIENTO — 203

ALIENTO:
Ayudar a otros a ver su potencial dado por Dios

¡CONTRATAR!

CULTO
Escrituras sugeridas: Isaías 41:8-20
Canciones sugeridas: Ve a iluminar tu mundo

ACTIVIDAD MOTIVACIONAL
Divide el grupo en socios. Pídeles que compartan entre sí una palabra significativa de alabanza y aliento. Cuando regresen al grupo más grande, pídeles que compartan cómo se sintió al dar y recibir ánimo.

OPCIONES DE ACTIVIDAD

CONCURSO DE COMPETICIÓN

Instrucciones:

1. Divide a los estudiantes en al menos dos grupos, dependiendo de cuántos sean. Un mínimo de 5 por grupo sería lo ideal. Diles que estarían animando a los escuadrones, alentando a sus propios equipos.
2. Pídele a cada grupo que piense en un nombre para su escuadrón. Dales unos minutos para pensar en una alegría simple pero muy alentadora (completa con cantos y movimientos). Permíteles pensar en las cualidades que podrían "presumir" de su equipo.
3. Después de sus preparativos, pide a los grupos que actúen uno por uno.
4. Después de que todos hayan actuado, el facilitador o el maestro juzgarán qué grupo ganó. Los criterios preestablecidos se pueden utilizar para juzgar. Asegúrese de que los estudiantes conozcan los criterios.
5. Después de la actividad, pregunta a los estudiantes sobre sus experiencias de ver deportes y participar en animar a su equipo favorito. Pregúntales también qué se siente ser uno de los competidores, sabiendo que alguien te está alentando.
6. Relaciona esto con la lección diciendo que Bernabé era una especie de "líder de la alegría" para los líderes de la iglesia primitiva. Descubriremos cómo fue a través de la discusión del estudio bíblico.

ANALISIS DE VIDEO CLIP

Materiales: TV y reproductor de VCD o computadora

* Ver el video "El corazón del padre" desde este enlace (YouTube): http://www.youtube.com/watch?v=B-SYmlj4kBE&feature=fvsr

Puedes descargarlo y luego grabarlo en un CD o, si está disponible, verlo con los estudiantes en una computadora portátil o PC.

Instrucciones:
1. Reproduce el video y deja que todos vean.
2. Después de ver, deja que los estudiantes hablen libremente sobre lo que sintieron mientras observaban.
3. En la pizarra, haz dos columnas simples etiquetadas: "Animador" y "Persona que necesita ser alentada". Permite que los alumnos identifiquen qué persona del video corresponde a los roles identificados. (Padre = animador / Hijo = necesidades alentadoras).
4. Discute usando las siguientes preguntas de la guía (puede agregar más):
    a. Explora las emociones
        - ¿Qué pudo haber sentido Rick por su hijo?
        - ¿Qué pudo haber sentido Rick por su situación?
    b. ¿De qué manera fue Rick Hoyt un animador para su hijo?
    c. ¿De qué maneras Rick necesitaba aliento?
    d. Del ejemplo de Rick, ¿cómo puede uno ser un alentador?
    e. ¿Cuáles fueron las cosas que Rick vio en su hijo que la gente normalmente no vería?
    f. Poniéndote en los zapatos de Rick, ¿qué podrías sentir hacia un padre como Rick?

Referencias: http://www.youtube.com/watch?v=B-SYmlj4kBE&feature=fvsr

¡Explorar!

Pasaje(s) de la Escritura: Hechos 4:36-37, 9:26-28, 11:22-26, 15:36-41
Verso(s) clave: Hechos 11:23

Estudio Bíblico

1. Hechos 4: 36-37: ¿Cuál era el significado del apodo Bernabé?
    - ¿Por qué supones que los apóstoles lo llamaron Bernabé?
    - ¿Cuál es tu apodo dado por amigos en la iglesia?
2. Hechos 9: 26-28: Pablo fue conocido como un temeroso perseguidor de la iglesia primitiva. Pero después de que Pablo cambió de opinión, Bernabé "lo tomó bajo su ala" y lo llevó a los apóstoles. Puede que no haya sido fácil confiar en él, pero Bernabé podía confiar y creer de alguna manera que se había convertido en un verdadero cristiano.
    - ¿Alguna vez te has sentido escéptico cuando has oído hablar de una persona notoria que viene como un cristiano? ¿Qué riesgo tomó Bernabé al defender a Pablo?
    - ¿Lo creerías si uno de tus amigos no cristianos se convirtiera en cristiano? ¿Podrías animarlo a él o ella presentándolo a la familia de tu iglesia?
    - ¿Tienes el tipo de reputación en tu iglesia que, si recomiendas a alguien para la membrecía, los líderes confiarían en tu recomendación?
    - Cuando estudiemos la vida de Pablo, veremos que Bernabé fue el mentor de un gran Líder cristiano Bernabé pudo ver el potencial dado por Dios de Pablo para toda la comunidad cristiana.
3. Hechos 11: 22-26: ¿Qué hizo Bernabé cuando llegó a la iglesia de Antioquía? ¿Cuál fue el resultado cuando Bernabé dio aliento a la comunidad?
    - ¿Qué dice el pasaje sobre el carácter de Bernabé?
    - Si la Biblia dijera algo sobre ti, ¿cómo te describirían?

LECCIÓN 46: ALIENTO

4. Hechos 15: 36-40: Según estas escrituras, Pablo y Bernabé tuvieron un serio conflicto.
   - ¿Por qué crees que Bernabé se llevó a Marcos y cubrió su comportamiento pasado decepcionante (abandonándolos en el viaje misionero anterior)?
   - Aparentemente, Pablo estaba más interesado en continuar con el trabajo de la misión en lugar de considerar las necesidades y el potencial de un individuo. ¿Cuál fue el enfoque de Bernabé con Marcos? De nuevo, ¿a qué se arriesgaba?
   - Es una gran cosa saber que alguien cree en ti. Te hace querer esforzarte más. ¿Qué crees que hizo el aliento de Bernabé para Marcos? Aprenderemos más sobre Marcos en una lección futura.

CRONOLOGÍA HISTÓRICA

- Bernabé era judío y uno de los primeros cristianos conversos. Fue un líder en la iglesia de Jerusalén. Aunque no era un apóstol, parece haber sido muy respetado dentro de la comunidad de fe. Él y Pablo emprendieron viajes misioneros para plantar iglesias entre judíos y gentiles por igual. Fueron consistentes en defender las libertades de los creyentes gentiles contra los creyentes judíos que querían que cumplieran ciertas leyes judías.
- Prepara un símbolo pequeño, como una mano que diga "pulgares arriba", para representar a Bernabé. Colócalo en la línea de tiempo al lado del símbolo de Felipe.
- Debajo de la línea de tiempo, escribe Aliento y su definición.

OPCIONES DE ACTIVIDAD

DEBATE DE PABLO Y BERNABÉ

Materiales: Hojas de papel (para enumerar el perfil del debate)

Instrucciones:

Preparación:

El maestro debe hacer preguntas o temas de guía para que los estudiantes estructuren su debate desde esta guia. Se pueden usar las siguientes preguntas de la guía:
- ¿Se debe confiar en Marcos como discípulo después de su deserción?
- ¿Debería Marcos seguir siendo aceptado como discípulo a pesar de lo que hizo?
- Marcos ha regresado y busca una segunda oportunidad. ¿Se le debe dar? ¿Por qué o por qué no?

Actividad apropiada:

1. Divide a los estudiantes en dos grupos. Lanza la moneda o deja que cada grupo decida qué equipo defenderá la decisión de Pablo o Bernabé.
2. Decide, escribe en la pizarra o publica las preguntas de la guía para el debate para ayudar a los estudiantes a formular ideas.
3. Deja que los alumnos lean Hechos 15: 36-40. Dáles varios minutos para discutir el pasaje de acuerdo con la perspectiva de la persona cuyo lado deben defender. Haz que los estudiantes escriban sus argumentos en un papel para ayudarlos a estructurar su debate.
4. Lanza la moneda o usa otros métodos para determinar qué grupo irá primero.
5. Para el debate en sí, presenta el tema principal: "¿Se debe permitir a Marcos unirse a otro viaje misionero?" Permite que cada grupo presente sus argumentos principales primero. Después de tu turno, pídeles que debatan sobre los argumentos presentados.

¡Experimentar!

Actividades de aprendizaje

- Discutan entre ustedes cuál es el verdadero estímulo en lugar de la simple adulación. Piensa en alguien que conozca que necesite aliento, o que no esté utilizando su potencial dado por Dios, y planee una manera de alentarlo.
- Maestro: Anima a los estudiantes a formar relaciones de mentor / aprendiz mediante las cuales se les puede ayudar en su crecimiento espiritual y también ayudar a alguien más a desarrollar su potencial dado por Dios.

Aplicación personal

Piensa en la diferencia que un alentador puede hacer dentro de una comunidad o un individuo. Trata de ser un animador para alguien todos los días de esta semana. Escribe sobre tus experiencias en tu diario.

Opciones de actividad

Programa De Lluvia De Ideas

Materiales: Pizarra y tiza / hojas de papel para enumerar ideas

Instrucciones:

Para la parte de la Actividad de Aprendizaje:

1. Recorta pequeños trozos de papel. Escribe el nombre de un alumno en cada pedazo de papel y dóblelo por la mitad. Ponlos en una caja o en cualquier recipiente y mezcla.
2. Pasa el contenedor y deja que cada alumno elija un nombre.
3. Una vez que los alumnos hayan leído el nombre que eligieron, diles que piensen en las habilidades y talentos que tiene la persona elegida.
4. Haz que cada estudiante hable sobre la persona que eligió en cuanto a los talentos o habilidades que observan sobre la persona.
5. En la pizarra, el maestro escribirá los nombres de los estudiantes con sus talentos observados para que todos los vean.

Para la aplicación personal:

1. Discute o celebra una reunión breve sobre un determinado ministerio o proyecto juvenil que el grupo esté planeando. Designa roles y responsabilidades entre los estudiantes usando los talentos enumerados en la pizarra.
2. Haz que los alumnos sugieran quién encaja en qué trabajo o qué cosas puede contribuir cada persona para hacer posible el proyecto.

Asignación

1. Escribe el nombre de la persona bíblica estudiada, la calidad del carácter del liderazgo dirigido (con tu definición) y el versículo clave en tu diario.
2. Antes de la reunión de la próxima semana, lee Hechos 9.

LECCIÓN 47: DISCIPULADOR   207

47 PABLO

DISCIPULADOR:
El que confía la Gran Comisión a un aprendiz receptivo

¡CONTRATAR!

CULTO

Escrituras sugeridas: Mateo 28:18 y Hechos 1:8.

Canciones sugeridas: Hasta los confines de la tierra.

ACTIVIDAD MOTIVACIONAL

- Usa una ilustración de la división celular para demostrar cómo los creyentes pueden multiplicarse al reproducirse a sí mismos (use los números para ilustrar el crecimiento exponencial).
- Pídeles a los estudiantes que den sus ideas sobre lo que significa ser un discipulador, luego explica la definición que se dio anteriormente.
- Comparte un ejemplo de la vida real de alguien que ha discipulado a otros con éxito.

OPCIONES DE ACTIVIDAD

¿QUIÉN TOQUE SU VIDA?

Instrucciones:
1. Pide a los miembros de la clase que compartan una persona que haya impactado sus vidas por Cristo, y cómo lo hicieron.
2. Más adelante en la lección, relaciona esto con cómo Pablo invirtió en Timoteo para ayudarlo a crecer como un seguidor de Jesús, y su propia capacidad para invertir en la vida de otra persona.

¡EXPLORAR!

PASAJE(S) DE LA ESCRITURA: Hechos 9:1-19; 22:1-21; 26:1-23; 2 Timoteo 1:11-14; 2:1-6

VERSO(S) CLAVE: 2 Timoteo 2:2

ESTUDIO BÍBLICO

1. Para la lectura de esta semana, lee el relato histórico de la conversión y el llamado de Pablo (Lucas es el escritor de Hechos). Más adelante en Hechos, Pablo da cuenta completa de su conversión y llamado a ciertas personas.
    - Lee Hechos 22: 1-21 y 26: 1-23 y compáralos con lo que leyó en Hechos 9: 1-19. ¿Qué versión da más detalles? ¿En qué se diferencian las cuentas personales de Pablo de las de Lucas?
    - ¿Cómo se relaciona la llamada de Pablo con la Gran Comisión?
2. 2 Tim. 1: 11-12: Pablo tenía un claro entendimiento de su identidad. ¿Qué palabras usó para describirse a sí mismo en el versículo 11?

- ¿Cuál es tu identidad en Cristo? ¿Cómo te describes?
- ¿Por qué crees que Pablo dijo que no estaba avergonzado? ¿Avergonzado de qué? (v.12)

3. 2 Tim. 1: 13-14: ¿Qué le pide Pablo a Timoteo que haga? ¿Cómo está cumpliendo Pablo la Gran Comisión? ¿Fue el mensaje de Pablo solo para Timoteo, o puede aplicarse a nosotros?
4. 2 Tim. 2: 1: ¿Cuál es el consejo de Pablo a Timoteo? ¿Qué implica Pablo al llamar a Timoteo "hijo mío"? Describe tu relación con el que te discipuló o con el que estás discipulando.
5. 2 Tim. 2: 2: ¿Cuál es el consejo de Pablo para el discipulado? ¿Qué clase de persona es un buen discípulo? Según esta descripción, ¿eres un buen discípulo? ¿El que estás discipulando es un buen discípulo?
6. 2 Tim. 2: 3-7: Pablo indica que Timoteo enfrentará dificultades como un siervo de Jesús. Podemos esperar lo mismo. Con relación a las dificultades duraderas, ¿de qué manera es un líder cristiano como un soldado / atleta / agricultor?
   - ¿Estás dispuesto a servir a Cristo al discipular a otros?
   - Reflexiona sobre tu papel en la Gran Comisión. ¿Lo has aceptado por ti mismo? ¿Estás listo para confiarlo a alguien más?

CRONOLOGÍA HISTÓRICA

- Pablo no conoció a Jesús durante su vida en la tierra, pero lo conoció a través de una revelación especial. Pablo afirmó que recibió el Evangelio no de los hombres, sino de Cristo mismo. Dios usó a Pablo para difundir el Evangelio tanto a judíos como a gentiles, pero en última instancia, su enfoque fueron los gentiles. Él plantó muchas iglesias entre ellos. Pablo escribió 13 cartas (epístolas) que son parte de nuestro Nuevo Testamento. Eventualmente llegó hasta Roma, y quizás más lejos, aunque algunos creen que murió en Roma en alrededor de 62 A.D.
- Prepara un pequeño símbolo, como una pluma de escritura, para representar a Pablo. Colócalo en la línea de tiempo al lado del símbolo de Bernabé.
- Debajo de la línea escribe Discipulador y su definición.

OPCIONES DE ACTIVIDAD

¿CÓMO SE DISCIPULÓ PABLO?

Materiales: Biblias para estudiantes

Instrucciones:

1. Pregunta a los alumnos: "¿Qué creen que significa discipular a alguien?" Escribe las respuestas de los alumnos en una tiza / pizarra o en una hoja grande de papel para que todos los vean.
2. Di: "Pablo fue un discípulo o mentor de Timoteo. Quiero que miren nuestro pasaje hoy en II Timoteo 1: 3-14 y 2: 1-7. Miraremos estas escrituras verso por versículo y pensaremos cómo Pablo estaba enseñando o discipulando a Timoteo.
3. Pide a un alumno que lea un versículo y luego pídele a la clase las palabras que describen lo que Pablo estaba haciendo. Escribe las respuestas de los alumnos en la pizarra o en el papel.

¡EXPERIMENTAR!

ACTIVIDADES DE APRENDIZAJE

Maestro: haz arreglos con anticipación para que los estudiantes puedan entrevistar a un pastor, misionero u otro líder de la iglesia con respecto al discipulado. Haz que los estudiantes preparen preguntas para hacer, tales como:
- ¿Qué es la Gran Comisión?

LECCIÓN 47: DISCIPULADOR

- ¿Qué es un discípulo?
- ¿Qué es un discipulador?
- ¿Cómo discipulas a alguien?
- ¿Cómo podemos prepararnos para convertirnos en discipuladores?

APLICACIÓN PERSONAL

1. Lee un libro sobre la vida de un gran ministro o misionero y observe las formas en que esa persona compartió el Evangelio y luego discipuló a nuevos creyentes. ¿Cómo pasaron la Gran Comisión a los demás?

2. Escribe en tu diario sobre las formas en que has estado involucrado en el discipulado. Si todavía no tienes a alguien para discipular, piensa en alguien que pueda presentarte a Cristo, o piensa en un nuevo creyente que puedas discipular. Pídele ayuda a tu discipulador para comenzar.

OPCIONES DE ACTIVIDAD

PRÁCTICA DE DISCIPULADO

Materiales: pizarra / tiza o pizarrón / marcador

Instrucciones:

- ▶ Haz que los alumnos identifiquen algunos de los elementos clave involucrados en el discipulado del pasaje de las Escrituras. Pregunta: "De acuerdo con lo que aprendimos, ¿qué hace una persona para discipular a otra persona?" Escribe las respuestas en la pizarra.

- ▶ Ayuda a enfatizar que el discipulado es una relación intencional que construye a otra persona y la señala hacia Jesús.

- ▶ Hablar sobre el proceso de discipulado. Divide la clase en grupos de dos o tres y pídeles que practiquen el discipulado entre ellos usando los elementos que identificaron en el pasaje de las Escrituras. Dependiendo del contexto, haz que la clase salga a la comunidad y en oración busque una oportunidad de discipulado.

CARTAS PARA NIÑOS

Materiales: Papel de color, marcadores / crayones, tijeras, pegamento

Instrucciones: Di: "Vamos a aprender cómo enseñar a los niños a hacer una tarjeta. Esta es una manera en que podemos mostrar que Cristo los ama y que nosotros también. También es una manera de comenzar a construir una relación intencional con un niño, al igual que Pablo lo hizo con Timoteo. Primero practicaremos esto nosotros mismos, luego iremos y haremos esto con los niños en nuestra iglesia (o comunidad)".

Pasos para hacer una tarjeta de corazón:

1. Dobla un pedazo de papel de construcción por la mitad, luego dibuja medio corazón con la parte recta a lo largo del pliegue.

2. Corta a lo largo de la línea y luego despliega el papel para hacer un corazón.

Este corazón puede ser la tarjeta en sí, o puede estar montado en una pieza rectangular más grande de cartulina o papel construcción.

Se creativo, pero se sencillo. Es posible que desees escribir un verso en o en el frente de la tarjeta.

ASIGNACIÓN

1. Escribe el nombre de la persona bíblica estudiada, la calidad del personaje de liderazgo que se seleccionó (con tu definición) y el versículo clave en tu diario.

2. Lee Hechos 12: 1-19 y 15: 36-41 en preparación para la lección de la próxima semana.

48 Juan Marcos

Enseñanza:
Aprender de mis errores para ser más efectivo en el futuro.

¡Contratar!

Culto

Escrituras sugeridas: Filipenses 3:12-14

Canciones sugeridas: Jesús, Cordero de Dios.

Actividad motivacional

Juega el juego de relevo de tomate. Divide la clase en dos grupos. Cada miembro tendrá una cuchara de plástico en la boca y la usará para pasar un tomate de la primera persona a la última persona en cada línea. Si el tomate cae, ese equipo debe comenzar de nuevo desde la primera persona en la fila. El equipo que termine primero gana el juego.

Opciones de actividad

Respuesta De Relevo De Tomate

Instrucciones: Después de jugar el juego El Relevo de Tomate *, como se describió anteriormente, haz que los estudiantes expresen los sentimientos de frustración, vergüenza o determinación que pueden haber experimentado al dejar caer repetidamente el tomate. ¿Alguien se rindió? ¿Cómo se sintió el equipo perdedor? ¿Estarían dispuestos a jugar de nuevo? A medida que intentaban transportar el tomate, ¿aprendieron alguna técnica que les ayudara a mejorar su capacidad? ¿Alguno de ellos intentó entrenar a sus compañeros de equipo haciendo sugerencias útiles? ¿El consejo fue tomado? ¿Te ayudó?

* Este tipo de discusión podría aplicarse a cualquier tarea difícil que desee asignar a los estudiantes en lugar del relé de tomate. Intente convertirlo en algo nuevo, en el que es casi seguro que experimentarán algún fracaso y que podrán mejorar a medida que aprenden de sus errores.

Pimpernel El Comandante

Instrucciones: Una persona se llama Comandante Pimpernel. El resto del grupo intenta seguir las órdenes del comandante. (Continúa en la siguiente página)

- ▶ Comandante Pimpernel: toque la mesa con el dedo índice.
- ▶ Comandante plano: las manos se apoyan sobre la mesa.
- ▶ Comandante alto: las manos estiradas se ponen de pie sobre la mesa, con la palma hacia afuera.
- ▶ Comandante Puño: las manos se hacen en puños sobre la mesa.
- ▶ Torre del comandante: las manos se apoyan en las yemas de los dedos como garras en la mesa.

Los comandos solo deben seguirse cuando se dice la palabra comandante. Por ejemplo, si solo se dice la palabra "plano", la acción no se lleva a cabo. Aquellos que cometen errores están fuera de esa ronda. Cuanto más rápido es el juego, más interesante se vuelve.

Referencias: wwww.games4youthgroups.com/circle-games/commander-pimpernel.html

LECCIÓN 48: ENSEÑANZA

¡Explorar!

PASAJE(S) DE LA ESCRITURA: Hechos 12:12-13, 12:24-25, 13:1-13, 15:36-41
VERSO(S) CLAVE: 2 Timoteo 4:11

Estudio Bíblico

1. Hechos 12:12-13: ¿Qué podemos aprender de este pasaje sobre los antecedentes de Juan Marcos? ¿Qué observaciones puedes hacer al establecer esta historia? (Maestro: revisa la historia de la huida de Pedro de la prisión para que los estudiantes comprendan el entorno. Ten en cuenta que la casa era un lugar de reunión para los creyentes y que la familia era aparentemente lo suficientemente rica como para tener una criada).

2. Hechos 12:24-25: ¿Qué nos dicen estos versículos acerca de la exposición de Juan Marcos al ministerio?

3. Hechos 13:1-5: ¿Cuál es la palabra que se usa para describir a Juan Marcos en este versículo? ¿Cuáles crees que podrían haber sido sus deberes?

4. Hechos 13:13: ¿Qué decidió hacer Juan Marcos? Aparentemente dejó a Pablo y Bernabé antes de que terminara el trabajo: se fue a su casa y continuaron su viaje.

5. Hechos 15:36-41: describe lo que ocurrió en este pasaje. Aquí vemos cómo se sintió Pablo por la temprana salida de Juan Marcos. ¿Cuál fue el resultado? (¿A quién se llevó Pablo con él? ¿A quién se llevó Bernabé con él?)

6. 2 Timoteo 4:11: Interesantemente, se menciona a Juan Marcos en una carta posterior de Pablo. ¿Qué dice Pablo sobre él? ¿Cómo lo describe en contraste con lo que aparentemente sentía por él antes? ¿Qué nos dice esto acerca de Juan Marcos y su capacidad para superar errores pasados?

Cronología histórica

- Juan Marcos, también conocido simplemente como Marcos, o más tarde como el Evangelista, hizo una importante contribución a la fe y al crecimiento de la Iglesia al escribir el Evangelio de Marcos.

- Prepara un pequeño símbolo para representar a Marcos y colócalo en la línea de tiempo al lado del símbolo para Pablo.

- Debajo de la línea escribe Enseñanza y su definición.

OPCIONES DE ACTIVIDAD

RUEDA DE LA SINTESIS

Materiales: Tablero de tiza, tablero blanco o pedazo grande de papel manila y marcador

Instrucciones: Explica a los estudiantes la analogía de cómo la síntesis de información es como los círculos concéntricos en constante expansión que surgen de lanzar una roca en un estanque: mientras escuchas, lees y aprendes, "su pensamiento evoluciona a medida que encuentras nueva información y la El significado se hace más y más grande ".

Use una "rueda de síntesis"[2] (ver la muestra a continuación) para hacer un diagrama del desarrollo de la comprensión de la vida y el carácter de Juan Marcos.

En el centro los alumnos deben escribir sus primeras impresiones de Marcos. Se debe agregar un círculo para cada nueva revelación, basándose en lo que se sabía anteriormente. El anillo exterior debe ser una conclusión final sobre Marcos y lo que se aprendió al estudiarlo. Permite que los estudiantes usen tantos anillos como sea necesario para sintetizar lo que aprendieron sobre Marcos y usar sus propias palabras. Pídeles solo lo necesario para que salgan. Las frases dadas en el ejemplo son solo para ilustrar cómo usar la rueda y se pueden cambiar.

Ejemplo:

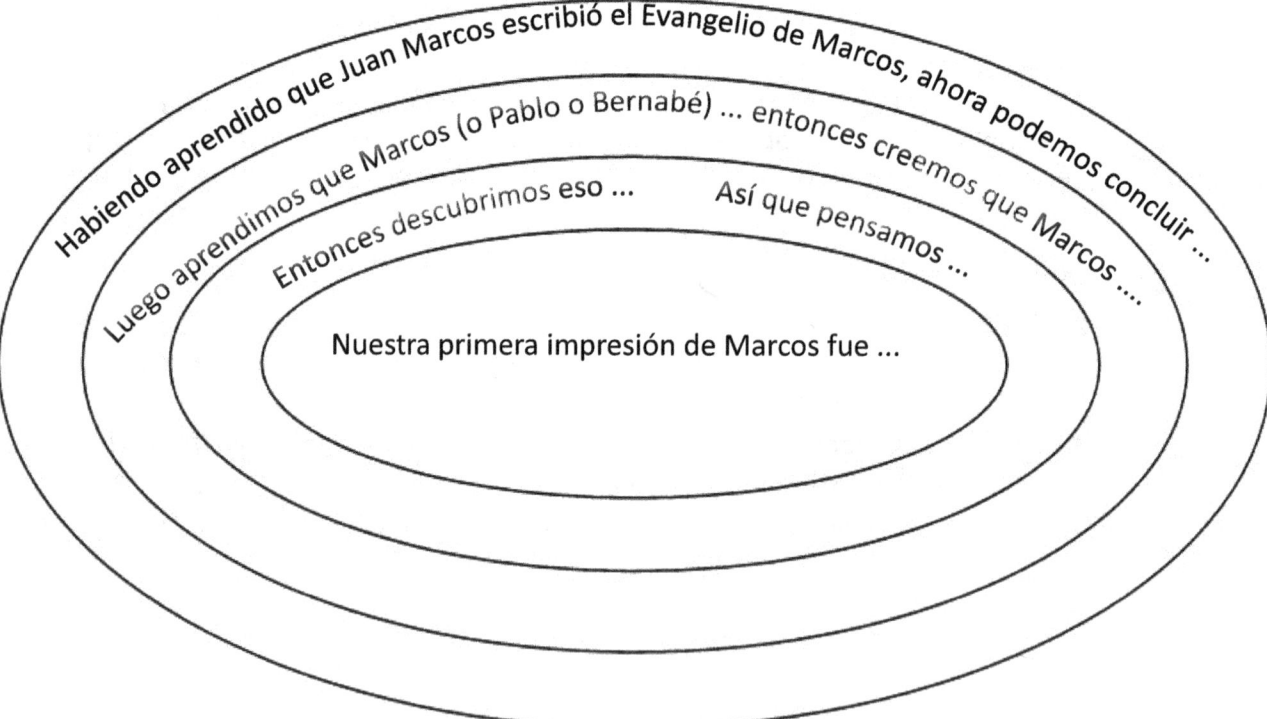

Figura: modificación de la "Rueda de síntesis de Ben", ilustrada en la Fig. 11.4 de Miller, p. 162.
Referencias: Miller, Debbie. Lectura con significado: la comprensión de la enseñanza en los grados primarios. Portland, Maine: Stenhouse Publishers, 2007.

¡Experimentar!

Actividades de aprendizaje

Divide la clase en grupos pequeños y haz que respondan la siguiente discusión.

Preguntas:

1. ¿Cuáles son las fallas pasadas que puedes recordar y que proporcionaron una "lección de vida" de la cual pudiste aprender algo?
2. Describe qué sucedió y cómo pudiste superar tu fracaso.
3. ¿En qué principios bíblicos puedes pensar que puedan ayudarnos a superar fallas pasadas?

Aplicación personal

Quizás puedes pensar en errores o fallas que realmente no quieres compartir con el grupo. Escribe sobre ellos en tu diario. ¿Qué crees que Dios te puede enseñar a través de ellos? Reflexiona sobre el papel que los errores y las fallas juegan en nuestro crecimiento como personas y como líderes cristianos.

Opciones de actividad

Representación Espacial

Materiales: Una hoja de papel para cada grupo pequeño; marcadores, lápices o crayones

Instrucciones: Después de leer y estudiar el pasaje de las Escrituras para esta lección, divide a los estudiantes en grupos de tres. Pídeles que utilicen los materiales provistos para ilustrar, a través de un diagrama o diagrama de flujo u otra representación visual, lo que sucedió como resultado de la decisión de Juan Marcos de dejar a Pablo y Bernabé y regresar a Jerusalén antes de tiempo.

Asignación

1. Escribe el nombre de la persona bíblica estudiada, la calidad del personaje de liderazgo que se seleccionó (con tu definición) y el versículo clave en tu diario.
2. Lee Hechos 16 en preparación para la lección de la próxima semana.

49 TIMOTEO

CONFIABLE:
Ser una persona de honor en la que otros pueden confiar plenamente.

¡CONTRATAR!

CULTO
Escritura sugerida: Proverbios 3:1-8
Canciones sugeridas: Hazme un sirviente

ACTIVIDAD MOTIVACIONAL
- Nombre de la actividad: Seguir al líder Elige a un líder e instrúyelo para que realice una acción (anímalos a que sean graciosos e incómodos) mientras el resto del grupo lo imita. Prepara una recompensa simple para aquellos que siguieron al líder de la manera más diligente.
- Actividad alternativa: sigue lo que digo, no lo que hago

Maestro: Haz un seguimiento de la actividad con preguntas que indiquen la dificultad de seguir al líder y la posible vergüenza de hacer las acciones.

Di: El tema de hoy nos dirá algo acerca de ser un buen seguidor de Cristo. En nuestro mundo actual, vemos a muchos de nuestros jóvenes seguir a ciertas personas en la forma en que hablan, visten y viven una vida mundana, apasionados por las "cosas no tan buenas" del mundo de hoy. Aprendamos hoy de Timoteo, uno de los líderes más jóvenes de la Biblia, que fue un discípulo atento y se convirtió en un pastor confiable.

¡EXPLORAR!

PASAJE(S) DE LA ESCRITURA: Hechos 16:1-5; 1 Corintios 4:17; 2 Timoteo 3:10-17

VERSO(S) CLAVE: 1 Corintios 4:17

ESTUDIO BÍBLICO

1. Hechos 16:1-2; 2 Tim. 1:5: ¿Qué aprendimos acerca de Timoteo en estos versículos?
   - ¿Quiénes eran su madre y su abuela?
   - ¿En qué ocasión conoció Pablo a Timoteo?
2. 1 Tim. 4:12: ¿Qué dice este versículo sobre la edad de Timoteo cuando se involucró en el ministerio? ¿Cuál fue el cargo de Pablo a Timoteo como un joven líder en la iglesia?
3. 1 Cor. 4:17; Fil. 2:22: Describe la relación de Timoteo con Pablo. ¿Qué tipo de reputación tenía Timoteo? ¿Qué influencia crees que tuvo su historia en su ministerio?
4. 2 Tim. 3:10-4:5: Aunque están separados, Pablo continúa discipulando a Timoteo a través de las cartas. ¿Cuáles son los puntos clave en este cargo para Timoteo?
5. 2 Tim. 2:2: ¿Qué nos enseña este versículo acerca de la filosofía de discipulado de Pablo? ¿Crees que Pablo encontró a Timoteo digno de confianza? ¿Por qué?

LECCIÓN 49: CONFIABLE

CRONOLOGÍA HISTÓRICA
- Pablo nombró a Timoteo como pastor en Efesios, donde sirvió durante muchos años hasta que también murió la muerte de un mártir.
- Prepara un símbolo pequeño, como una Biblia abierta, para representar a Timoteo y colócalo en la línea de tiempo junto a Juan Marcos.
- Debajo de la línea escribe Confiable y su definición.

OPCIONES DE ACTIVIDAD

CUANZADO DE SALUD

Materiales: 4-8 sillas, dependiendo del número de alumnos.

Instrucciones: Ver las instrucciones de prueba de Jumpseat de la Lección 17. Usando el pasaje de las Escrituras, desarrolla preguntas para la competencia. Aquí hay unos ejemplos:

- ▶ ¿Con quién se encontró Pablo en Listra? Timoteo (Hechos 16: 1)

- ▶ ¿Por qué Pablo circuncidó a Timoteo? Porque los judíos sabían que su padre era griego. (Hechos 16: 3)

- ▶ ¿Quién envió a Timoteo a la iglesia en Corinto? Pablo (1 Corintios 4:17)

- ▶ ¿Por qué Pablo envió a Timoteo a Corinto? Para recordarles los caminos de Pablo en Cristo y enseñarles a la iglesia (1 Corintios 4:17)

- ▶ De acuerdo con 2 Timoteo 3: 10-11, nombra cuatro características de Pablo que Timoteo siguió. La enseñanza de Pablo, su conducta, su propósito en la vida, su fe, su paciencia, su amor, su firmeza, sus persecuciones y sus sufrimientos. (II Tim 3: 10-11).

- ▶ ¿Qué le sucedió a Pablo en Antioquía, Iconio y Listra? Persecuciones y / o sufrimientos. (2 Tim. 3:11).

- ▶ ¿Qué pasará con aquellos que desean vivir una vida piadosa en Jesús? Serán perseguidos (2 Tim. 3:12).

- ▶ Según 2 Tim. 3:13, ¿qué pasará con las personas malvadas y los impostores? Ellos irán de mal en peor, engañando y siendo engañados. (2 Tim. 3:13).

- ▶ ¿En qué debe continuar Timoteo? Lo que ha aprendido y lo que cree que ha aprendido (2 Tim. 3:14)

- ▶ ¿Con qué ha estado familiarizado Timoteo desde la infancia? Los escritos sagrados / escritura (2 Tim. 3:15).

- ▶ ¿Qué dice Pablo acerca de las escrituras? Ellos son capaces de hacer un sabio para la salvación por medio de la fe en Cristo Jesús. (2 Tim. 3:15).

- ▶ Rellena el espacio en blanco. "Toda la Escritura es inspirada por Dios" (2 Tim. 3:16).

- ▶ ¿Para qué es buena la escritura? Enseñar, reprender, corregir, entrenar en rectitud. (2 Tim. 3:16).

- ▶ ¿Qué dice Pablo acerca de a que escritura ayudará al hombre o mujer de Dios a ser? Competente y equipado para todo buen trabajo. (2 Tim. 3:17)

¿Qué Piensas?

Materiales: Tablero de tiza, tablero blanco o pedazo grande de papel manila y marcador

Instrucciones:

- Divide a los estudiantes en tres grupos asignando uno de los pasajes a cada grupo (Hechos 16: 1-5, 1 Corintios 4:17, 2 Timoteo 3: 10-17). Pide a cada grupo que mire su pasaje y encuentre ejemplos de cómo Timoteo era digno de confianza. ¿Creen que era digno de confianza? ¿Por qué o por qué no?
- Dale a los grupos tiempo para discutir y luego cada grupo vendrá. Un miembro leerá las Escrituras, otro compartirá lo que el grupo pensó y un tercero las escribirá en la pizarra o en el papel de manila.

¡Experimentar!

Actividades de aprendizaje

Discute las siguientes preguntas:

1. ¿Qué factores te influenciaron para seguir a Cristo? ¿Por qué fueron importantes estos factores en su discipulado para convertirse en un líder cristiano?
2. ¿Crees que hay una edad apropiada para ingresar al liderazgo cristiano? Discute los pros y los contras del ministerio a una edad temprana.
3. Recordando el cargo de Pablo a Timoteo en 1 Tim. 4:12, hablen sobre las formas en que podemos dar un buen ejemplo en el habla, la vida, el amor, la fe y la pureza.

Aplicación personal

- Tómate un tiempo para orar acerca de cómo la lección de hoy podría aplicarse a ti. ¿Eres el tipo de persona de la que tu mentor o líderes de la iglesia pueden confiar? ¿Qué debe cambiar para que seas un discípulo confiable? ¿Estás listo para hacer ese tipo de compromiso? Escribe tus respuestas en tu diario.
- Maestro: Tal vez quieras cerrar la clase de esta semana con la canción "Señor, te doy mi corazón".

Opciones de actividad

Ejercicio De Revista De Fidelidad

Materiales: Diarios de estudiantes o papel para cada alumno, utensilios de escritura.

Instrucciones:

Escribe estas instrucciones en la pizarra:

▶ Tómate un tiempo para orar acerca de cómo la lección de hoy podría aplicarse a ti.
▶ Reflexiona y escribe en tu diario:
  - ¿Eres el tipo de persona de la que tu mentor o líderes de la iglesia pueden confiar?
  - ¿Qué debe cambiar para que tu seas un discípulo más confiable?
  - ¿Cómo trabajarás para hacer estos cambios en tu vida?
▶ Dales a los estudiantes tiempo para escribir en sus diarios y orar. Podrías tocar música cristiana reflexiva en el fondo. Anima a los estudiantes a encontrar a alguien en quien confíen para compartir lo que escribieron y haz que esa persona los haga responsables y también se comprometa a orar con ellos.

Lección 49: Confiable

Formación De Ujier

Materiales: Platos de ofrenda

Instrucciones: Es importante que los jóvenes se involucren de manera vital en la vida de la iglesia. Una forma en que pueden tener un papel importante y demostrar que son dignos de confianza es servir como acompañante / saludador de la iglesia. Habla con el pastor sobre cómo permitir que los jóvenes practiquen esto en un servicio de adoración después de haber terminado esta lección.

Compartir con la clase:

1. El rol de un ujier / saludador es ayudar a saludar a las personas cuando entran a la adoración. Sus sonrisas y cuidados son importantes para ayudar a las personas a saber que son valoradas y en un lugar de amor y cuidado. Aquí hay algunos consejos:
   - Dar el debido respeto a las personas para que se sientan especiales e importantes.
   - Sonríeles y diles que te alegras de que estén allí. Usa su nombre si lo sabes.
   - Si es un visitante, pregunta su nombre y diles su nombre. Dar la bienvenida a tu iglesia.
   - Haz que la clase practique estas cosas con los demás.

2. Otra de las funciones de un ujier es ayudar a las personas a encontrar un asiento una vez que el servicio ha comenzado. Aquí hay algunos consejos:
   - Está al tanto de dónde hay asientos abiertos en todo el servicio.
   - Si alguien llega tarde, ayúdalo a dirigirse a un asiento cercano.
   - Asegúrate de usar una voz suave para no distraer a otros del servicio. Entra en el santuario y practica con el grupo.

3. Un papel final de un acomodador es tomar la ofrenda. Habla con la clase sobre cómo su iglesia toma la ofrenda. Aquí hay algunos consejos:
   - Si la gente está buscando dinero, disminuye la velocidad o deténte para darles tiempo antes de pasar el plato de ofrenda a la siguiente fila.
   - Trata de poner un acomodador a cada lado de cada fila.

Entra en el santuario y practica tomando la ofrenda en grupo.

Asignación

1. Escribe el nombre de la persona bíblica estudiada, la calidad del personaje de liderazgo que se seleccionó (con tu definición) y el versículo clave en tu diario.
2. Memorizar 1 Tim. 4:12.
3. Lee Hechos 18: 1-3, Romanos 16: 3-4 y 1 Corintios 16:19 en preparación para la lección de la próxima semana.

50 PRISCILA Y AQUILA

CONFIABILIDAD:
Ser un siervo fiel a quien Dios puede alistar en su servicio

¡CONTRATAR!

CULTO

Escrituras sugeridas: Mateo 25:14-30

Canciones sugeridas: A ti (Te pertenezco)

ACTIVIDAD MOTIVACIONAL

Pide a los alumnos que cuenten sobre las personas de las que saben de quién creen que pueden depender verdaderamente. ¿Qué hace que esa persona sea confiable? Dar ejemplos.

OPCIONES DE ACTIVIDAD

RETROCEDER

Instrucciones:

Este juego tiene 2 variaciones. En la primera, el grupo se divide en grupos de tres. Dos jugadores se toman de la mano y se colocan detrás del otro jugador de su grupo. El 3er jugador en cada grupo cae hacia atrás y es capturado por sus compañeros de grupo. En la segunda variación, un jugador se para en medio de un círculo de compañeros de clase (alrededor de 1,5 metros de ancho). Ese jugador cae en una dirección y es atrapado por los demás en el círculo. Empujan al jugador hacia atrás en una nueva dirección alrededor o alrededor del círculo. El grupo debe tener cuidado de manejar a ese jugador con cuidado para que nadie resulte herido y se establezca un mayor nivel de confianza.

Referencias: Adaptado de http://www.games4youthgroups.com/trust-games/Fall-Back.html

CUESTIONARIO DE CONFIABILIDAD / DISCUSIÓN

Materiales: Una copia del Cuestionario de Confiabilidad para cada estudiante.

Instrucciones: El maestro puede usar el Cuestionario de Confiabilidad como una guía para una discusión en clase O dar a cada estudiante una copia del Cuestionario de Confiabilidad para que lo hagan por su cuenta. (Ver abajo para una copia reproducible).

Si el tiempo lo permite, pueden completarlo en clase. Si no, permíteles que se lo lleven a casa para completar en su propio tiempo. No les exijas que lo entreguen o compartan sus respuestas, sino que den una oportunidad a quienes deseen compartir cualquiera de sus respuestas.

Cuestionario de Confiabilidad

1. ¿Quién ha demostrado ser una persona confiable en tu vida?

2. ¿Cómo ha demostrado esa persona la confiabilidad?

3. ¿Alguien de quien dependiste te ha decepcionado? ¿Si es así, cómo? ¿Qué pasó?

4. ¿Cómo te hizo sentir?

5. ¿La gente depende de ti para algo? ¿Quien? ¿Para qué?

6. ¿Alguna vez has decepcionado a otros? ¿Si es así, cómo?

7. ¿Cómo respondieron?

8. ¿Cómo te sentiste?

9. ¿Intentaste compensarlo? ¿Si es así, cómo?

10. ¿Crees que la gente puede confiar en que serás confiable la mayor parte del tiempo? ¿Por qué o por qué no?

11. ¿Por qué es importante la confiabilidad para un líder cristiano?

12. ¿En qué áreas de tu vida te gustaría ser más confiable?

Explorar!

Pasaje(s) de la Escritura: Hechos 18:1-3, 18-26

Verso(s) clave: Romanos 16:3-4

Estudio Bíblico

1. Hechos 18: 1-3: ¿Cómo conoció Pablo a Priscila y Aquila? ¿Qué tenía en común la pareja con Pablo? Nota que sus puntos en común se convirtieron en una forma para que Pablo los introdujera en el Evangelio y se convirtieran en compañeros misioneros.
   - ¿Qué ministerios de la iglesia están más cerca de sus habilidades e intereses personales?
   - ¿Habría alguna manera de utilizar sus habilidades e intereses personales para presentar al Evangelio a un amigo o ser querido?

2. Hechos 18:18-19: No se indicó cuánto tiempo Pablo ministró a Priscila y Aquila antes de que la pareja lo acompañara en un viaje misionero. Pero, sin embargo, Priscila y Aquila se convirtieron en siervos capaces y voluntarios, de los cuales Pablo dependió para atender a la gente de Efeso.
   - Permite que los estudiantes compartan sobre su propio nivel de voluntad para hacer su ministerio. Asegúrate de que no haya pretensiones. Asegúrales a los estudiantes que no hay una respuesta correcta y permíteles hablar libremente sobre sus verdaderos pensamientos y sentimientos.
   - Anímalos a construirse mutuamente en sus ministerios a través de palabras y consejos alentadores. Priscila y Aquila no se convirtieron en "Súper Ministros" durante la noche, pero finalmente lo hicieron.
   - Habla sobre las experiencias de ser "dejado" para hacer un ministerio o una responsabilidad por su cuenta. ¿Te sentiste confiado y capaz? ¿O te sentiste inadecuado?

3. Discute la conexión entre la dependencia de Dios y la confiabilidad como siervo de Dios. ¿Es la confiabilidad (en términos cristianos) todo sobre la habilidad personal y la confianza? De las lecciones anteriores, reflexione sobre cómo la mayoría de los personajes bíblicos estudiados mostraron confiabilidad.

4. Hechos 18: 24-28: Priscila y Aquila, que fueron mentores de Pablo, se convirtieron en mentores de Apolos. Fíjate en su gentil manera de enseñar a los apolos. ¿Qué dice esto sobre el tipo de ministros que fueron?
   - Reflexiona sobre la lección sobre ser un Alentador. ¿Dónde está vista la cualidad de este personaje en el pasaje?
   - Priscila y Aquila "le explicaron (a Apolos) el camino de Dios más adecuado". La pareja podría haber dejado que Apolos continuara con su forma de predicar ya que parecía estar bien equipado. Pero la pareja vio la importancia de "llenar cada hoyo" en su comprensión, y ayudaron a Apolos en las áreas que no entendía. Parte de ser confiable es hacer la responsabilidad total o completa. Reflexiona sobre cómo haces tus ministerios personales. ¿Permites que algunas cosas o algunas personas se "salgan con la suya" con cosas aparentemente menores (es decir, esas veces en las que simplemente dices, "Puede na, balaha na!")?

5. Mira hacia atrás en toda la lección de la Biblia. Discute los elementos que hicieron a Aquila y Priscila socios confiables en el ministerio.

LECCIÓN 50: CONFIABILIDAD

CRONOLOGÍA HISTÓRICA

Priscila y Aquila eran fabricantes de tiendas de campaña a quienes Pablo conoció en Corinto. Pablo se quedó con la pareja durante un tiempo y trabajó con ellos desde que Pablo era un fabricante de tiendas. Esto se convirtió en una oportunidad para que Pablo compartiera el Evangelio con la pareja. Priscila y Aquila se convirtieron en fieles compañeros de ministerio de Pablo. La pareja fue confiada para ministrar en Efeso, donde conocieron a un hombre apasionado llamado Apolos. La pareja enseñó gentilmente a Apolos más sobre el Evangelio, y esto hizo que Apolos fuera un ministro muy capaz que eventualmente se convirtió en un misionero efectivo también.

- Prepara un símbolo pequeño, como una tienda de campaña, para representar a Priscila y Aquila. Colócalo en la línea de tiempo al lado de Timoteo.
- Debajo de la línea escribe Confiabilidad y su definición.

OPCIONES DE ACTIVIDAD

REVISIÓN DE LA CALIDAD DEL PERSONAJE

Materiales: Revistas de estudiantes, pizarrones o pizarras blancas.

Instrucciones: Esta actividad se puede hacer de varias maneras:

1. Haz que los estudiantes revisen sus diarios para encontrar cualidades de carácter que estén relacionadas con la confiabilidad. Esto se puede hacer en parejas o como una carrera entre dos equipos para ver qué equipo puede encontrar más dentro de un cierto límite de tiempo. Cuando se acabe el tiempo, los equipos deben justificar sus resultados explicando la relación. O...

2. Haz una lista de las siguientes cualidades de carácter en la pizarra y permite que los estudiantes elijan de la lista, una o dos por personas. Dales tiempo para que revisen sus revistas y luego se turnen para contar cómo se relaciona esa calidad con la confiabilidad.

Integridad (8 José)	Concienzudo (34 Esdras)
Resistencia (12 Moisés)	Determinación (35 Nehemías)
Fidelidad (14 Josué)	Obediencia (37 María)
Dependencia (17 Gedeón y Sansón)	Desinterés (38 Juan el Bautista)
Lealtad (18 Rut)	Liderazgo de servicio (39 Jesús)
Valiente (21 David)	Ingenioso (42 Andrés)
Disponibilidad (22 Isaías)	Testigo fiel (44 María Magdalena)
Apasionado (32 Jeremías)	Digno de confianza (49 Timoteo)

¡Experimentar!

Actividades de aprendizaje

Haz que los estudiantes identifiquen quiénes son sus mentores o discipuladores. Si no tienen ninguno, intenta asociarlos con un miembro de la iglesia más maduro que esté involucrado en el mismo ministerio. Haz que identifiquen algo que puedan hacer durante la semana para demostrar la confiabilidad que puede ser monitoreados y evaluados por su mentor, por ejemplo. Elige las canciones para el servicio de adoración de esta semana. Esto implica comunicarse con el pastor con respecto al tema del sermón, etc.

Aplicación personal

La confiabilidad es una cualidad importante para los líderes cristianos. ¿Qué significa la confiabilidad para ti? Escribe sobre ello en tu diario. También escribe lo que piensas hacer para tu "acto de confiabilidad (de Actividades de aprendizaje), el nombre de tu mentor y cómo será responsable ante esa persona.

Opciones de actividad

Evaluación De Liderazgo Personal

Materiales: Una copia de la evaluación para cada estudiante (página siguiente)

Instrucciones: Proporciona a cada estudiante una copia de la Evaluación de Liderazgo Personal. (Consulta la página siguiente para obtener una copia reproducible). El maestro tal vez desee enviar esto con los estudiantes para que lo completen en casa. Planea reunirte una vez más para celebrar la finalización del curso y para reflexionar y compartir las respuestas a la Evaluación. Haz una lluvia de ideas juntos sobre cómo cada uno de ellos podría ser más activo en el liderazgo a partir de este momento. Por ejemplo, dos de ellos pueden ser capaces de enseñar este curso en equipo a otro grupo de estudiantes. Otros pueden estar listos para asumir otras responsabilidades en la iglesia o en equipos de extensión. Si aún no están involucrados en el ministerio regular, ayúdeles a hacer planes para involucrarse lo antes posible. Anímalos a continuar sus relaciones con sus mentores.

Asignación

1. Lleva a cabo tu "acto de confiabilidad". Escribe sobre lo que hiciste en tu diario y compártelo con tu clase la próxima semana.
2. Revisa tu diario. Reflexiona sobre con qué personajes te identificas más. ¿Qué cualidades de los personajes necesitan mejorar más en tu vida? Haz una lista para que puedas recordar en qué quiere trabajar.

Evaluación De El Liderazgo Personal

1. Tómate unos minutos para revisar tu diario. ¿Cuál es una de las cosas más valiosas que has aprendido durante este curso?

2. ¿Qué tan bien has aplicado lo que has estudiado? Da un ejemplo de la aplicación personal que haya hecho una diferencia en su vida.

3. ¿Has crecido como líder desde que comenzaste el curso? En la escala a continuación, muestra dónde sientes que comenzaste al comienzo de este curso y dónde te encuentras ahora.

   | Sin capacidad de liderazgo | Capacidad de liderazgo moderado | Excelente capacidad de liderazgo |

4. ¿En qué áreas de liderazgo o carácter te gustaría mejorar más?

5. ¿Sientes que podrías dirigir o ayudar a dirigir a otro grupo a través de este curso? ¿Por qué o por qué no?

6. ¿Crees que tus dones espirituales, intereses y habilidades te califican para un tipo diferente de liderazgo o ministerio? ¿Entonces qué?

7. Proyectarse en el futuro. ¿Con quién quieres estar en 10 años? (Describe la vida que quieres vivir dentro de una década).

8. ¿Te ha ayudado lo que has aprendido este año hacia esa meta? ¿Cómo?

Lista De Cronología Histórica De Símbolos De Muestra

Si desea descargar símbolos de color, vaya a: www.MieddRecursos.MesoamericaRegion.org

DISCIPULADO A TRAVÉS DE LA BIBLIA 225

Lista De Cronología Histórica De Símbolos De Muestra

Si desea descargar símbolos de color, vaya a: www.MieddRecursos.MesoamericaRegion.org

Lección 21: Ovejas	Lección 22: Honda	Lección 23: Templo	Lección 24: Nubes	Lección 25: Capa
Lección 26: Pescado grande con la boca abierta.	Lección 27: Carbones calientes o pinzas que sostienen pinzas calientes	Lección 28: Pasos de escalera	Lección 29: Desplazar	Lección 30: Horno Ardiente
Lección 31: León	Lección 32: Ventana con barras de hierro	Lección 33: Cetro	Lección 34: Rúbrica	Lección 35: Puerta o muro de piedra
Lección 36: Job	Lección 37: Ángel	Lección 38: Langosta	Lección 39: Cruz	Lección 40: Corazón rojo

Lista De Cronología Histórica De Símbolos De Muestra

Si desea descargar símbolos de color, vaya a: www.MieddRecursos.MesoamericaRegion.org

www.ingramcontent.com/pod-product-compliance
Lightning Source LLC
Chambersburg PA
CBHW080539170426
43195CB00016B/2611